中検

成語｜慣用語｜ことわざ

一般財団法人 日本中国語検定協会
『中国語の環』編集室

朝日出版社

編集：『中国語の環』編集室

文： 上野　惠司

絵： 張　　恢

例文校閲：魯　　暁琨

　　　　　川崎　馨子

版面設計： 木檜　　望

まえがき

　中国語の学習がある段階まで進み，実際に中国人が話してる言葉を聞いたり，中国語で書かれた文章を目にするようになると，そこにおびただしい数の成語や慣用語，ことわざのたぐいが次々と出現するのに，誰もが驚かされ，圧倒されてしまいます。洪水のように押し寄せてくるこれらの語群を克服しないことには，中国語を使いこなすことはできません。

　この厳しい現実を踏まえて，中検の試験問題においても，成語・慣用語・ことわざのたぐいがかなりのウエートを占めて出題されていることは，ご存じのとおりです。

　そこで『中国語の環』では，2009年4月発行の第81号以来，「絵で見る成語」，「絵で見る慣用語」，「絵で見ることわざ」をそれぞれ15回ずつ連載して，このほど第125号をもって完結しました。

　この間，読者の強い要望に応えて，「絵で見る成語」と「絵で見る慣用語」については，イラスト無しで若干の語を補充して小冊子として刊行してきましたが，このたび「絵で見ることわざ」の連載を終えたのを機に，既刊の「成語」と「慣用語」に「ことわざ」を加えて併せて一冊として刊行することにしました。合冊本を刊行するに当たっては，既刊分の内容をもう一度吟味するとともに，紙幅の許す範囲内でさらに若干の語を追加して，併せてイラスト付きで576語，イラスト無しで547語，合計1,123語を収めることにしました。

　成語にしても慣用語にしても，或いはことわざにしても，多くは古書から引用されていたり，特別な出典をもたなくても，長年にわたって使用されているうちに形式・内容ともに固定したり，逆にさまざまの言い回しが生まれたりしていて，これをただ字面だけから理解しようとしたのでは，しばしば意味を取り違えたり，使い誤ったりしてしまうおそれがあります。

　したがって，ある段階まで進んだところで，どうしても手元に専門の辞典を置くことが必要になりますが，ただいきなり専門の辞典を手にするのではなく，その前のいわばウォーミングアップとしてイラストを通して手強い相手になれ親しんでおくのも，学習の方法として悪くはないかと考えて，上海でご活躍中の画家・張恢先生にイラストをお願いして，先の連載を始めた次第です。何千何万とある成語・慣用語・ことわざの中の1,123語は，それこそ「大海の一粟」，辞典としての役割は望むべくもありません。とはいえ，本書を手元に置き，繰り返し頁を繰っていただくことにより，いつしか押し寄せる難敵に対処する力を養っていただけるものと確信しています。

　なお，今回，中検の過去問の中から，成語・慣用語・ことわざに関する問題を選んで巻末に収めました。学習成果を確認し，運用力を高めるために役立てていただければ幸いです。

　本書が多くの中国語学習者から歓迎されることを願っています。

2024年3月

一般財団法人 日本中国語検定協会

『中国語の環』編集室

目 次

1. 見出し語の配列は"汉语拼音字母"(中国語表音ローマ字)の順に従い，第一文字が同音のものについては筆画の少ない方を先にし，同じ字のものを一か所に集めてある。第二文字以下もこれにならう。
2. 発音は"汉语拼音方案"(中国語ローマ字表音法)によって示した。
3. 釈義は簡潔を旨とし，対応する日本語の慣用的な言い回しがある場合には，なるべく示した。
4. 例文はなるべく簡潔なものを選んで付しておいた。

成 語

464 語

MAO姐

爱不释手 àibùshìshǒu

大切にして片時も手放そうとしない；惜しくて手放せない。
熱中してやめられない。本来は書物についていう。

📖『文選（もんぜん）』の編纂者として知られる南朝・梁の
昭明太子は陶淵明の文章を熱愛し常に手元に置いたという。

例文

给女儿买一个洋娃娃，她喜欢得爱不释手。
娘に人形を買ってやったところ，彼女は気に入って片時も手
放そうとしない。

爱屋及乌 àiwū-jíwū

屋を愛して烏（う）に及ぶ；人を愛すると，その人の住む家の屋根に止まっているカラス
までいとおしくなるように，その人と関わりのあるすべてのものを愛するようになる。愛，
屋烏（おくう）に及ぶ。屋烏の愛。

安居乐业 ānjū-lèyè

居に安んじ業を楽しむ；住んでいる所に満足し，楽しく仕事をする。

例文

我们希望大家都过着丰衣足食、安居乐业的生活。
わたしたちは誰もがみな衣食足りて，安らかに暮らし，楽しく仕事に打ち込める日々を願
っている。

暗箭难防 ànjiàn-nánfáng

不意打ち・闇討ちを防ぐのは難しい。"暗箭"は暗
闇から放たれた矢，闇討ち。"明枪"（míngqiāng－
正面からの槍，公然たる攻撃）に対して。

📖よく"明枪易躲，暗箭难防"（正面からの槍はか
わせても，暗闇からの矢は防ぎようがない）として
使われる。

例文

暗箭难防，有人陷害我父亲。
闇討ちは防ぎ難い，誰かが父を陥れた。

慣用語

ことわざ

練習問題

練習問題解答

索引

傲然挺立 àorán-tǐnglì

毅然（きぜん）として立つ；誇らしげにそびえ立つ。

📖 日本語の「傲然（ごうぜん）」はおごりたかぶるさまで，マイナスのイメージが強い。例：傲然と肩をそびやかす。傲然たる態度。一方，中国語の**“傲然”**はむしろ「毅然」に近く，プラスイメージが強い。

“傲然屹立”（àorán-yìlì）とも。

例文
松柏傲然挺立在寒风中。
松柏は寒風の中に毅然として立っている。

八面玲珑 bāmiàn-línglóng

誰に対しても如才なくふるまう；上手に立ち回る。八方美人。**“玲珑”**は器物の精緻なこと。転じて，よく機転が利くこと，機敏なこと。

例文
《红楼梦》里的王熙凤是个八面玲珑的人物。
『紅楼夢』の王熙鳳は万事如才なくふるまう人物である。

百发百中 bǎifā-bǎizhòng

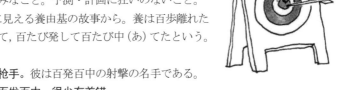

百発百中；射術の巧みなこと。予測・計画に狂いのないこと。

📖 『史記』周本紀に見える養由基の故事から。養は百歩離れた遠くから柳の葉を射て，百たび発して百たび中（あ）てたという。

例文
他是个百发百中的神枪手。彼は百発百中の射撃の名手である。
他对情况的估计往往百发百中，很少有差错。
彼の状況に対する見通しはいつも狂いがなく，めったに外れたことがない。

百家争鸣 bǎijiā-zhēngmíng

百家争鳴；もと，春秋戦国時代の諸学派の学者・論客が相互に論争しあったこと。いま，さまざまの立場の学者や思想家が自由に意見を発表し，論争しあうこと。

例文
没有百家争鸣，就没有学术的繁荣和发展。百家争鳴なくして，学術の繁栄と発展はありえない。

百折不挠 bǎizhé-bùnáo

不撓不屈（ふとうふくつ）；何回挫折してもくじけない。"挠"は曲がる，たわむ。
📖 "百折不回"（bǎizhé-bùhuí）とも。

例文

他有百折不挠的精神。彼は不撓不屈の精神の持ち主だ。

班门弄斧 bānmén-nòngfǔ

魯班の門前で手斧（ておの）を振り回す；専門家の前で才
能をひけらかす。釈迦（しゃか）に説法。身の程知らず。
📖魯班は春秋時代の有名な工匠。雲梯（うんてい—城攻め
に用いる長いはしご）を作って宋を攻めようとしたという。

例文

竟敢在国画大师面前高谈国画，你这不是班门弄斧吗？
中国画の大家の前で中国画について弁説を振るうとは，き
みは身の程知らずもいいとこじゃないか。

半斤八两 bànjīn-bāliǎng

似たり寄ったり；ドングリの背くらべ。
📖旧制では1斤が16両であったから，
半斤と8両は同じである。

例文

他们兄弟俩半斤八两，谁也不比谁好。
あの兄弟ふたりは似たり寄ったりで，
どっちもどっちだ。

半路出家 bànlù-chūjiā

人生の途中で出家する；途中からその道に入る。多く，中途で職業を変えることをいう。

例文

他做木匠活是半路出家。彼の大工としての仕事は中途からやりだしたものだ。
我教汉语是半路出家，原来是教俄文的。
わたしが中国語を教えるのは中途で鞍替えしたもので，もともとはロシア語を教えてい
ました。

饱经风霜 bǎojīng-fēngshuāng

厳しい風霜を経る；辛酸をなめ尽くす。"饱"は十分に。"风霜"は厳しく激しい試練や苦難。風雪。

【 例 文 】

过去几十年，他饱经风霜。これまで何十年もの間，彼は辛酸をなめ尽くした。

抱薪救火 bàoxīn-jiùhuǒ

薪（たきぎ）を抱えて火を消そうとする；災いを除こうとして，かえって災いを大きくすることのたとえ。薪を負うて火事場に赴く。

□ 類義の成語に"**以火救火**"(yǐhuǒ-jiùhuǒ―火をもって火を救う)，"**饮鸩止渴**"(yǐnzhěn-zhǐkě―鸩〔ちん〕を飲んで渇きを癒す)がある。

杯弓蛇影 bēigōng-shéyǐng

杯中の蛇影（だえい）；疑心暗鬼を生ず。疑心が起こると，何でもない事までも疑わしく恐ろしく感じ，神経を悩ますことになるというたとえ。

□ 『風俗通義』ほかに見える故事。ある人が酒席に招かれ，壁に掛けられた弓が酒杯に映ったのを本物の蛇だと思い込んで病になったが，実は弓の絵であったと知らされて病気はたちまち治ったという。

杯盘狼藉 bēipán-lángjí

杯盤狼藉（はいばんろうぜき）；宴席が果ててテーブルの上に杯や皿・小鉢などが散らかっているさま。

□ 狼は立ち去る時，痕跡を隠すために藉（し）いて寝た草をわざと散らかしておくという。

杯水车薪 bēishuǐ-chēxīn

一杯の水で車一台に積まれた燃えている薪を消そうとする；微力で何の役にも立たないことのたとえ。焼け石に水。

📖 『孟子』告子・上に "今之为仁者，犹以杯水救一车薪之火也"（今の世の仁を行おうとする者は，一杯の水で車に満載された燃え盛る薪の火を消そうとするようなものである）とある。

［例文］
杯水车薪，无济于事。
燃え盛る車に積まれた薪を一杯の水で消そうとするようなもので，焼け石に水である。

卑躬屈膝 bēigōng-qūxī

腰をかがめ膝を屈する；卑屈な態度で人の機嫌を取る。やたらとペコペコする。"卑躬"は腰をかがめてお辞儀をする。"屈膝"はひざまずく。

📖 "卑躬屈节"（bēigōng-qūjié）とも。

［例文］
不要卑躬屈膝地做人。 卑屈な身の処し方をしてはいけない。

闭门造车 bìmén-zàochē

門を閉ざして車を造る；現実を無視して自分勝手に事を運ぶ。客観情勢を考慮せずに主観的に事を行う。

📖 もともとは規格どおりに造れば使用に適することをいった。

［例文］
做事不从实际出发，闭门造车，一定会出问题。
事を行うのに実際から出発せずに，門を閉ざして主観的にやったのでは，必ず問題が発生する。

变本加厉 biànběn-jiālì

本来よりも激しくなる；状況が従来よりも一層ひどくなる。輪を掛けて悪くなる。

［例文］
他犯了错误，不是悔改，反而变本加厉，以致走上犯罪道路。
彼は過ちを犯しておきながら，悔い改めるのではなく，逆に居直って，果ては犯罪の道を歩むに至った。

表里如一 biǎolǐ-rúyī

うわべと内実が一致している；言行に裏表がない。陰ひなたがない。

　例文

他待人一向表里如一。彼はこれまで人に裏表のある態度で接したことがない。

别有用心 biéyǒu-yòngxīn

他に考えるところがある；下心を抱いている。胸に一物（いちもつ）ある。"用心"は心底（しんてい），胸のうち。

　例文

散布这种谣言者一定别有用心。こういうデマを飛ばす連中は下心を蔵しているに違いない。

不耻下问 bùchǐ-xiàwèn

下問を恥じず；目下の者に教えを請うことを恥じとしない。

📖『論語』公冶長篇に見える孔子の言葉。弟子の子貢に衛の国の大夫・孔文子はなぜ文というおくり名なのかと問われ，彼は"敏而好学，不耻下问"（利発なうえに学問に熱心で，知らない事は憚ることなく目下の者に尋ねた）だからだと答えた。

不假思索 bùjiǎ-sīsuǒ

じっくり考えない；行動や返答の速いことをいう。即座に，すぐさま。"假"は頼る，利用する。

　例文

全怨他不假思索就作出决定。
（こうなったのは）すべて彼がよく考えもしないで決定したからだ。

不三不四 bùsān-bùsì

（人などについて）まともでない，ろくでもない，まっとうでない。

　例文

不要让孩子和一些不三不四的人结识。子どもをろくでもない連中と付き合わせるな。

不相上下 bùxiāng-shàngxià

甲乙付け難い；互いに優劣がない。伯仲している。どっこいどっこいだ。

例文

他们两人的学习成绩不相上下。あのふたりの学習成績は甲乙付け難い。

不学无术 bùxué-wúshù

学問を修めていないので，対処の術（すべ）を知らない；学問もなく才覚もない。無学無能である。

例文

这个人不学无术，恐难当此大任。この人は学も才もなく，この大任は務まりそうにない。

不言而喻 bùyán'éryù

言われなくても十分わかる；言わずと知れた。"喻"は明らかである。

例文

这两种办法的优劣不言而喻。この二つのやり方の優劣は言うまでもない。

不依不饶 bùyī-bùráo

相手に耳を貸さず許そうとしない；むきになってしつこくからむ。

例文

他已经赔礼道歉了，你就别不依不饶了。
彼はすでに誤りを認めてわびを入れているのだから，そうむきになりなさんな。

不亦乐乎 bùyìlèhū

マタ楽シカラズヤ；なんと楽しいことではないか。事態が極端な程度に達していることをいう。てんやわんやである。やりきれない。**"忙得…"**（忙しくて…），**"累得…"**（疲れて…），**"高兴得…"**（うれしくて…）のように，**"得"**の後に補語として使われる。

📖『論語』学而篇に見える**"有朋自远方来，不亦乐乎"**（朋あり遠方より来る，また楽しからずや）中の語を諧謔（かいぎゃく）的に用いた。

例文

他每天东奔西跑，忙得个不亦乐乎。
彼は毎日あちこち駆けずり回って，忙しくててんてこ舞いである。

不在话下 bùzài-huàxià

取り立てて言うほどのことはない；大したことはない。当然だ。

📖 旧小説で，話が一段落して，次の話に移る時に用いた。「この話はさて置きまして」。

例文

这点儿小事对他来说不在话下。これしきの事は彼にとっては何でもない。

步履维艰 bùlǚ-wéijiān

歩行が困難である；多く老人や病人についていう。"步履"は歩み，歩行。"维"は文語の助詞，実義を持たない。

例文

在长年卧病之后，他已经步履维艰，很少出门。
長患いの後，彼はもう歩行も困難で，めったに外に出ない。

步人后尘 bùrénhòuchén

後塵を拝する；模倣・追随し独創性を欠くことのたとえ。"后尘"は人や車が通った後の砂ぼこり。人の後に付き従うことのたとえ。

📖 類義の成語に **"亦步亦趋"** (yìbù-yìqū)，反義の成語に **"独辟蹊径"** (dúpì-xījìng) がある。

例文

我就是不愿意步人后尘。
ぼくは人様のまねをするのは御免だ。

沧海桑田 cānghǎi-sāngtián

滄海（そうかい）変じて桑田（そうでん）となる；（青々とした海が桑畑に変わるように）世の移り変わりの激しいことをいう。滄桑（そうそう）の変。

📖 唐・劉希夷の『代悲白頭翁』詩に **"已见松柏摧为薪，更闻桑田变为海"**（已に見る松柏の摧かれて薪と為るを，更に聞く桑田の変じて海と為るを）とある。

操之过急 cāozhī-guòjí

やり方がせっかちすぎる；事の処理や問題の解決を焦る。

> 例文

对此事须慎重，切莫操之过急。 事は慎重を要する，断じて性急に運ぶべきではない。

草木皆兵 cǎomù-jiēbīng

草木皆兵（そうもくかいへい）；敵を恐れるあまり疑心暗鬼になり，一木一草がみな兵士に見える。恐怖のあまり何もかもが，みな敵に見えることのたとえ。

📖 前秦（五胡十六国の一つ）の苻堅（ふけん）が晋を攻撃した際，恐怖のあまり草木までも敵兵に見えたという故事から。『晋書』苻堅載記・下

陈词滥调 chéncí-làndiào

陳腐な言葉と浮わついた論調；実際から遊離した言い草。

> 例文

这篇文章全是陈词滥调，毫无新意。
この文章は陳腐な言葉の羅列で，少しも創意が見られない。

称心如意 chènxīn-rúyì

心にかない満足できる；願ったり叶（かな）ったりである。

> 例文

找到了称心如意的工作。 心から満足のいく仕事が見つかった。

趁热打铁 chènrè-dǎtiě

鉄は熱いうちに打て；好機逸すべからず。鉄は熱して柔らかいうちならどんな形にも鍛えあげることができるが，冷めてしまうと形を変えることができなくなるところから生まれた言葉。

〖英〗Strike while the iron is hot.

> 例文

要抓住时机趁热打铁。
時機を逸することなく熱いうちに鍛えあげねば。

成千上万 chéngqiān-shàngwàn

何千何万；数が極めて多いことをいう。

📖 "成千累万"（chéngqiān-lěiwàn），"成千成万"（chéngqiān-chéngwàn）とも。

> 例 文

现在有成千上万的外国人来中国留学。現在何千何万もの外国人が中国へ留学しに来る。

乘风破浪 chéngfēng-pòlàng

船が追い風に乗じ，荒波を乗り越えて前進する；（遠大な志を懐き，困難を恐れず）勢いよく前進する。有利な条件を利用して前進を続けることのたとえ。

> 例 文

一艘小艇乘风破浪地向西面飞驶而去。
一艘の小船が波を蹴立てて西に向かって飛ぶように進んでゆく。

乘风破浪，奋勇前进。風に乗り波を蹴立てて，勇躍前進する。

痴心妄想 chīxīn-wàngxiǎng

非現実的でばかげた考え；たわいもない事にうつつを抜かす。"痴心"はたわいもない考え，"妄想"は根拠のないでたらめな考え。妄想。

📖 類義の成語に "痴人说梦"（chīrén-shuōmèng―痴人が夢を語る）がある。

> 例 文

你的想法简直是痴心妄想。
きみの考えはまるで痴人のたわごとだ。

充耳不闻 chōng'ěr-bùwén

耳を塞いで聴こうとしない；他人の意見に耳を貸さない。どこ吹く風と聞き流す。"充"は塞ぐ。

> 例 文

对群众的呼声不能充耳不闻。大衆の声に耳を貸さないのはよくない。

从长计议 cóngcháng-jìyì

じっくりと相談する；時間をかけてよく検討する。

例文

这个问题很复杂，我建议大家从长计议，不要马上就做决定。

この問題はたいへん複雑ですから，皆さんでじっくりご検討くださり，結論を急がれないよう願います。

粗心大意 cūxīn-dàyi

そそっかしく不注意なさま；おおざっぱで手抜かりが多い。いいかげんである。慎重さに欠ける。

例文

粗心大意是做不好事的。

いいかげんにやっていたのでは，何事も成し遂げることができない。

大手大脚 dàshǒu-dàjiǎo

金銭や物資を派手に浪費するさま；金遣いが荒い。

例文

他从来都是大手大脚的，不知道花了多少冤枉钱。

彼は昔から金遣いが荒く，どれほど無駄遣いしたかわからない。

大相径庭 dàxiāng-jìngtíng

大きく隔たっている；雲泥の差がある。同日の談ではない。"径庭"は相違，隔たり。

例文

两次发言大相径庭，说明他思想上有了很大的变化。

二度の発言にはずいぶん違いがあり，彼の考え方に大きな変化が生じたことを物語っている。

大摇大摆 dàyáo-dàbǎi

大手を振って歩くさま；肩で風を切る。

例文

会议开到一半时，他才大摇大摆地走进来。

会議が半ばまで過ぎた時，彼は大手を振って入ってきた。

呆若木鸡 dāiruòmùjī

木彫りの鶏のように無表情である；恐怖
や驚きでぼんやりしているさま。茫然
（ぼうぜん）自失する。

📖 ここでは単純に「木彫りの鶏」として
使われているが，"木鸡"の語は，『荘子』
達成篇に見え，強さを奥に秘めた最強の
闘鶏の意味に使われている。

胆小如鼠 dǎnxiǎo-rúshǔ

ねずみのように肝っ玉が小さい；非常に臆病である。
はなはだ小心である。

📖 ねずみはしばしば度量が小さい，見識が浅いこと
のたとえとして登場する。

鼠肚鸡肠 shǔdù-jīcháng まるで鼠か鶏のように度量
が小さく，こせこせしている。

鼠目寸光 shǔmù-cùnguāng 鼠のように近くしか見え
ない。ものの見方が極めて狭いことのたとえ。

淡妆浓抹 dànzhuāng-nóngmǒ

薄化粧と厚化粧；女子の容貌や服装をいう。
また，風景の描写に用いる。"抹"は塗る，塗
りつける。

📖 蘇軾『飲湖上初晴後雨』詩に"欲把西湖比
西子，淡妆浓抹总相宜"（西湖をかの西施に
たとえるならば，淡粧＝晴れた景色も，濃粧
＝雨に煙った景色も，どちらもすばらしいこ
とだろう）とある。

当机立断 dāngjī-lìduàn

（機を逸することなく）その場で断を下す；即座に決断を下す。"当"は臨む，当面する。
"立"は直ちに，たちどころに。

道貌岸然 dàomào-ànrán

とりすまして道学者然としている；乙にすましているさ
ま。"道貌"は道学者のようにとりすました顔つき。"岸然"
は厳粛なさま。多く皮肉・風刺に使われる。
類義の成語に "一本正经"（yīběn-zhèngjīng――一冊の経
典）があり，同じく風刺的に使われる。きまじめ，くそま
じめである。

例文

别看他道貌岸然，其实是个伪君子。
彼はあんなふうに乙にすましているが，実は偽君子だ。

得寸进尺 décùn-jìnchǐ

寸を得て尺に進む；一寸進んだら，次は一尺進もうとする。一つの望みを遂げ，さらにそ
の上を望む。欲望に限りのないことのたとえ。

例文

他这个人向来是得寸进尺，贪得无厌。
あの男はかねてから欲が深く次から次へと求め，飽くことを知らない。

得过且过 déguò-qiěguò

何とか過ごすことができればしばらくその日暮らしをする。"且"は「とりあえず…する」。
また，仕事がいいかげんで無責任な意にも。行き当たりばったりである。ちゃらんぽらん
である。

例文

要振作精神，千万不要得过且过，做一天和尚撞一天钟。
精神を奮い起こし，坊主になればなっている間だけ鐘を撞くように，決していいかげんに
日を過ごしてはならない。

得陇望蜀 délǒng-wàngshǔ

隴（ろう）を得て蜀（しょく）を望む；欲望に限りがないことのたとえ。貪欲で飽くこと
を知らない。望蜀（ぼうしょく）。"陇"は今の甘粛省東南部，"蜀"は今の四川省中西部。
後漢の光武帝が隴の地を得たのに，さらに蜀の地を得ようとしたことから。『後漢書』
岑彭伝。

得意忘形 déyì-wàngxíng

得意になって我を忘れる；得意さのあまり自己を
抑制できなくなる。有頂天になる。自分をすばら
しいと思い込む。のぼせあがる。

📖『晋書』阮籍伝に見える魏・晋の隠士（竹林の
七賢の一人）阮籍の故事に基づく。彼は酒をたし
なみ歌をよくし琴を弾いたが，**"当其得意"**心に
かなった時には，**"忽忘形骸"**たちまち我が身の
存在さえも忘れたという。

例文

当了处长以后，他有点儿得意忘形了。処長になってから，彼は少々のぼせあがっている。

掉以轻心 diàoyǐqīngxīn

軽々しい心で筆を動かす；軽率な態度で事に当たる。高を括（くく）って警戒を怠る。**"掉"**
は揺り動かす。

例文

不可掉以轻心。油断して警戒を怠ってはならない。

丢盔弃甲 diūkuī-qìjiǎ

かぶともよろいも脱ぎ捨てる。あわてふためい
て逃げるさま。**"盔"**は「かぶと」，**"甲"**は「よ
ろい」。日本語で「甲」を「かぶと」とするのは
「甲冑」（かっちゅう）の「甲」（よろい）と「冑」
（かぶと）を取り違えて用いたもの。

📖 **"丢盔卸甲"**（diūkuī-xièjiǎ）とも。『孟子』梁
恵王・上に**"弃甲曳兵而走"**（甲を棄て兵器を引
きずって敗走する）とある。

东奔西跑 dōngbēn-xīpǎo

東奔西走する；あちこち忙しく駆けずり回る。**"东…西…"**は「あちらで…こちらで…」。

例文

他为筹借拍摄资金东奔西跑。撮影資金を調達するために，彼はあちこち駆けずり回っている。

成語

慣用語

ことわざ

練習問題

練習問題解答

索引

15

东施效颦 dōngshī-xiàopín

（美女の西施の眉をひそめた顔が美しかったのを見て）醜女の東施がしかめつらをまねる；いたずらに人のまねをして物笑いになる。

📖『荘子』天運篇に見える寓話から。西施は春秋時代の越の伝説上の美女。類義の成語に"**邯鄲学步**"（hándān-xuébù）があり、同じ『荘子』秋水篇中の寓話に基づく。こちらは邯鄲の人の優雅な歩みをまねて失敗した男の話。

独木难支 dúmù-nánzhī

一木支え難し；一本の柱では大きな建物を支えることができない。一人の力では難局を乗り切ることはできない。

📖類義の成語に"**孤掌难鸣**"（gūzhǎng-nánmíng－孤掌鳴り難し）がある。

> 例 文

这项工程难度大，要他一个人负责恐怕是独木难支。
この工事は難しいので，彼一人では責任を負い切れまい。

独善其身 dúshàn-qíshēn

ただ一身の修養を図る。転じて，我が身の保善のみを図る意にも。

📖『孟子』尽心・上に"**穷则独善其身**"（窮すれば独りその身を善くす）とある。

睹物思人 dǔwù-sīrén

遺品を見て故人をしのぶ；死んだ人の遺した物や別れた人にゆかりのある品を見て，その人のことを思う。

📖"**睹物怀人**"（dǔwù-huáirén）とも。

> 例 文

虽然他去世已经好几年了，但是，睹物思人，一看到这些东西，他的音容笑貌便历历在目。
彼が世を去って何年もたつが，けれども，これらの品々を見るにつけ，あの声や笑顔がありありと目に浮かぶ。

短小精悍 duǎnxiǎo-jīnghàn

小柄であるが精悍（せいかん）である；（文章や言葉が）短いが迫力がある。

例文

文章要力求写得短小精悍。文章は努めて簡潔で力のこもったものを書かなければならない。

断章取义 duànzhāng-qǔyì

断章取義；章を断ち義を取る。前後関係を無視して，他人の言葉や詩文の一部を自分に都合よく切り取って使うことをいう。

例文

批评别人的文章，如果断章取义定不能服人。
他人の文章を批評するのに，一部分を取り出して自分の都合のよいように論じたのでは相手を信服させることはできない。

对牛弹琴 duìniú-tánqín

牛に向かって琴を弾く；愚か者に対して高遠な理想を説く。猫に小判。豚に真珠。犬に論語。牛に経文。蛙の面に小便。馬の耳に念仏。

📖 後に "**不看对象**"（bù kàn duìxiàng－相手を見ずに説教する）と続く歇後語（しゃれ言葉）としても用いられる。

例文

你别对牛弹琴了，跟小孩子讲这些大理论，他能懂吗?
無駄なお説教はよしな。子どもにそんな御大層な理論を説いても，わかりはしないよ。

多此一举 duōcǐyījǔ

よけいな事をする；無駄な事をする。

📖 よく知られている "**画蛇添足**"（huàshé-tiānzú－蛇足，蛇を画いて足を添える）と同義。よく "**真是多此一举**"（まったくもってよけいな事だ），"**真可谓多此一举**"（はなはだもってよけいな事だと言わざるをえない）の形で使われる。

多多益善 duōduō-yìshàn

多々ますます善し；多ければ多いほど好都合である。用兵についての劉邦の問いに対する韓信の答えから。

📖漢の高祖から自分や将軍たちの用兵の能力について問われた韓信は、「陛下は十万人の兵を率いる程度ですが、私は"多多益善"である」と答えたという。『史記』淮陰侯列伝。これが『漢書』韓信伝では"多多益办"（duōduō-yìbàn—多々ますます弁ず）となっていて、日本ではこちらの訓が多用されている。

咄咄逼人 duōduō-bīrén

咄咄（とつとつ）人に逼（せま）る；気勢激しく人に迫る。威圧的態度に出て相手をたじろがせる。また、にわかに事が迫り近づいてくる意にも。

> 例 文

他说话咄咄逼人。彼は居丈高なものの言い方をする。

形势咄咄逼人，如不努力，就会落在时代的后边。

形勢は緊迫している。もし努力を怠ったら、時代から取り残されてしまうだろう。

耳濡目染 ěrrú-mùrǎn

（何度も見たり聞いたりしているうちに）知らず知らずに身に付いてしまう。

📖"目濡耳染"（mùrǔ-ěrrǎn）とも。

> 例 文

这孩子的父母都是音乐家，他从小耳濡目染，有很好的音乐修养。

この子の親はどちらも音楽家で、彼は小さい頃から慣れ親しんで、音楽に対するよい感化を受けた。

耳闻目睹 ěrwén-mùdǔ

我が耳で聞き我が目で見る。

> 例 文

耳闻目睹农村的巨大变化。農村の激しい変化を親しく見聞する。

发愤图强 fāfèn-túqiáng

意気込んで向上に努める；発奮して物事に取り組む。決意の固いことを強調する。"发愤"は精神をふるいおこすこと。
📖 "奋发图强"（fènfā-túqiáng）とも。

例　文

发愤图强，致力于新社会的建设。
発奮して新社会の建設に力を尽くす。

成語

发人深省 fārénshēnxǐng

人を啓発し深く考えさせる；はたと思い当たらせるものがある。"省"は悟る。

例　文

他的话虽然不多，但发人深省。
彼の話は言葉数は多くないが，深く考えさせられるものがある。

慣用語

翻箱倒柜 fānxiāng-dǎoguì

たんすや戸棚を掻き回す；家中くまなく捜す。"箱"は大型の箱やスーツケースの類。"柜"はたんす。
📖 "翻箱倒箧"（fānxiāng-dǎoqiè），"倾箱倒箧"（qīngxiāng-dàoqiè）とも。

例　文

翻箱倒柜也没找出一件值钱的东西来。
あちこち捜しまくったが金目の物は出てこなかった。

ことわざ

練習問題

反躬自问 fǎngōng-zìwèn

我が身に問うてみる；自分の身に振り返って考えてみる。自己反省する。"躬"は自身。

例　文

虽说是受了表扬，但我反躬自问，觉得做得还很不够。
表彰されはしたものの，よくよく我が身を振り返ってみると，まだまだ足りないところがたくさんある。

練習問題解答

索　引

方兴未艾 fāngxīng-wèi'ài

育ちつつあり，とどまるところを知らない；日の出の勢いである。"方"はまさに（…しようとしている）。"艾"は止まる，尽きる。

例文

技术革命方兴未艾。技術革命がいま盛んに行われている。

飞蛾投火 fēi'é-tóuhuǒ

飛んで火に入る夏の虫；自ら災いに身を投じることのたとえ。

類義の成語に"飞蛾赴火"（fēi'é-fùhuǒ）があるが，"飞蛾投火"が風刺的にマイナスの意味に使われるのに対して"飞蛾赴火"の方はプラスの意味で，一身を顧みず目標に立ち向かうことをいう。

例文

以如此微弱的兵力来犯，岂不是飞蛾投火。
それしきの弱々しい兵力で攻め込んでくるとは，身の程知らずもいいとこだ。

废寝忘食 fèiqǐn-wàngshí

寝食を忘れる；物事に熱中することの形容。

例文

他读起书来，常常废寝忘食。
彼は本を読み始めると，しばしば寝食を忘れる。
她经常废寝忘食地工作，把身体都累坏了。
彼女はしばしば寝食を忘れて働き，すっかり体を壊してしまった。

分道扬镳 fēndào-yángbiāo

たもとを分かち別々に馬を進める；（志や目的の違いによって）それぞれ異なる道を歩む。"扬镳"はくつわを引く，馬を進める。

例文

由于不可调和的矛盾，他们终于分道扬镳。
歩み寄ることのできない矛盾がもとで，彼らはついにたもとを分かった。

风度翩翩 fēngdù-piānpiān

容姿や物腰が瀟洒（しょうしゃ）である。

> 例文

他风度翩翩，一表人才。彼は颯爽（さっそう）とした，ひとかどの人物である。

风流才子 fēngliú-cáizǐ

風流人士；風雅な趣味・文才を備えた男子。容姿・態度のあかぬけた人。"风流"は文字どおりには「風流である」「風雅である」「俗を離れて趣がある」という意味であるが，時には男女関係について「色事に慣れている」「浮気っぽい」「はすっぱである」ことをいうのにも使われる。

📖類義の成語に"风流人物"(fēngliú-rénwù)があり，こちらは「傑出した人物」の意。

风生水起 fēngshēng-shuǐqǐ

風が起こり水が湧き立つ；物事が勢いよく行われているさま。生気はつらつとしている。

> 例文

全民健身活动搞得风生水起。国民健康活動が活発に行われている。

风声鹤唳 fēngshēng-hèlì

風声鶴唳（ふうせいかくれい）；（敵襲を恐れるあまり）風の音や鶴の鳴き声にも驚くことのたとえ。おじけづいた人がわずかのことにも驚き恐れること。

风雨同舟 fēngyǔ-tóngzhōu

暴風雨の中，同じ船に乗り合わせる；艱難（かんなん）辛苦を共にする。"风雨"は困難，苦労，辛酸，辛苦のたとえ。

📖類義の成語に"同舟共济"(tóngzhōu-gòngjì)があるが，こちらは「共にする」ことよりも「助け合う」ことを強調している。

风烛残年 fēngzhú-cánnián

風に揺らぐ灯火のような晩年；年老いて余命いくばくもないことのたとえ。

例文

他已经是风烛残年，但好胜之心不减。

彼はすでに老い先短い年齢に達しているのに，負けん気は衰えていない。

锋芒毕露 fēngmáng-bìlù

鋭気がみなぎっている；才気走っている。才をひけらかしたがる。

例文

这个人锋芒毕露，因而得罪了不少人。

この人は才をひけらかしすぎるところがあり，多くの人の恨みを買っている。

凤毛麟角 fèngmáo-línjiǎo

鳳凰（ほうおう）の羽と麒麟（きりん）の角；極めてまれな人や物をたとえる。稀有（けう）の人材や事物。"凤"と"麟"は共に伝説上の動物。

例文

这样的好诗，在今天算得上是凤毛麟角。

こういう優れた詩は，今時めったに見られるものではない。

釜底游鱼 fǔdǐ-yóuyú

釜中（ふちゅう）の魚（うお）；釜の中で煮られようとしている魚。目前の災いに気づかずに安逸をむさぼっていることをいう。

📖『後漢書』張綱伝に "相聚偷生，若鱼游釜中"（相聚りて生を偸むは，魚の釜中に遊ぶがごとし）とある。

付之一炬 fùzhī-yījù

火にくべて焼いてしまう；焼却する。"一炬"は一本のたいまつ。

📖 "付诸一炬"（fùzhū-yījù）とも。

例文

战争期间，他的藏书不幸被付之一炬。戦時中に，惜しいことに彼の蔵書は灰燼に帰した。

负荆请罪 fùjīng-qǐngzuì

荆（けい）を負って罪を請う；自ら非を認めて謝
罪する。処罰を待つ。"荆" はいばら。

📖 戦国時代の趙の武将廉頗（れんぱ）は文臣であ
る藺相如（りん・しょうじょ）が自分より上位に
あることに腹を立てたが，相如の徳に服して荆を
負うて罪を請い，のち刎頸（ふんけい）の交わり
を結んだという。『史記』廉頗藺相如列伝

覆水难收 fùshuǐ-nánshōu

覆水盆に返らず；一度してしまった事は取り返
しがつかない。特に離別した夫婦の仲について。

📖 周王朝建国の功臣太公望は貧乏時代に一度
去った妻が復縁を求めてきたのに対し，鉢に入
った水を地面にこぼし，こぼれた水は元に戻せ
ないのと同じように一度別れた妻を元に戻すこ
とはできないと言って，受け入れなかったとい
う。『拾遺記』ほか

改头换面 gǎitóu-huànmiàn

中身を変えずにうわべだけを変えることのたと
え；内容はそのままで，形式だけを変える。看
板だけ塗り替える。

📖 類義の慣用語に "换汤不换药"（huàn tāng bù
huàn yào）がある。漢方で薬を煎（せん）じる湯
だけ換えて薬は換えないことから，名前・形式
は変わっても中身は変わらないことをいう。

改邪归正 gǎixié-guīzhèng

悪事から足を洗い，正道に立ち返る。

> 例 文

改邪归正，重新做人。正道に立ち返り，真人間になる。

甘拜下风 gānbài-xiàfēng

甘んじて下風を拝す；敗北を認めて心服する。

例 文

遇到你这样的强手，我只好甘拜下风了。

きみのような強者に出会って，ぼくはかぶとを脱ぐしかない。

感人肺腑 gǎnrénfèifǔ

肺腑（はいふ）を衝（つ）く；深い感銘を与える。深く感動させる。胸を打つ。"肺腑"は
肺臓。転じて，心の奥底，心底。

例 文

他的话句句感人肺腑。彼の言葉はひと言ひと言が心にしみる。

纲举目张 gāngjǔ-mùzhāng

大綱を持ち上げてさっと投げれ
ば網の目は自然に開く；主題を
しっかりつかめば文章は筋が通
ることをたとえる。

高谈阔论 gāotán-kuòlùn

声高に議論する；空理空論をもてあそぶ。大いにまくしたてる。勝手に放言する。長広舌
をふるう。

例 文

他在会上高谈阔论，却提不出一条具体意见。

彼は会議の席では声高にまくしたてるが，具体的な意見は何も出せない。

高屋建瓴 gāowū-jiànlíng

高い屋根の上から水瓶（みずがめ）を傾ける；有利な形勢にあることのたとえ。"建"は傾
ける。"瓴"は水瓶。

例 文

他的口气很硬，颇有高屋建瓴之势。

彼の口調はとても強気で，優勢に乗じて攻撃に出ようとしていることがうかがえる。

高瞻远瞩 gāozhān-yuǎnzhǔ

高所に立って遠くを見通す；高遠な所に目をつける。志が高く理想が遠大である。"瞻"は見る，望む。"瞩"は見つめる。

例文

政治领袖需要高瞻远瞩，才能带领群众前进。
政治指導者は高邁（こうまい）な理想がなければ人々を率いて進むことができない。

革故鼎新 gégù-dǐngxīn

古いものを取り除いて新しいものを取り入れる。"革"は取り除く。"鼎"は取り入れる。

例文

这个商店的经营管理经过不断的革故鼎新，已大有改进。
この商店の経営管理は絶え間ない改革を経て，すでに大きく改善されている。

格格不入 gégé-bùrù

互いに隔たりがあって相いれない；しっくりこないさま。くいちがいがある。ぴったり合わない。"格格"は互いにくいちがう，阻害しあう。

例文

他性情古怪，跟大伙相处格格不入。
彼は性格が変わっていて，人との付き合いがしっくり行かない。

个人主义者总是同集体格格不入的。個人主義者は，どうしても集団と相いれない。

隔岸观火 gé'àn-guānhuǒ

岸を隔てて火事を見る；他人の危難を自分には無関係なこととして傍観する。対岸の火事視する。

例文

朋友有难，我当然要伸出援助之手，不能隔岸观火。
友人が難儀しているからには，当然ぼくは援助の手を差し伸べなければならず，じっと見過ごしているわけにはいかない。

隔墙有耳 géqiáng-yǒu'ěr

壁に耳あり；密談や隠し事はいつどこで誰が聞いている
かわからず，漏れやすいということのたとえ。

📖 "墙有耳" は管鮑の交わりで知られる斉の賢相管仲の
名に託した書『管子』にも見えるが，さまざまなバリエ
ーションが諸言語に存在する。日本語では「壁に耳あり，
障子に目あり」と，対句で用いられることが多い。

〖英〗 Walls have ears.

隔三岔五 gésān-chàwǔ

あまり間を空けずに；しょっちゅう，しばしば。三日にあげず。

📖 "隔三差五"（gésān-chàwǔ）とも。

【 例 文 】

她隔三岔五回娘家看看。彼女は三日にあげず実家の様子を見に帰る。

隔靴搔痒 géxuē-sāoyǎng

隔靴搔痒（かっかそうよう）；靴の上からかゆいところをかく。
話すことやすることが不徹底で要点に触れない。まどろっこしい
こと，もどかしいことのたとえ。二階から目薬。

📖 宋代の仏書『景徳伝灯録』ほかに見える語。読み下して「靴を
隔てて痒（かゆ）きを掻（か）く」とも。
イラストにあるように中国語の "靴" は長靴を指し，短靴の意の
"鞋"（xié）と区別される。

【 例 文 】

他的做法，犹如隔靴搔痒，不解决问题。
彼のやり方は隔靴搔痒の感があり，問題を解決できない。

各持己见 gèchí-jǐjiàn

それぞれが自己の意見を主張する。

【 例 文 】

大家各持己见，谁也不能说服谁，会议不欢而散。
各人が自説を主張して譲らず，会議は気まずい思いを残して閉じた。

各有千秋 gèyǒu-qiānqiū

それぞれ後世まで伝えられるものを持っている。転じて，それぞれにそれぞれの長所がある。"千秋"は千年，長い年月。

例文

这两篇小说都写得很好，艺术手法各有千秋。

この2編の小説はどちらもよく書けていて，描写の手法はそれぞれに長所がある。

根深蒂固 gēnshēn-dìgù

根が深くて容易に揺るがない；基礎がしっかりしていてぐらつかない。"蒂"は果実のへた。
📖 "根深柢固"（gēnshēn-dǐgù）とも。"柢"は木の根。

根深叶茂 gēnshēn-yèmào

根が深く張り葉が生い茂っている；しっかりと根を張っている。事業などの基礎がしっかりとしていて繁栄していることのたとえ。
📖 ことわざに"根深不怕风摇动"（深く根を張っていれば風に揺らぐのを恐れない），"根深才会叶茂"（深く根を張ってこそ葉は生い茂る），"根要深，人要真"（根は深く張らなければならない，人は真面目でなければならない）などがある。

功亏一篑 gōngkuī-yīkuì

九仞（きゅうじん）の功を一簣（いっき）に欠く；高い山を築くのに最後のもっこ一杯の土が足りないために未完成に終わる。せっかくの苦労があと一息のところで失敗に終わる。
📖『書経』旅獒（りょごう）に見える王者たる者の心得を説いた言葉。

例文

现在停工，是功亏一篑，万万使不得。

いま仕事を中止すると，九仞の功を一簣に欠くことになるから，断じてそうしてはならない。

攻其不备 gōngqíbùbèi

その不備を攻む；相手の備えのないのにつ
けこんで攻撃する。虚を衝（つ）く。虚に乗
ずる。寝首を掻く。

📖 "攻其无备"（gōngqíwúbèi）とも。『孫子』
計篇に "攻其无备，出其不意"（相手の備え
のない所を攻め，油断につけこむ）とある。

例文

这一仗只有攻其不备，才能胜利。

この戦いは相手の虚を衝く以外に勝ち目が
ない。

狗急跳墙 gǒují-tiàoqiáng

犬は追い詰められると塀を跳び越える；悪人が
逃げ場を失って捨てばちの行動にでることのた
とえ。窮鼠猫をかむ。

📖 『敦煌変文集』燕子賦に "人急烧香，狗急蓦
墙"（人はせっぱ詰まると香をたいて仏にすが
り，犬は追い詰められると塀を跳び越える）とあ
り，『紅楼夢』第27回に "人急造反，狗急跳墙"
（人はせっぱ詰まると謀反を起こし，犬は追い
詰められると塀を跳び越える）とある。

例文

要提高警惕，防备敌人狗急跳墙。

警戒心を高め，敵が破れかぶれの反撃に出るのを防がなければならない。

孤注一掷 gūzhù-yīzhì

孤注一擲（こちゅういってき）；ばくちで，負けが込んで最後に有り金を全部賭けて勝負す
ること。追い詰められて一か八かの勝負に出る。乾坤（けんこん）一擲。一擲乾坤を賭す。
"孤注" は（ばくちで）一度に全部賭けること。"掷" は賽（さい）を振る。

例文

敌军孤注一掷，投入了全部预备队，妄图挽回败局。

敵軍は一か八か，全予備軍を投入して，愚かにも劣勢を挽回しようとしている。

蛊惑人心 gǔhuò-rénxīn

（デマなどで）人心を惑わせる。"蛊"は伝説上の毒虫。"蛊惑"は蠱惑（こわく），人の心をひきつけ，まどわすこと。

例文

他们惯用甜言蜜语蛊惑人心。 連中はいつも甘言を用いて人心を惑わせる。

顾名思义 gùmíng-sīyì

名を聞いただけで意味がわかる；その名のとおり。

例文

川剧，顾名思义，就是流行于四川一带的地方戏。
川劇とは，その名の示すとおり，四川一帯に広く行われている地方劇である。

瓜田李下 guātián-lǐxià

瓜田李下（かでんりか）；嫌疑を受けやすい場所のたとえ。

📖 "瓜田不纳履，李下不整冠"（瓜田に靴を納れず，李下に冠を正さず）から。古楽府『君子行』が出典。「履（くつ）を納（い）れず」とは，靴に足を入れない，すなわち瓜を盗もうとしているのではないかとの嫌疑を避けるため，脱げたり脱げそうになったりした靴を履き直さないということ。「瓜田に靴を踏み入れない」という意ではない。

刮目相看 guāmù-xiāngkàn

刮目して相見る；目をぬぐって相手をよく見る。先入観を捨てて，新しい目で相手を見直す。

📖 "刮目相待"（guāmù-xiāngdài）とも。『三国志・呉志』呂蒙伝に蒙が魯肅に対して"士別三日，即更刮目相待"（男子たる者は別れて三日たったら，目をこすって接しなければならない）と言ったとある。

拐弯抹角 guǎiwān-mòjiǎo

曲がりくねった道を行く；持って回った話し方をする。

　例　文

她说话拐弯抹角，一下子摸不清她的真意。

彼女は持って回った話し方をするので，なかなかその真意が測り難い。

过河拆桥 guòhé-chāiqiáo

河を渡って橋を壊す；目的を達してしまう
と恩を忘れる。後足で砂をかける。

📖老舎の『駱駝祥子』に，車宿の主人・劉
四爺が祥子を使い捨てにして追い出したの
を周りの者が"过河拆桥"だと言って憤る場
面がある。映画や劇ではよく恋人の女性が
相手の男性に向かって心変わりを戒めるの
にこの言葉を使っている。

　例　文

过河拆桥，恩将仇报的人必将受到人们的谴责。

恩義を忘れ，後足で砂をかけるような人間は，きっとみんなからつまはじきにされる。

过目成诵 guòmù-chéngsòng

一度目を通しただけで暗唱することができる；記憶力が非常に優れていることのたとえ。

海市蜃楼 hǎishì-shènlóu

蜃気楼（しんきろう）；実際に存在
しない幻のような現象。蜃（大はま
ぐり）の吐く息によって生じると
考えられた。

📖類義の成語に"空中楼阁"（kōng-
zhōng-lóugé－空中の楼閣）がある。
『史記』天官書に"海旁蜃气像楼
台"（海辺の大蛤の吐く気は楼閣の
形状を呈する）とある。

海外奇谈 hǎiwài-qítán

海外の珍しい話；根も葉もないでたらめな話。
荒唐無稽（こうとうむけい）の話。
📖古代の神話と地理の書『山海経』（せんがいきょう）に海外各国の奇人や異物について面白おかしく書かれているところから生まれた言葉。

例文

信口开河地来乱讲海外奇谈。
口から出任せにでたらめな話をする。
这真是海外奇谈。これは根も葉もないでたらめだ。

害群之马 hàiqúnzhīmǎ

群れに危害を及ぼす悪馬；集団の内部にいて団結を損なう者のたとえ。
大勢の人に迷惑を及ぼす人物。獅子（しし）身中の虫。

例文

这个害群之马，真让人为难。
この厄介者には，本当に手を焼かされる。

含糊其辞 hánhu-qící

言葉をあいまいにする；言葉を濁す。"含糊"はあいまいである，はっきりしない，いいかげんである。

例文

回答问题要简单明了，不要含糊其辞。
質問には簡潔明瞭に答えるべきで，言葉を濁してあいまいであってはならない。

汗流浃背 hànliú-jiābèi

汗が背中一面に流れる；全身大汗をかく。体中汗だくになる。また，非常に恐れたり恥じ入ったりするさま。"浃"は染み通る。

例文

被烈日晒得汗流浃背。太陽に強く照りつけられて汗びっしょりだ。

汗牛充栋 hànniú-chōngdòng

汗牛充棟；車で運ぶと牛が汗をかき，部屋に積み
重ねると棟木に届くほど蔵書が多いこと。

📖 唐の柳宗元が孔子が編んだとされる『春秋』に
ついて，その注釈や解説の書が多いことを "处则
充栋宇，出则汗牛马"（ひと所に積み上げれば家の
棟木まで届き，外に出して車に積めば牛や馬も汗
をかく）と述べたところから。

好说歹说 hǎoshuō-dǎishuō

ああ言ったりこう言ったりする；あれこれ説いて聞かせる。あの手この手で説得したり頼
み込んだりする。

例文

我好说歹说，他总算答应了。
わたしがあれこれ説いて聞かせたところ，彼はようやく納得した。

鹤立鸡群 hèlìjīqún

鶴の鶏群に立つがごとし；鶏の群れの中に一羽だけ鶴が混じっているようだ。凡人の中に一
人だけ容姿や才能の特に優れた人が交じっていることのたとえ。鶏群の一鶴。掃き溜めに鶴。
📖 『世説新語』容止篇に "卓卓如野鹤之在鸡群"（まるで鶴が鶏の群れの中に立つように
傑出している）とある。

横行霸道 héngxíng-bàdào

権勢をたのんで横暴なふるまいをする。

例文

我相信他们横行霸道的日子不会太久，因为
他们作恶多端，已经到了千夫所指的地步了。
わたしは彼らが我が物顔にのさばりかえ
っている日はそう長くは続かないと信じ
る。なぜなら彼らは悪事の限りを尽くし，
すでに人々の指弾（しだん）の的となって
いるからである。巴金『一封信』

后来居上 hòulái-jūshàng

後から来た者が先に進んでいた者を追い越す；後輩が先輩を追い抜く。後の雁（かり）が先になる。

「例文」

青年人应该后来居上，超过老一辈。
若い人は先に来た人を追い越し，上の世代の人を超えなければならない。

后生可畏 hòushēng-kěwèi

後生畏（おそ）るべし；自分より後から生まれてくる者は，年も若く気力も充実していて，将来への可能性を秘めているから，恐れ敬うに値する。

📖『論語』子罕（しかん）篇の"**后生可畏，焉知来者之不如今也**"（若い人は恐るべきだ。これからの人が今のわれわれに及ばないということが，どうしてわかろうか）が出典。

狐假虎威 hújiǎhǔwēi

虎の威を借る狐；有力者の権勢を笠に着て威張りちらすことのたとえ。

📖魏の遊説家江乙が楚の権臣昭奚恤（しょうけいじゅつ）の失脚を謀って宣王を説得するのに用いた寓話から。
『戦国策』楚策・一
〖英〗An ass in a lion's skin.

虎头蛇尾 hǔtóu-shéwěi

頭は虎のように立派であるのに，尾は蛇のように貧弱である；出だしはすばらしいが，終わりはふるわないこと。頭でっかち尻すぼまり。竜頭蛇尾。

📖類義の成語に"**龙头蛇尾**"（lóngtóu-shéwěi）があるが，あまり使われない。

「例文」

他热情高，但不能持久，往往虎头蛇尾。
彼は意気込みは盛んだが，長続きはせず，しばしば竜頭蛇尾で終わる。

花言巧语 huāyán-qiǎoyǔ

口先だけのうまい言葉；美辞麗句。

例文

他们的一切花言巧语都是骗人的。彼らのうまい言葉はすべて人を欺くためのものだ。

画饼充饥 huàbǐng-chōngjī

絵に描いた餅で飢えをしのぐ；架空のもので役に立たないこと，また空想で自己を慰めようとすることのたとえ。

📖 類義の成語に"望梅止渴"（wàngméi-zhǐkě—梅林を見て喉の渇きを止める）がある。

例文

他提的这个方案，依我看简直是画饼充饥，根本没法实现。
彼の提案したこの方法は，わたしの見るところではまるで絵に描いた餅で，まったく実現の見込みがない。

画龙点睛 huàlóng-diǎnjīng

画竜点睛（がりょうてんせい）；最後にわずかに手を加えることによって，全体をいっそう際立たせる。

📖 梁の画家・張僧繇（ちょうそうよう）が金陵（今の南京）の安楽寺の壁画に竜を描いて，その睛（ひとみ）を入れたところ，たちまち風雲が生じ竜は天に上ってしまったという故事から。『歴代名画記』

画蛇添足 huàshé-tiānzú

蛇を画（えが）きて足を添う；よけいな付け足しをする。蛇足（だそく）。

📖 蛇の絵を画く競争で，先に描き上げた男が勢い余って足を付け加えたために負けになったという故事から。『戦国策』斉策・二

例文

他已经把问题说得很清楚了，我就不用画蛇添足了。
彼がすでに問題をはっきり説明しているので，わたしはよけいな事は付け足しません。

欢天喜地 huāntiān-xǐdì

非常に大喜びするさま；小躍りして喜ぶ。有頂天になる。

例文

欢天喜地地迎接新年。大喜びで新年を迎える。

欢欣鼓舞 huānxīn-gǔwǔ

躍り上がって喜ぶ；欣喜雀躍（きんきじゃくやく）する。

例文

捷报传来，无不欢欣鼓舞。勝利の知らせが伝わると，みな小躍りして喜んだ。

恍然大悟 huǎngrán-dàwù

はっと悟る；疑問などが急に解ける。"恍然"は急に悟るさま。

例文

这事经过你一指点，我才恍然大悟。
この事はあなたに指摘されて，わたしははっと悟りました。

灰心丧气 huīxīn-sàngqì

失敗して気落ちする；意気消沈する。"灰心"は気落ちする。"丧气"はしょげ返る。

例文

虽然试验没有成功，但他一点儿也没有灰心丧气。
実験は失敗に終わったが，彼は少しも気落ちしていない。

挥金如土 huījīn-rútǔ

金銭をまるで土くれをまき散らすように
費す；湯水のように金を遣う。

📖今は金銭の無駄づかいの激しいさまを
いうが，もとは惜しげもなく気前よく遣う
ことをいった。

例文

有些娇生惯养的富二代挥金如土。
一部の甘やかされて育った成金二世はまるで湯水のごとく金を遣う。

诲人不倦 huìrén-bùjuàn

人に誨（おし）えて倦（う）まず；熱心
に倦むことなく人に教える。辛抱強く人
を教える。

📖 『論語』述而篇に見える孔子の言葉
"学而不厌, 诲人不倦"（どこまでも飽き
ることなく学び, それを人に教えて倦む
ことを知らない）から。

浑水摸鱼 húnshuǐ-mōyú

濁りに乗じて魚を捕らえる；どさくさにまぎ
れてひともうけする。火事場泥棒をはたら
く。"浑水"は「濁った水」, 或いは「水を濁
す」。"浑"は"混"とも。

📖 後ろに"大小难分"（dàxiǎo-nánfēn—大小
の区別がつかない）と続く歇後語（しゃれ言
葉）としても。

例 文

投机分子浑水摸鱼，乘机牟取暴利。 山師たちはどさくさに紛れ, 機に乗じて暴利を貪る。

混为一谈 hùnwéiyītán

ごちゃまぜにして論じる；混同してはならないものを混同する。

例 文

不能把这两种性质不同的事混为一谈。
この性質の異なる二つのことを一緒くたにしてはならない。

火上浇油 huǒshàng-jiāoyóu

火に油を注ぐ；勢いや激しさを一層強くする。

📖 "火上加油"（huǒshàng-jiāyóu）とも。

例 文

他俩吵架，你不能火上浇油啊!
ふたりは言い争っているところだから, 火に油を注ぐような事をしてはいけません。

火烧眉毛 huǒshāo-méimao

眉に火がつく；危難・災いが身に迫ることのたとえ。

📖 後ろに "只顾眼前"（zhǐgùyǎnqián－目の前のことだけしか構っていられない）と続く歇後語（しゃれ言葉）としても使われる。

例文

已经是火烧眉毛了，赶紧想办法吧。

もうすでに眉に火がつくところまできている。できるだけ早く方策を講じなければ。

火树银花 huǒshù-yínhuā

灯火や花火がきらめき輝くさま。祝日や夜景の形容に用いる。

火中取栗 huǒzhōng-qǔlì

火中の栗を拾う；そそのかされて他人の利益のために危険を冒してばかな目に遭うことのたとえ。また，困難な問題にあえて身を投ずることのたとえにも。

📖 猿におだてられた猫が炉中の焼けている栗を拾って食べようとして大やけどをしたという。17 世紀のフランスの詩人ラ・フォンテーヌの寓話集から。

货真价实 huòzhēn-jiàshí

品物は確かで，値段も偽りがない；掛け値なし。まったくうそ偽りがないこと。正真正銘である。

📖 旧時，商人が客寄せに使った言葉から。

例文

货真价实，童叟无欺。

商売が公正で，子どもも老人も欺くことはない。

那个家伙是一个货真价实的骗子。

あいつは正真正銘のペテン師だ。

祸不单行 huòbùdānxíng

禍（わざわい）は独り行かず；災難はえてして重なるものだ。禍は必ず重ねて来る。泣き面に蜂。弱り目に祟（たた）り目。

例文

福无双至，祸不单行。福は重ねて来ないが，禍は重ねて来るものだ。

饥不择食 jībùzéshí

飢えては食を択（えら）ばず；必要に迫られた時はより好みしている余裕がない。せっぱ詰まった時にはあれこれ言っていられない。

📖『孟子』公孫丑・上に "饥者易为食，渴者易为饮"（飢えたる者は食を為し易く，渇したる者は飲を為し易し）とある。

饥寒交迫 jīhán-jiāopò

飢寒こもごも迫る；飢えと寒さが同時に襲ってくる。"交"は一斉に，同時に。

例文

饥寒交迫的苦难生活，锻炼了他坚强不屈的性格。
飢えと寒さにさいなまれる苦しい生活が，彼を何物にも屈しない性格に鍛え上げた。

鸡飞蛋打 jīfēi-dàndǎ

鶏は逃げてしまい，卵は割れてしまう；元も子も失う。虻蜂（あぶはち）取らず。

鸡零狗碎 jīlíng-gǒusuì

こまごまとした物，つまらない取るに足らない物のたとえ。がらくたの寄せ集め。

鸡毛蒜皮 jīmáo-suànpí

（鶏の毛やニンニクの皮のような）取るに足らない物；些細な事。区々たる些事。

例文

鸡毛蒜皮的小事，不值得争吵。こんなちっぽけな事は，争うこともない。

鸡鸣狗盗 jīmíng-gǒudào

鶏鳴狗盗 (けいめいくとう)。取るに足らない技能や卑しい行為のたとえ。
📖 斉の孟嘗君が秦の昭王に幽閉された時，鶏の鳴きまねの上手な者や犬のように物を盗むのが得意な食客を養っていたおかげで難を免れたという。
『史記』孟嘗君列伝

家常便饭 jiācháng-biànfàn

ありあわせの普段の食事；ありきたりの事柄。日常茶飯事。
📖 単に "家常饭" (jiāchángfàn) とも。

例 文

他太忙了，加班熬夜是家常便饭。彼は非常に忙しく，徹夜で残業することも珍しくない。

家喻户晓 jiāyù-hùxiǎo

どこの家でも知っている；誰でも知っている。知らない人はない。"喻""晓"は共に明らかである，知っている。

例 文

雷锋这个名字在中国已是家喻户晓了。「雷鋒」という名は中国では誰もが知っている。
家喻户晓，人人皆知。津々浦々，知らない人はいない。

兼收并蓄 jiānshōu-bìngxù

（よいか悪いか，役に立つかどうかを考えずに）何もかも一緒くたに受け入れる。
📖 "兼容并蓄" (jiānróng-bìngxù) とも。

见缝插针 jiànfèng-chāzhēn

隙間があれば針を刺す；わずかな時間・空間や機会をも無駄にしない。

例 文

要见缝插针，利用一切空隙时间刻苦学习。
ほんの少しの時間をも無駄にせず，寸暇を惜しんで勉学に励むべきだ。

见义勇为 jiànyì-yǒngwéi

正義のために勇敢に事を行う。正しいことだと
わかれば勇敢に実行する。義侠心に富む。
📖『論語』為政篇に見える孔子の言葉 "见义不
为，无勇也"（義を見てせざるは勇無きなり；
人として当然なすべきことを見ながら行わな
いのは，勇気がないからである）に基づく。

见异思迁 jiànyì-sīqiān

異なったものを見るとすぐに気移りがする；意志が
弱く移り気である。

例文

做事情要专心，不要见异思迁。
事を行うには一心不乱でなければならず，すぐ気移
りするようではいけない。
他见异思迁，与妻子离婚了。
彼は浮気心を起こして，妻と離婚した。

箭在弦上 jiànzàixiánshàng

箭（や）弦上にあり；矢はすでにつがえられている。事ここに至っては，もはや断行する
しかない。賽（さい）は投げられた。

例文

事情到了这个地步，已经是箭在弦上，不得不发。
事ここに至っては，もはや矢はすでにつがえられたのだから，発せざるをえない。

将错就错 jiāngcuò-jiùcuò

過ちを押し通す；過ちであることを知りながら，改めずにそのまま押し通す。

将功赎罪 jiānggōng-shúzuì

功を立てて罪を償う；功績を挙げて罪過を帳消しにする。
📖 "将功折罪"（jiānggōng-zhézuì）とも。

将计就计 jiāngjì-jiùjì

相手の計略を逆に相手に施す；相手の方法で相手
をやっつける。敵の裏をかく。裏の裏をかく。出
し抜く。

例文

硬拼伤亡太大；不如将计就计，先跟敌人周旋，再
伺机突围。

無理をしたら死傷者が多く出る。ここは敵の裏を
かいて，ひとまず交渉に応じ，機を見て包囲を突
破しよう。

将信将疑 jiāngxìn-jiāngyí

半ば信じ半ば疑う；半信半疑である。

例文

大家听到了这个消息，将信将疑，七嘴八舌议论起来。

この知らせを聞いて，みんな半信半疑で，がやがやと議論しはじめた。

娇生惯养 jiāoshēng-guànyǎng

小さい頃からかわいがられ，甘やかされてわがま
まに育つ；過保護に育つ。乳母日傘（おんばひがさ）
で育つ。"娇"は甘える，甘やかす，"惯"は増長す
る，増長させる。

例文

她从小娇生惯养，从来没有干过家务活儿。

彼女は小さい頃から甘やかされ放題で，これまで
家の仕事をしたことがない。

焦头烂额 jiāotóu-làn'é

頭を焦がし額にやけどをする；耐え難い状況に追い込まれるさま。

例文

麻烦的事一大堆，弄得他焦头烂额。

面倒な事が山ほどあって，彼はさんざんな目に遭っている。

狡兎三窟 jiǎotù-sānkū

狡兎三窟（こうとさんくつ）；身を隠す場
所が周到に用意されていることのたと
え。

📖『戦国策』斉策・四に"狡兎有三窟,
仅得免其死耳"（狡兎は三つの穴を用意し
ていても，どうにかその死を免れることができるにすぎない）とあり，続けて「今あなたは
まだ一つの穴しかないのだから，到底枕を高くして眠ることはできません」と用心を戒める。

矯枉过正 jiǎowǎng-guòzhèng

欠点を直そうとして，かえって弊害を招く；行き過ぎた是正をする。角（つの）を矯めて
牛を殺す。"矯枉"はゆがみを是正する。"过正"は度を越す，行き過ぎる。

例 文

加强管理是必要的，但不能矯枉过正。

管理を強加する必要はあるが，度を越して弊害を招いてはならない。

接二连三 jiē'èr-liánsān

次から次へと続く；続けざまに，ひっきりなしに。

例 文

喜讯接二连三地传来。吉報がひっきりなしにもたらされる。

接踵而来 jiēzhǒng'érlái

踵（くびす・きびす）を接してやって来る；続々と詰めかける。

例 文

参观展览的人们接踵而来。展覧会を観に来る人たちが続々とやってくる。

节外生枝 jiéwài-shēngzhī

節（ふし）でない所から枝が生える；本題・本筋から外れた所から問題が生じる。

例 文

快要达成协议时，对方又节外生枝。

合意寸前に，相手方はまたも故意に事態をこじれさせた。

捷足先登 jiézú-xiāndēng

足の速い者は人より先に目的地に着く；
人に先んじて行動を起こした者が先に目
的を達する。早い者勝ち。

例 文

小张捷足先登，得到了去海外进修的机会。
張さんはすばやく行動を起こし，海外研
修のチャンスをつかんだ。

斤斤计较 jīnjīn-jìjiào

取るに足らない事にまで細かくこだわる；細かな事
まであげつらう。小さな利害にこだわる。"斤斤"は
細かい事にまでいちいちこだわるさま。"计较"は
損得を計算する意。

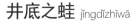
例 文

大家一起共事，怎么好斤斤计较？
皆が一緒に働いているのに，個人の損得になどこだわっていられない。

井底之蛙 jǐngdǐzhīwā

井の中の蛙（かわず）；見識の狭い人のたとえ。井蛙（せいあ）。
📖『荘子』秋水篇に北海の若（じゃく－神の名）の語として
"井蛙不可以语于海者，拘于虚也"（井戸の中の蛙に海の話を
してもわからないのは，自分の狭い住居に住みなずんでいる
からである）とある。
類義の成語に"坐井观天"（zuòjǐng-guāntiān）がある。
〖英〗He that stays in the valley shall never get over the hill.
谷間にとどまる者は山を越えることはできない。

咎由自取 jiùyóuzìqǔ

咎（とが）・災いを自ら招く；身から出た錆（さび）。自業自得。

例 文

不要怨天尤人，你这是咎由自取。人のせいにするんじゃない，これは自業自得というものだ。

鞠躬尽瘁 jūgōng-jìncuì

鞠躬尽瘁（きっきゅうじんすい）；慎重に事
に当たりひたすら力を尽くす。（国家の大事
に）献身的に尽力する。

"鞠躬"は身をかがめて慎みかしこむ。

"尽瘁"は病み疲れるまで力を尽くす。

📖 "鞠躬尽瘁, 死而后已"として『三国志・
蜀書』の諸葛亮伝注に見える。"死而后已"
（sǐ'érhòuyǐ －死してのちやむ，死ぬまで力
を尽くす）も成語として使われる。

举棋不定 jǔqí-bùdìng

碁石を手にして，次の一手をどこに打つか迷う；実行す
る時になって，なかなか態度を決められない。ためらっ
て決断できない。

📖 『左伝』襄公25年に "弈者举棋不定, 不胜其耦"（碁
を打つ場合でも，石を手にしてもふらふら迷っている
ようでは，相手を負かすことはできない）とある。

例文

在这关键时刻，应该果断做出决定，不能再举棋不定了。
この重大な時期に，果断に決定を下さなければならな
いのに，いつまでもためらっているべきではない。

举一反三 jǔyī-fǎnsān

一を挙げて三を反（かえ）す；四角な物の一隅を示し，残りの三隅は類推して理解する。
一事から多くの事を類推できることのたとえ。推察力に富む。一を聞いて十を知る。"反"
は類推する。

📖 "一隅三反"（yīyú-sānfǎn）とも。『論語』述而篇の孔子の言葉 "举一隅不以三隅反，则
不复也"（一隅を挙げて三隅をもって反さざれば，すなわちまたせざるなり）から。

例文

电脑的基本原理并不难掌握，只要认真学，就能举一反三，触类旁通。
コンピューターの基本原理は決して把握するのが難しくはない。まじめに学びさえすれば，
一つを知って，順に類推して他を理解していくことができる。

聚精会神 jùjīng-huìshén

精神を集中する；一心不乱である。"聚""会"は共に集める，集中する。

> 例 文

同学们聚精会神地听老师讲课。生徒たちは脇目もふらずに先生の講義を聴いている。

开门见山 kāimén-jiànshān

ずばり本題に入る；単刀直入に話すことのたとえ。

> 例 文

他开门见山地说明了来意。彼は率直に訪問の目的を説明した。

侃侃而谈 kǎnkǎn'értán

落ち着いてゆったりと語る；臆することなく堂々と話す。"侃侃"は悠揚迫らぬさま。

> 例 文

他和人讨论问题时那种侃侃而谈的样子，给了我深刻的印象。

彼が人と問題を討論する時のあの落ち着いて堂々と話す様子は，わたしに深い印象を与えた。

可圈可点 kěquān-kědiǎn

圈点（けんてん）を打つに値する；文章が優れていて称賛に値することをいう。

📖 "圈点"は文章中，要点や精彩に富む箇所の文字のわきに付ける小さい丸などの符号。

> 例 文

影片中男女主角的表演都可圈可点。映画の中の主役の男女の演技はどちらもすばらしい。

刻舟求剑 kèzhōu-qiújiàn

舟に刻して剣を求む；時勢の変化を知らず旧習を守ることのたとえ。剣を落として舟を刻む。刻舟。

📖 楚のある男が川を渡る時に水の中に剣を落とし，舟べりに印を刻んで，後で剣を捜そうとしたという寓話から。

『呂氏春秋』察今

空头支票 kōngtóu-zhīpiào

空手形；実行されない約束のたとえ。

> 例文

别净吹牛，空头支票谁不会开？ほらばかり吹きなさんな，空手形なら誰だって振れるさ。

空中楼阁 kōngzhōng-lóugé

空中楼閣；大空の中に築いた高い建物。根拠のない空想。現実ばなれした理論や計画。砂上の楼閣。
□類義の成語に"海市蜃楼"（hǎishì-shènlóu－蜃気楼），"镜花水月"（jìnghuā-shuǐyuè－鏡中の花，水中の月）がある。

> 例文

你这样推导出来的结论，其实是空中楼阁。
きみがそんなふうに導き出した結論は，実のところ砂上の楼閣に過ぎない。

口是心非 kǒushì-xīnfēi

口では認めているが，心では認めていない；口先で言っている事と，内心で考えている事とが違っている。口と腹とが違う。

> 例文

这个人表里不一，口是心非。こいつは陰ひなたがあって，口と心が裏腹だ。
阳奉阴违，口是心非。陰ひなたがあり，言っている事と考えている事とが違っている。

夸夸其谈 kuākuā-qítán

大げさに話す；身の程知らずの大きな事を言う。大言壮語する。大ぶろしきを広げる。御託（ごたく）を並べる。"夸"は誇張する。

> 例文

要多干实事，不要夸夸其谈。
口先だけでなくまじめに仕事に励むべきで，大言壮語をすべきでない。
夸夸其谈地乱说一阵。大ぶろしきを広げて一席ぶつ。

脍炙人口 kuàizhì-rénkǒu

人口に膾炙（かいしゃ）する；（なますやあぶり肉が多くの人に好まれるように）詩文が広く世間の人に称賛されること。また，物事が広く世間にもてはやされること。

例文

这是一篇脍炙人口的好文章。これは広く人々に知られたよい文章である。

溃不成军 kuìbùchéngjūn

軍隊が総崩れになる；惨敗を喫してばらばらになる。ほとんど壊滅状態になる。

📖 類義の成語に **"一败涂地"**（yībài-túdì―一敗地にまみれる），**"大败亏输"**（dàbài-kuīshū―総崩れになる），**"落花流水"**（luòhuā-liúshuǐ―こてんこてんに打ちのめされる）などがある。

例文

把敌人打得几乎溃不成军。
敵をこてんぱんにやっつけた。

困兽犹斗 kùnshòu-yóudòu

追い詰められた獣がなお最後の抵抗をする；窮地に陥った者が必死の抵抗を試みることのたとえ。逃れるすべがないのに，なおも刃向かう。悪あがきする。

📖 『左伝』定公4年に **"困兽犹斗，况人乎?"**（追い詰められれば獣ですら抵抗する，まして人間においては）とある。

例文

敌人困兽犹斗，也只能是拖延日子罢了。
敵は窮地に陥り，ただ時間かせぎをしているに過ぎない。

来日方长 láirì-fāngcháng

先々の時間は十分にある；事を成し遂げるに十分な時間がある。時間はたっぷりあるから焦るに及ばない。**"方"** はまさに，まさしく。

例文

来日方长，后会有期。先は長いのだから，きっとまた会える。

滥竽充数 lànyú-chōngshù

でたらめな竽（う）で員数をそろえる；いいかげん
な者を入れて頭数をそろえる。不良品を優良品のよ
うに見せかけてごまかす。能力がないのにその地位
にいる。席を汚（けが）す。

📖竽は笙（しょう）に似た楽器。竽を吹けない男が
おおぜいに混じって楽人を務めていたという故事
から。『韓非子』内儲説・上

劳而无功 láo'érwúgōng

労して功なし；無駄骨を折ること。骨折り損のくたびれもうけ。

📖『荘子』天運篇に見える"是犹推舟于陆也，劳而无功"（これでは陸上で舟を推すような
もので，苦労しても効果がない）から。

例文

不顾实际情况去解决问题，往往劳而无功，把事情搞坏。

実際の状況を顧みずに問題の解決を図ると，往々にして無駄骨を折るばかりか，事態をぶ
ち壊しにしてしまう。

老马识途 lǎomǎ-shítú

老馬道を知る；老いた馬はよく道を知っ
ていて迷うことがない。長く経験を積ん
だ者は正しい判断ができる。老馬の智。

📖春秋時代，斉の桓公の軍が帰路を見失
ったところ，管仲が老馬を放してその後
に付いて行くと進むべき道が見つかった
という故事から。『韓非子』説林・上

老生常谈 lǎoshēng-chángtán

老書生がいつも話す陳腐な話；聞き飽きた新鮮味のない話。

例文

这是老生常谈，一点儿也不新鲜。これはごくありふれた話で，少しも珍しくはない。

我这又是老生常谈了。わたしはまたいつものつまらない話をしてしまったね。

礼尚往来 lǐshàngwǎnglái

礼は往来を尚（たっと）ぶ；訪問を受ければ答礼するのが，礼として尊ぶべきことである。いま，相手からひどい仕打ちを受けたならこちらも同じ仕返しをする意にも。目には目を。

📖『礼記』曲礼（きょくらい）・上に"**礼尚往来。往而不来，非礼也；来而不往，亦非礼也**"（礼は往来を尚ぶ。往きて来らざるは礼に非ざるなり。来たりて往かざるも，また礼に非ざるなり）とある。

力不从心 lìbùcóngxīn

意あれども力及ばず；やる気はあるが力が足りない。

【 例 文 】

他总想多做些工作，但是身体不好，力不从心。
彼はいつももっと仕事をしたいと思っているが，しかし健康がすぐれず，なかなか思うに任せない。

立竿见影 lìgān-jiànyǐng

竿（さお）を立てればたちどころに影が現れる；効果がすぐに現れることのたとえ。

【 例 文 】

工具改革立竿见影，大大提高了生产效率。
道具の改良が早速効果を現し，生産効率が大きく上がった。

利欲熏心 lìyù-xūnxīn

利欲は心を惑わせる；自己の名利への欲のために心がくもらされる。欲に目がくらむ。"利欲"は自分の利益を得ようとする心。"熏"は火でくすべる。

📖宋・黄庭堅の詩に"**利欲熏心，随人翕张**"（利欲に心をくもらされると，人と一緒になってばたばたと行動する）とある。

【 例 文 】

他利欲熏心，终于走上犯罪道路。 彼は利に目がくらみ，ついに犯罪の道を歩んだ。

良药苦口 liángyào-kǔkǒu

良薬は口に苦し；人からの忠告や諫言（かんげん）は聞いて快いものではないが，身のためになるということのたとえ。

例 文

良药苦口利于病，忠言逆耳利于行。

良薬は口に苦いが病によく利き，忠言は耳に痛いが行いによく利く。

梁上君子 liángshàng-jūnzǐ

梁上（りょうじょう）の君子；泥棒の異称。

📖 陳寔（ちんしょく）が梁（はり）の上に潜んでいる泥棒を指して言った語。"梁"は柱の上に渡して屋根を支える横木。はり，うつばり。陳寔は後漢の人。梁の上に忍び込んだ泥棒を指して，人間の性はもと善であるが，「習い性となる」で，悪い行いを重ねているうちにそれが習慣となってこのような非行をあえてするようになると諫めたという。『後漢書』陳寔伝

两败俱伤 liǎngbài-jùshāng

強者どうしが闘えば双方とも傷つく；共倒れになる。

📖 ある人が二匹の虎が餌を争っているのを見て刺そうとするのを，もう一人が止めて，どちらかが傷つくのを待って勝った方を刺せば一挙両得であると忠告したという故事から。『戦国策』秦策・二

两小无猜 liǎngxiǎo-wúcāi

双方とも幼く疑うことを知らない；幼い男女の無邪気な交わりをいう。

例 文

他们俩两小无猜，感情融洽。

あのふたりはどちらも幼く無邪気で，すっかり気持ちが溶け合っている。

两袖清风 liǎngxiù-qīngfēng

両の袖を風が吹き抜ける。旧時，官吏の清廉潔白なことのたとえ。

例 文

他身居要职，一身正气，两袖清风，受到百姓的赞扬。

彼は要職にあって公明正大，清廉潔白で，人々から称賛されている。

量力而行 liànglì'érxíng

能力に応じて行う；力相応に行動し無理をしない。"量"は推し量る。

📖 "量力而为"（liànglì'érwéi）とも。

例 文

你大病方愈，干活要量力而行。

あなたは大病が癒えたばかりだから，無理をせずに仕事をしなければいけません。

量体裁衣 liàngtǐ-cáiyī

身の丈に合わせて着物を裁つ；実際に即して事を行う。
"量"は「推し量る」。

📖 "看菜吃饭，量体裁衣"（料理を見てごはんを食べ，寸法を測って衣服を裁つ）と連用されることも。

例 文

制定工作计划要量体裁衣，不能脱离实际。

仕事の計画は現実に即して立てるべきで，実際から遊離してはならない。

了如指掌 liǎorúzhǐzhǎng

明らかなること掌（たなごころ）を指すが如し；自分の手のひらにある物を指すようにはっきりしている。物事を正確に理解していることのたとえ。

📖 『論語』八佾（はちいつ）篇に古代の祭祀の意義について問われた孔子が，"知其说者之于天下也，其如示诸斯乎"（その事を知っているほどの人なら，天下の事についても，それをここに見るようなものだろうな）と言って，自分の掌を指したとある。

临阵磨枪 línzhèn-móqiāng

陣に臨んで槍を磨く；事が起こってから慌てて対策を考える。泥棒を見て縄をなう。

> 例文

学习要靠平时努力，不要临阵磨枪，到考试前才用功。

学習は平素の努力が肝心で，試験の前になって泥縄式に勉強するのはよくない。

淋漓尽致 línlí-jìnzhì

文章や話が流暢（りゅうちょう）で，しかも意を尽くしている；小気味よく喝破している。

> 例文

这篇文章淋漓尽致地驳斥了对方的谬论。

この文章は相手の誤った議論を余すところなく論破している。

炉火纯青 lúhuǒ-chúnqīng

（学問や技芸が）最高の境地に到達することのたとえ；名人の域に達する。

📖 道教で丹薬を練る時，炉の炎が純青色になれば成功と見なしたところから。

> 例文

他画山水的技巧达到了炉火纯青的地步。彼の山水画の技巧は，名人の域に達している。

鲁鱼亥豕 lǔyú-hàishǐ

魯魚亥豕（ろぎょがいし）の誤り；似た文字を書き違えること。魯魚の誤り。「魯」を「魚」と，「亥」を「豕」と書き違えることから。

驴年马月 lúnián-mǎyuè

いつの日かわからない日。実現不可能なことをいう場合に用いる。

📖 ロバは十二支に入っていないので，「ロバの年のウマの日」はありえないところから。

> 例文

照你这么磨磨蹭蹭，驴年马月也干不完。

そんなふうにもたもたしていたのでは，いつまでも終わりっこない。

乱七八糟 luànqībāzāo

ごたごたして無秩序なさま；しっちゃかめっちゃかなさま。ごたごたしている。めちゃくちゃである。

例文

你把屋子里弄得乱七八糟的，连下脚的地方都没有。

おまえったら部屋中散らかしっぱなしにして，足の踏み場もないじゃないか。

落花流水 luòhuā-liúshuǐ

散り落ちた花が水に流れる；無惨に打ちのめされるさま。こてんぱんにやられる。さんざんな目に遭う。

📖 もと，行く春の景色の形容。

例文

敌人被打得落花流水。敵は完膚なきまでに打ちのめされた。

麻木不仁 mámù-bùrén

麻痺（まひ）して感覚がなくなる；（外界の事物に対して）反応が鈍い，無関心である。
"麻木"は麻痺してしびれる。"不仁"は（手足が）感覚を失っている。

例文

有些领导对违纪违法麻木不仁，熟视无睹。

一部の指導者は法規違反に対する感覚が麻痺していて，慣れっこになっている。

埋头苦干 máitóu-kǔgàn

仕事や勉学に没頭する；脇目も振らずに励む。

例文

他工作一向兢兢业业，埋头苦干。

彼はこれまでずっと脇目も振らずに，一生懸命仕事をしてきた。

蛮横无理 mánhèng-wúlǐ

横暴で道理をわきまえない；強引に横車を押す。

例文

你这种态度显然是蛮横无理的。きみのそういう態度は明らかに理不尽である。

慢条斯理 màntiáo-sīlǐ

落ち着いてゆったりしている；悠揚迫らぬさま。ゆったりと構える。また，動作が緩慢である意にも。スローモーである。のろのろしている。

例文

他说话慢条斯理，不紧不慢的。
彼は話し方が落ち着きはらっていて，ゆったりしている。
他在外面等你，你怎么还慢条斯理的。
彼が外で待っているのに，何をぐずぐずしているのか。

满腹经纶 mǎnfù-jīnglún

経綸（けいりん）胸にあふる；大きな抱負や豊かな識見を有していることのたとえ。

例文

虽有满腹经纶，却无用武之地。豊かな治世の識見を有しているが，発揮する場がない。

满载而归 mǎnzài'érguī

満載して帰る；荷物を車一杯に載せて帰る。大きな収穫を得て戻ることのたとえ。

例文

这次参观访问，真是满载而归。
今回の参観はとても有益であった。

漫不经心 mànbùjīngxīn

少しも気乗りのしないさま；一向に気にかからない。うわの空である。
📖 "漫不经意"（mànbùjīngyì）とも。

漫无边际 mànwúbiānjì

広々として果てしない。また，話や文章が散漫でとりとめがない。

例文

这个人讲起话来常常海阔天空，漫无边际。
この人は話し始めたらいつもあれからこれへと，それこそとどまる所を知らない。

毛骨悚然 máogǔ-sǒngrán

恐ろしくて身の毛がよだつ；ぞっとする
ほど恐ろしい。鳥肌が立つ。寒気（さむ
け）立つ。総毛（そうけ）立つ。慄然（り
つぜん）とする。肌に粟ができる。

例文

漆黑的山洞，阴森潮湿，真叫人毛骨悚然。
真っ暗な洞穴は，じめじめとして，何と
も気味が悪い。

毛遂自荐 máosuì-zìjiàn

毛遂（もうすい）自らを薦む；（仕事や任務
の担当を）自ら名乗り出ること。自薦する。
📖戦国時代，秦が趙を攻撃した時，平原君
の食客・毛遂が自ら志願して共に楚に赴き，
楚王を説いて趙との合従（がっしょう）に応
じさせ，国家の危急を救った故事から。
『史記』平原君虞卿列伝

茅塞顿开 máosè-dùnkāi

行く手がぱっと開ける；はっと迷いから覚め，急に思い当たる。目からうろこが落ちる。
"茅塞"は道を塞（ふさ）いでいる茅（かや）。"顿开"はたちどころに開ける。
📖"顿开茅塞"（dùnkāi-máosè）とも。

例文

你这一番话使我茅塞顿开。お話を伺って目からうろこが落ちる思いです。

没大没小 méidà-méixiǎo

長幼の区別をわきまえない；年長者をないがしろにする。

例文

就是老太太不计较，你也不能总这么没大没小的！
たとえおばあさんが気になさらないにしても，きみはいつまでもそんなふうに年長者をな
いがしろにするわけにはいかないだろう。

门可罗雀 ménkěluóquè

門前雀羅（じゃくら）を張る；門前に雀（すずめ）が
群がり，網を張って捕らえることができるほどであ
る。訪れる人がなく，さびれてひっそりとしている
さま。閑古鳥（かんこどり）が鳴く。

📖『史記』汲鄭列伝に見える司馬遷の賛中の語 **"始
翟公为廷尉，宾客阗门。及废，门外可设雀罗"**（はじ
め，翟公〔てきこう〕が廷尉になった時，訪問客が門
に満ちたが，免官になると，門の内外は雀羅を張れ
るほどであった）から。
反義の成語に **"门庭若市"**（méntíng-ruòshì－門庭市
の如し）がある。

妙手回春 miàoshǒu-huíchūn

回春の妙手；優れた腕を持っていて生命を回復させ
ることができる。医者をほめていう言葉。**"回春"** は
重い病気を治すことのたとえ。

📖 **"着手成春"**（zhuóshǒu-chéngchūn）とも。

例文

李大夫被成为妙手回春的医生。
李医師は優れた医術の持ち主だと称えられている。

名不虚传 míngbùxūchuán

名はいたずらに伝わらない；その名に
背かない。評判どおり優れている。

📖『史記』游侠列伝に **"名不虚立"**（名
声は実質がなければ立つものではな
い）とあり，また『三国志・魏志』徐邈
伝に **"帝大笑，顾左右曰：'名不虚传'"**
（帝は大いに笑い，左右を顧みて「なる
ほど評判どおりだ」と言った）とある。

例文

他是个名不虚传的神枪手。 彼は世に聞こえた射撃の名手だ。

名落孙山 míngluòsūnshān

名，孙山より落つ；名が孙山より後にある。試験に落ちること。落第する。

📖宋代，最下位で挙人に合格した孙山が，帰郷してある人から息子の合否を聞かれ，「最下位がわたしで，ご子息はわたしより後でした」と答えたという故事から。范公偁『過庭録』

例文

在今年的高考中，他名落孙山。今年の大学入試で彼は不合格だった。

鸣锣开道 míngluó-kāidào

（貴人や大官が外出する時）ドラを鳴らして道を開けさせる；鳴り物入りで露払いをする。地ならしをする。一定の目的を実現するために前もって世論づくりをすることのたとえ。

例文

他为中国新文学的诞生呐喊助威，鸣锣开道。
彼は中国の新しい文学の誕生のために大声をあげて加勢し，ドラを鳴らして道を開いた。

冥顽不灵 míngwán-bùlíng

かたくなで道理に暗い；頑迷固陋（がんめいころう）である。無知蒙昧（むちもうまい）である。

例文

我们绝不是冥顽不灵的人，只要你讲的有道理，我们是可以接受的。
わたしたちは決して道理のわからない人間ではありません。おっしゃることに理があるなら受け入れるにやぶさかではありません。

莫名其妙 mòmíngqímiào

その不思議さを説明できる者がいない；何が何だかわけがわからない。狐につままれたかのようである。"名"は説く。

📖類義の成語 "莫明其妙"（mòmíngqímiào）は，その不思議さを理解できる者がいない。"明"は理解する。ただし，両者はしばしば通じて使われる。

例文

这件事真叫人莫名其妙。この件はまったく何が何だかさっぱりわからない。

莫逆之交 mònìzhījiāo

莫逆（ばくぎゃく・ばくげき）の交わり；互いに心の通い合った親しい仲をいう。"莫逆"は逆らうことがない，気心が通い合っている。

他们俩虽然相处不久，但已经成了莫逆之交。

あのふたりは付き合いは長くないが，すでに心を許し合った仲になっている。

默默无闻 mòmò-wúwén

ひっそりとしてうわさが聞こえない；世に知られない。

📖類義の成語 "默默无言"（mòmò-wúyán）は，黙々として何もしゃべらない。

他经常默默无闻地为大伙儿做好事。

彼はいつも陰でひっそりと人々のために有益な事をしている。

目不识丁 mùbùshídīng

目に一丁字（いっていじ）なし；簡単な文字も読めない。無学文盲である。"丁" は "个" の古い書体を誤読したものとも，誰でも読めるはずの最も簡単な字とも。

📖 "不识一丁"（bùshí-yīdīng──一丁字を識〔し〕らず）とも。

他从前是一个目不识丁的文盲，如今已经能看报读书了。

彼は以前はまったくの無学文盲であったが，今では新聞や本を読めるようになった。

目不转睛 mùbùzhuǎnjīng

（物を見るときに）瞳を動かさない；まばたきもせずにじっと目をすえて見つめる。注視する。瞳を凝らす。一心不乱に見つめる。

他目不转睛地看着墙上的一幅人物画。

彼はまばたき一つせずに壁に掛かった人物画をじっと見つめている。

目瞪口呆 mùdèng-kǒudāi

目を見開いてぽかんとしている；(驚きや恐怖で) 呆然 (ぼうぜん) としているさま。

例文

他吓得目瞪口呆，不知道说什么好。

彼はびっくりしてあっけにとられたまま，何と言ってよいのかわからなかった。

沐猴而冠 mùhóu'érguàn

沐猴 (もっこう) にして冠す；猿に烏帽子 (えぼし)。見かけ
は立派に飾り立てているが，内実の伴わないことのたとえ。
📖 楚の項羽が秦の都咸陽 (かんよう) を攻め落とした後，故
郷に錦を飾ろうとするのを側の者が「"楚人沐猴而冠耳"」(楚
の国の人は猿が冠をかぶったようなものだ) と聞いている
が，本当にそうだ」と陰口をたたいたところ，怒った項羽に
釜ゆでにされたという。『史記』項羽本紀

耐人寻味 nàirén-xúnwèi

玩味に堪える；味わうだけの価値がある。

例文

他的话包含很多的道理，句句都耐人寻味。

彼の話には多くの道理が含まれていて，ひと言ひと言に深い味わいがある。

南辕北辙 nányuán-běizhé

辕 (ながえ) を南にして辙 (わだち) を
北にする；目的と行動が相反すること
のたとえ。"辕" は牛馬をつなぐために
車の前方に長く出た，平行な 2 本の棒。
かじ棒。"辙" は車が通ったあとに残し
た両輪の跡。
📖 ある男が，南の楚へ行こうとして車
を北へ走らせていて，間違いを指摘さ
れたが，それでもなお北へ走り続けた
という。『戦国策』魏策・四

难能可贵 nánnéng-kěguì

（そんな難しい事ができるとは）殊勝なことである；なかなか奇特なことである。並大抵のことではない。"难能"は難しい事をやってのける。

> 例 文

十岁的孩子就能写出这样的文章，实在是难能可贵。

10歳の子どもがこのような文章を書けるなんて，まったくもって見上げたものだ。

能说会道 néngshuō-huìdào

弁が立つ；口達者である。

> 例 文

做生意要能说会道。商売をするには口が達者でなければならない。

藕断丝连 ǒuduàn-sīlián

蓮（はす）の根は折れてもその糸はつながっている。（多く男女の間について）関係は切れてもなお未練が断ち切れないで残ることのたとえ。すっぱりと手を切ることができないで，腐れ縁が続く。"藕"は蓮の地下茎，れんこん。

📖唐・孟郊の詩『去婦』に "妾心藕中丝，虽断犹牵"（わたしの心は蓮の根の中の糸と同じで，断ち切れない情がなおつながっている）とある。

庞然大物 pángrán-dàwù

とてつもなく大きな物；ばかでかい物。多く，見かけは大きいが，内実を伴わない物の形容として用いられる。うどの大木。見かけ倒し。

旁敲侧击 pángqiāo-cèjī

（正面から言わず）持って回った言い方をする；遠回しに言う。

> 例 文

有意见，就痛痛快快地说出来，何必旁敲侧击。

意見があるならはっきり言ったらどうだ，奥歯に物が挟まったような言い方をしないで。

旁若无人 pángruòwúrén

傍若無人；まるであたりに人がいないかの
ようにふるまう。落ち着きはらったさま。
また，勝手気ままなふるまいをすること。
🔲高渐离击筑，荆轲和而歌于市中，相乐也。
已而相泣，旁若无人者。高漸離が筑を撃ち，
荊軻がこれに和して市中で歌い，共に楽しん
だ。やがて共に泣き出し，傍らに人がいない
かのようにふるまった。『史記』刺客列伝

例文

他们高谈阔论，旁若无人。彼らはあたりかまわず，大声で議論している。

抛砖引玉 pāozhuān-yǐnyù

れんがを投げて玉を引き寄せる；他人の立派な意見を引き出す呼び水とする。

例文

我先谈这些，就算抛砖引玉吧！
私がまず少しお話しして，皆さんのご意見を頂戴することに致しましょう。

刨根问底 páogēn-wèndǐ

事の次第を深く追求する；根掘り葉掘り尋ねる。

例文

人家不愿意说，你就别刨根儿问底儿。
相手が話したがらないのだから，しつこく問いただすのはよしたまえ。

朋比为奸 péngbǐ-wéijiān

ぐるになって悪事をはたらく；仲間を作って悪い事をする。"朋比"は結託する。

披肝沥胆 pīgān-lìdǎn

肝胆を披（ひら）く；心底を打ち明ける。"披"はさらけ出す。"沥"はしたたらす。

例文

俩人披肝沥胆地谈了一夜。ふたりは胸襟を開いて夜通し語り合った。

披星戴月 pīxīng-dàiyuè

星を背にし月光を浴びる；朝早くから夜遅くまで勤勉に働く。忙しく駆けずり回る。昼夜兼行で旅路を急ぐ。朝は朝星（あさぼし），夜は夜星（よぼし）。

例文

救灾部队立即出发，披星戴月地向目的地进发。
災害救助部隊は直ちに出発し，昼夜を分かたず目的地に向かった。

平起平坐 píngqǐ-píngzuò

対等にふるまう；地位や権力が同等である。

例文

你想跟老板平起平坐，怎么可能呢？きみは社長と並び立ちたいのかね，そりゃ無理だよ。

迫不及待 pòbùjídài

（事態が差し迫っていて）じっとしていられない；一刻の猶予もできない。足もとに火がついている。

例文

他迫不及待地想知道昨晚足球比赛的结果。
彼は昨晩のサッカーの結果を知りたくてじりじりしている。

破釜沉舟 pòfǔ-chénzhōu

釜を壊して船を沈める；不退転の決意を示す。
楚の項羽が秦との戦いで川を渡った後，釜を壊し船を沈めて決戦を挑んだ故事から。

項羽乃悉引兵渡河，皆沉船，破釜甑，烧庐舍，持三日粮，以示士卒必死，无一还心。項羽は全軍を率いて河を渡り，船をことごとく沈め，釜や甑（こしき）を壊し，屋舎を焼き払い，3日分の糧を携え，士卒に少しも生還する心のない必死の覚悟を示した。『史記』項羽本紀

破镜重圆 pòjìng-chóngyuán

破鏡再び合う；離ればなれになっていた夫婦が巡り合うこ
と。また，一度別れた夫婦が元の鞘（さや）に納まること。
📖南北朝の時代，陳の皇女の夫・徐徳言が国の滅亡に伴う
動乱の中で妻と別れるに際し，一枚の銅鏡を二つに割って
それぞれその半分ずつを所持し，後日再会する時の証拠と
し妻を捜し当てることができたという故事から。唐・孟棨
（もうけい）『本事詩』情感

例文

如今他们俩已破镜重圆，和好如初。
今はふたりは元の鞘に納まり，元どおり仲良く暮らしている。

扑朔迷离 pǔshuò-mílí

事物が入り組んでいて区別がつかない；雲をつかむよう。
📖もと，兎が入り交じって跳びはねていて，雄雌を見分けにくいこと。"扑朔"は雄の兎
が足をばたつかせるさまを，"迷离"は雌の兎が目を細めるさまをいう。

例文

案情扑朔迷离，很难找到破案的线索。
事件の内容は入り組んでいて，解決の糸口を見つけるのは難しい。

七上八下 qīshàng-bāxià

心が千々に乱れるさま；居ても立ってもいられない。歇後語（しゃれ言葉）"十五个吊桶打
水—— 七上八下"（15 個のつるべで水を汲む —— 7 個が上がり 8 個が下がる）から。

例文

他坐在那里，一声不响，心里七上八下。
彼はそこに座ったままで，ひと言も発しなかったが，心は千々に乱れていた。

七嘴八舌 qīzuǐ-bāshé

大勢の人が思い思いにしゃべるさま。

例文

计划一公布，大家就七嘴八舌地议论开了。
計画が発表されると，みんないっせいにわいわい議論しだした。

欺软怕硬 qīruǎn-pàyìng

弱い者をいじめ強い者にはこびへつらう；自分より目下の者には威張り散らし目上の者や強い者にはペコペコする。下いびりの上へつらい。

例 文

他是一个欺软怕硬的家伙。
あいつは弱い者をいじめ強い者にペコペコする野郎だ。
欺软怕硬是懦弱的表现。
弱い者をいじめ強い者にへつらうのは意気地のないふるまいだ。

奇货可居 qíhuò-kějū

奇貨居（お）くべし；珍しい品物を買いだめしておいて値が上がるのを待って売ること。広く，品物を独占してぼろもうけを図ること。また，たまたま得た自分の特技や成績を利用して名利や地位を得ようとする意にも。

📖秦の商人呂不韋が，趙の国に人質として預けられていた秦の王子・子楚（後の荘襄王，すなわち始皇帝の父）を見て，**"此奇货可居"**（これは掘り出し物だ，買い入れておかなくては）と言って援助したという故事による。『史記』呂不韋列伝

骑虎难下 qíhǔ-nánxià

騎虎の勢い；行きがかり上，途中でやめたり後へ退いたりできないことのたとえ。（勢い余って）ひくにひけない。乗りかかった船。

例 文

我们现在骑虎难下，只好硬着头皮继续干下去。
われわれは今，ひくにひけない状況にある。思い切って続けてやるしかない。

骑马找马 qímǎ-zhǎomǎ

馬に乗って馬を探す；身近にあるものを忘れて他を探す。すでにある地位に就いていながら，さらによい仕事を探す。また，すでに品物を手にしていながら，さらにあちこち探し求めることのたとえにも。

📖"骑驴找驴"（qílǘ-zhǎolǘ）とも。

棋逢对手 qíféngduìshǒu

（碁や将棋で）ちょうど自分に匹敵する相手に出会う；好敵手に巡り合う。

📖 "棋逢敌手"（qíféngdíshǒu）とも。後に "将遇良才"（jiàngyùliángcái－勇将が好敵手に出会う）を伴うことがある。

例文

今天的这场比赛真是棋逢对手，打了好久还未分胜负。

きょうのこの試合は実力が伯仲していて，もうずいぶんたつのにまだ勝負がつかない。

旗鼓相当 qígǔ-xiāngdāng

旗鼓相当たる；双方の力が伯仲している形容。"**旗鼓**" は軍旗と太鼓。

例文

双方旗鼓相当，一时很难分出胜负。双方力は互角で急には勝敗を決し難い。

旗开得胜 qíkāi-déshèng

旗が揚がるやいなや勝利を収める；物事を始めてすぐに好い成績を挙げることのたとえ。

📖よく "马到成功"（mǎdào-chénggōng－戦場に到着してすぐに勝利を収める；任務に着くやたちまち成果を挙げる）と連用される。

杞人忧天 qǐrén-yōutiān

杞人（きじん）天を憂う；無用の心配をすること。取り越し苦労。杞憂（きゆう）。

📖杞の人が天地が崩れ落ちたらどうしようかと心配したという寓話から。

杞国有人，忧天地崩坠，身亡所寄，废寝食者。

杞の国に天地が崩れ墜ちたら，身の置き所がなくなるのではないかと心配し，夜も眠れず食べ物ものどに通らない人がいた。『列子』天瑞（てんずい）

例文

这岂不是杞人忧天吗？ これは杞憂に過ぎないのではなかろうか。

起死回生 qǐsǐ-huíshēng

起死回生；いまにも死にそうな人を生き返らせること。医術の優れていることの形容。また，絶望的な状況に活路を見いだす意にも。

例文

他行医多年，经验丰富，有起死回生的本领。
彼は長年医を業としていて，経験が豊かで，起死回生の腕を有している。

千方百计 qiānfāng-bǎijì

百計を巡らす；ありとあらゆる方法を講じる。あの手この手を尽くす。

例文

他虽然千方百计掩盖错误，终究还是无济于事。
彼はあの手この手を尽くして過ちを覆い隠そうとしたが，結局のところ無駄なあがきに過ぎなかった。

牵强附会 qiānqiǎng-fùhuì

牽強付会（けんきょうふかい）；道理に合わないことを無理にこじつける。

例文

他的批评缺乏具体分析，有些牵强附会。
彼の批判は具体的分析に欠け，牽強付会の気味がある。

黔驴之技 qiánlǘzhījì

黔驢（けんろ）の技；見かけ倒しの技量。
📖黔（今の貴州）の地に初めて連れてこられたロバが虎に実力を見破られたという話から。これまでロバを見たことのない虎は，その図体と鳴き声の大きさに恐れをなしたが，近寄ってみるとロバが足で蹴ったので，ロバにそれだけの能力しかないことを知って飛びかかって食い殺したという。唐・柳宗元『三戒』黔之驢
"黔驴技穷"（qiánlǘ-jìqióng—黔驢の技窮まる；わずかしかない能力を使い尽くす）とも。

巧言令色 qiǎoyán-lìngsè

巧言令色；口先だけの巧みな言葉とうわべだけの人を喜ばせる表情。

📖 『論語』学而篇に見える孔子の言葉 **"巧言令色，鲜矣仁"**（巧言令色，鮮なし仁）から。

> 例 文

他巧言令色，取得了领导的信任，终于当上了处长。

彼は言葉巧みに取り入って，上司から信頼され，ついに処長になった。

锲而不舍 qiè'érbùshě

手を休めずに彫り続ける；怠ることなく努力することのたとえ。

📖 『荀子』勧学篇に見える **"锲而不舍，金石可镂"**（锲〔きざ〕みて舍〔お〕かざれば，金石も镂〔え〕るべし）から。

> 例 文

学习要有锲而不舍的精神。勉強はうまずたゆまず努力を重ねる心構えがなくてはならない。

青出于蓝 qīngchūyúlán

出藍（しゅつらん）の誉れ；（青色の染料は藍を原料とするが，藍よりも青いことから）弟子の方が教えた師匠よりも優れることをたとえる。

📖 よく **"青出于蓝而胜于蓝"**（青は藍より出でて藍より青し）と続けて使われる。

青，取之于蓝，而青于蓝；冰，水为之，而寒于水。

青色の染料は藍という草から採るが，その藍色よりもさらに青く，氷は水から出来ているが，その水よりもさらに冷たい。『荀子』勧学篇

轻车熟路 qīngchē-shúlù

軽車を駆って慣れた道を行く；習熟した仕事であるのでたやすくできることのたとえ。

轻而易举 qīng'éryìjǔ

軽くて簡単に持ち上げることができる；極めて容易にやれる。何の苦労もなくやってのけることができる。

晴天霹雳 qíngtiān-pīlì

青天の霹靂（へきれき）；晴れ渡った空ににわかに鳴る雷。思いがけない突然の出来事のたとえ。突発的事変。寝耳に水。

📖 "青天霹雳"（qīngtiān-pīlì）とも。

放翁病过秋，忽起作醉墨；正如久蛰龙，青天飞霹雳。放翁病みて秋を過ごす，忽ち起きて醉墨をなす。正に久蟄（きゅうちつ）の竜の，青天に霹靂を飛ばすがごとし。宋・陸游（放翁）『四日夜鶏未鳴起作詩』

穷途末路 qióngtú-mòlù

窮地に陥り行き詰まる；袋小路に突き当たる。土壇場に立たされる。

例文

这一伙人如今已是穷途末路，无依无靠。
この連中はもはや土壇場に追い詰められていて，頼るべき所がない。
公司已经走到穷途末路，只有宣告破产。
会社はすでに行き詰まっており，破産を宣告するしかない。

求全责备 qiúquán-zébèi

完全無欠を求める；一つの欠点も許さない。
"求""责"は共に求める，要求する。"全""备"は共に完全である，完備している。

例文

对文学作品谁也不能求全责备。文学作品に対しては誰も完璧を求めることはできない。

求之不得 qiúzhī-bùdé

願ってもないことである；願ったり叶（かな）ったりである。

例文

这真是求之不得的好事啊！これは願ってもないよい事だ。

曲意逢迎 qūyì-féngyíng

自分の意志を曲げて相手に取り入ろうとする；
不本意ながら承服する。阿諛（あゆ）追従する。

例文

你干什么对他这样曲意逢迎，不讲原则？
きみはどうして原則を重んじないで，そのよう
に彼に迎合してばかりいるのか。

趋之若鹜 qūzhī-ruòwù

アヒルのように群れをなして走っていく；わんさと押しかける。争って赴く。殺到する。
"鹜"はアヒル。＝"鸭子"

例文

只要有利可图，这些人就趋之若鹜。
もうかるとわかりさえすれば，この連中はどっと押しかける。

取长补短 qǔcháng-bǔduǎn

長を取り短を補う；長所を取り入れ短所を補う。

📖 "取人之长，补己之短"（qǔ rén zhī cháng，bǔ jǐ zhī duǎn－人の長を取り，己の短を補
う）を縮めたもの。

例文

互相学习，互相帮助，取长补短。互いに学びあい，助けあい，長所を取り，短所を補いあう。

取而代之 qǔ'érdàizhī

取って代わる；今まで他の者が
占めていた地位にその者が代わ
って就く。

📖 始皇帝の行列を見物した項
羽が発した言葉から。

秦始皇游会稽，渡浙江，梁与籍
俱观，籍曰："彼可取而代也。"

秦の始皇帝が会稽に遊び，浙江を渡った時，梁と籍はともに始皇帝を見物した。籍（項羽
の本名）は，「彼に取って代わりたいものだ」と言った。『史記』項羽本紀

取之不尽 qǔzhī-bùjìn

取れども尽きず；いくら取っても取り尽くせない。汲めども尽きず。

📖よく "用之不竭"（yòngzhī-bùjié－用うれども尽きず；いくら使っても使い尽くせない）と連用される。

宋・蘇軾『前赤壁賦』に "取之无禁，用之不竭"（〔江上の清風の妙なる響きと山間の明月の美しい姿とは〕取っても誰も禁ずる者はなく，使っても無くなることはない）とある。

群魔乱舞 qúnmó-luànwǔ

群魔乱舞す；多くの悪人どもが思うままにのさばる。悪党が跳梁・跋扈（ちょうりょう・ばっこ）する。百鬼夜行する。

例文

黑暗的旧中国群魔乱舞，百姓遭殃。
暗黒の旧中国では悪人どもが我が物顔にふるまい，人民はひどい目に遭った。

乌云密布、群魔乱舞的日子就要过去了。
黒雲がたれこめ，悪人が跋扈する日は過ぎ去ろうとしている。

燃眉之急 ránméizhījí

焦眉の急；眉毛を焦がすほどに火が迫っている。事態が差し迫っていることのたとえ。

例文

汛期即将来临，修好大堤已是燃眉之急。まもなく増水期だ，堤防の修理は焦眉の急である。

惹是生非 rěshì-shēngfēi

悶着（もんちゃく）を起こす；波風を立てる。物議をかもす。

例文

你可别再惹是生非了！これ以上面倒を起こすんじゃないよ。

热火朝天 rèhuǒ-cháotiān

熱気が天を焦がす；活気あふれるさま。多数の人が参加する仕事や運動について用いる。

例文

建筑工地上，大家干得热火朝天。

建築現場では，みな激しい意気込みで働いている。

同学们去西山植树，虽然山上风有点儿凉，但是干得热火朝天。

学生たちが植樹に行っている西山は，山中かなり風が冷たいが，それでも熱気にあふれている。

人地生疏 réndì-shēngshū

人にも土地にも不案内である。

📖 "人生地不熟"（rén shēng dì bù shú）とも。

例文

因为是人地生疏，我初到北京的时候感到孤独寂寞。

土地にも人にも不慣れで，初めて北京に来た時は孤独でとても寂しい思いをした。

人浮于事 rénfúyúshì

人の数が仕事の量よりも多い；仕事が少なく人が余っている。人員過剰である。

📖『礼記』坊記に"故君子与其使食浮于人也，宁使人浮于事"（ゆえに君子は待遇が自分の実力以上であるよりも，むしろ自分の実力が待遇にまさることを願う）とある。

例文

要精简机构，消除人浮于事的现象。

機構を簡素化し，人のだぶつきをなくさなければならない。

人困马乏 rénkùn-mǎfá

人馬ともに疲れる；長旅で疲れ果てることの形容。また，広く仕事などで疲れきることの形容。へとへとになる。

人云亦云 rényún-yìyún

人がこう言えば自分もこう言う；定見がなく主体性を欠くことのたとえ。

例文

事事都要问一个"为什么？"，不能人云亦云。

何事も「なぜ？」と問うことが大切で，すべて人の言いなりであってはいけない。

任重道远 rènzhòng-dàoyuǎn

任重くして道遠し；背に負った荷物は重く，行くべき道はなお遠い。まだまだ重責を負い続けなければならない。

📖『論語』泰伯篇に曾子の語として"士不可以不弘毅，任重而道远"（士は以て弘毅ならざるべからず，任重くして道遠し）とある。

例文

青年一代任重道远，一定要好好学习。

若い世代に課された任務は重く道は遠い，しっかり勉強しなくてはならない。

日积月累 rìjī-yuèlěi

月日を重ねる；日に日に積み重なっていく。積もりに積もっていく。

例文

丰富的知识是靠努力学习，日积月累得来的。

豊かな知識は，うまずたゆまず学習を続けることによって得られるものだ。

日暮途穷 rìmù-túqióng

日暮れて途（みち）窮まる；方策の尽き果てたさま。万策尽きる。

日上三竿 rìshàng-sāngān

日，三竿（さんかん）に昇る；太陽がすでに地面から竹竿を3本つなぎ合わせたぐらいの高さに昇っている。

例文

一觉醒来，已日上三竿。目が覚めると，もう日はずいぶん昇っていた。

如虎添翼 rúhǔtiānyì

虎に翼を添えたかのようである；ただでさえ威力のあるものに，さらに威力が加わることのたとえ。鬼に金棒。得手（えて）に帆を揚げる。

📖 "如虎生翼"（rúhǔshēngyì）とも。

『三国演義』第39回に "今玄德得诸葛亮为辅，如虎生翼矣"（今，玄徳が諸葛亮の輔佐を得たならば，虎に翼が生えたようなものだ）とある。

【例文】
那关羽得了赤兔马，简直是如虎添翼。
あの関羽が赤兎馬を得たならば，虎が翼を得たようなものだ。

如饥似渴 rújī-sìkě

飢えるがごとく渇くがごとし；差し迫って必要としていることの形容。渇望している。

📖 "如饥如渴"（rújī-rúkě）とも。

【例文】
这孩子喜欢数学，总是如饥似渴地学习。
この子は数学が好きで，いつもむさぼるように勉強している。

如数家珍 rúshǔjiāzhēn

家の宝を数えるかのようである；話そうとする事柄によく通じていることのたとえ。すらすらと並べ立てる。立て板に水。

【例文】
厂长对厂里的情况非常熟悉，讲起来如数家珍。
工場長は工場の状況を知り抜いていて，手に取るように説明する。

如意算盘 rúyì-suànpan

自分勝手なそろばん；虫のよい計算。捕らぬ狸（たぬき）の皮算用。

【例文】
你倒会打如意算盘。哪儿有那么便宜的事！
おまえは皮算用が得意だね。だが，そんなうまい事があるわけないよ。

如愿以偿 rúyuàn-yīcháng

願いどおりかなえられる；思ったとおりに実現する。

例 文

这次他终于如愿以偿了。今回彼はついに宿願がかなった。

她如愿以偿地成为了一名小学老师。彼女は念願かなって小学校の先生になった。

如坐针毡 rúzuòzhēnzhān

まるで針のむしろに座るかのようである；気持ちが休
まらないこと，不安で心が落ち着かないことのたと
え。いたたまれない気持ちである。居ても立ってもい
られない。"毡"は毛織物，じゅうたん。

例 文

他听到这个消息，茶饭无心，如坐针毡。

この知らせを聞いて彼は，飯ものどを通らず，居ても
立ってもいられない気持ちであった。

乳臭未干 rǔxiù-wèigān

乳臭さがまだ抜けない；未熟で一人前でないことをいう。
乳臭い。くちばしが黄色い。尻が青い。

📖 "口尚乳臭"（kǒushàngrǔxiù）とも。

例 文

我并非是乳臭未干的青年。

わたしはくちばしが黄色い若造なんかではない。

乳臭未干，何当大事。

まだ乳臭いくせに，どうして大事に当たれようか。

入木三分 rùmù-sānfēn

筆勢の鋭いことの形容。また，問題の分析が鋭いことのたとえ。

📖 晋の王羲之（おうぎし）は筆勢が鋭く，ある時，墨汁が三分も木に染み込んだという。

例 文

他对一般人们习焉不察的问题，分析得入木三分。

彼は普通の人が慣れっこになって気づかないでいる問題を，まことに鋭く分析している。

弱肉強食 ruòròu-qiángshí

弱肉強食；弱い者が強い者の餌食となる。弱者が強者の犠牲にされる。強い者が勝ち栄える。生存競争の激しさをいう。

📖 唐・韓愈『送浮屠文暢師序』(浮屠文暢師を送るの序)中の "弱之肉，強之食"（弱の肉は強の食なり）から。
『英』The law of the jungle. ジャングルの法則。

塞翁失马 sàiwēng-shīmǎ

塞翁（さいおう）が馬；人生における禍福・吉凶の転変は予測し難いということのたとえ。人間万事塞翁が馬。よく "焉知非福"（yānzhīfēifú－いずくんぞ福にあらざるを知らん）と運用される。

📖 塞（とりで）の近くに住む翁（おきな）が馬に逃げられたが，数か月後にその馬が，もう一匹の駿馬（しゅんめ）を率いて戻ってきた。喜んでその馬に乗った息子が落馬して足を折ったが，ために兵士にならずにすんで命長らえた。『淮南子』人間訓

三长两短 sāncháng-liǎngduǎn

もしもの事；不慮の災いや事故。特に人の死をいう。
📖 一説に3枚の長い板と2枚の短い板で棺桶（かんおけ）を指すと。

> 例文

万一你有个三长两短，我怎么办呢？ あなたに万一の事があれば，わたしはどうすればいいの？

三番五次 sānfān-wǔcì

何度も何度も；しばしば。
📖 "屡次三番"（lǚcì-sānfān）とも。

> 例文

我出门之前，母亲三番五次地叮嘱我注意身体。
わたしが旅立つ前に，母は口を酸っぱくして身体に気を付けるようにと言い含めた。
我三番五次提醒他要谨慎。 わたしは再三再四彼に自重するよう注意を促した。

三顾茅庐 sāngù-máolú

三たび茅廬（ぼうろ）を訪れる；礼を
厚くして人を迎えることのたとえ。
三顧の礼をとる。

📖 三国時代，蜀の劉備が諸葛孔明を
軍師に迎えた時の故事から。

**先帝不以臣卑鄙，猥自枉屈，三顾臣于
草庐之中。**

先帝は私を卑しい者とお考えにならず，自ら身を屈して，三度も私を茅屋にお訪ねくださ
った。諸葛亮『出師表』

三思而行 sānsī'érxíng

三たび思いて行う；よく考えたうえで実行に移す。"三"は何度も。

📖 "三思而后行"（sānsī érhòu xíng—三たび思いて後に行う）とも。『論語』公治長篇

「例文」

这件事关系重大，望你三思而行。この件は重大だから，よく考えたうえで実行されたい。

丧家之犬 sàngjiāzhīquǎn

喪家（そうか）の犬；帰るべき家を持たな
い犬。身の置き所をなくして，あちこちさ
まよい歩いている人のたとえ。

📖 "丧家之狗"（sàngjiāzhīgǒu）とも。
『史記』孔子世家に鄭のある人が子貢に"东
门有人……累累若丧家之狗"（東門に人が立
っているが，……その疲れたさまは，まる
で喪家の犬のようでした）と言ったとある。

丧尽天良 sàngjìn-tiānliáng

すっかり良心をなくす；残忍極まりないこと，この上なく悪辣（あくらつ）なことのたと
え。"天良"は生まれつきの良心。

「例文」

这种丧尽天良的行为绝不能容忍。このような残忍極まりない行為は断じて許せない。

僧多粥少 sēngduō-zhōushǎo

坊主が多いのに粥（かゆ）は少ない；物が少ないの
に分配を願う人が多すぎて供給し切れない。娘一人
に婿八人。

📖 "粥少僧多"（zhōushǎo-sēngduō）とも。

僧多粥少，早饭人人都没吃饱。
人数の割に食事の用意が少なくて，朝ごはんは誰もみな食べ足りなかった。

杀鸡吓猴 shājī-xiàhóu

鶏を殺して猿を驚かす；一人を罰し
て他の見せしめにする。一罰百戒（い
ちばつひゃっかい）。

📖 "杀鸡骇猴"（shājī-hàihóu），"杀
鸡给猴看"（shā jǐ gěi hóu kàn）とも。
『官場現形記』第 53 回に "俗话说得

好，叫做'杀鸡骇猴'。拿鸡子宰了，
那猴儿自然害怕"（ことわざに「鶏を殺して猿を驚かす」とうまいことを言っている。鶏を
殺してしまえば，猿は怖がるに違いない）とある。

山高水低 shāngāo-shuǐdī

不測の出来事；もしもの事。多く死を婉曲にいう。

📖 類義の成語に "三长两短"（sāncháng-liǎngduǎn）がある。

万一有个山高水低，如何是好？万一の事があれば，どうすればよいのか。

山穷水尽 shānqióng-shuǐjìn

山窮まり水尽く；行きつくところまで行く。もはや道はない。行き詰まる。途方に暮れる。
絶体絶命である。

因为挥霍无度，他最终走到了山穷水尽的地步。
浪費の限りを尽くしたために，彼はついににっちもさっちもいかなくなってしまった。

山珍海味 shānzhēn-hǎiwèi

山海の珍味；山や海でとれた珍しい食べ物。海の幸
と山の幸。

📖 "山珍海错"（shānzhēn-hǎicuò）とも。

宴会上美酒佳肴，山珍海味，让人大饱口福。

宴席には美酒と佳肴（かこう），山海の珍味があふれていて，参加者は大いに満足した。

闪烁其辞 shǎnshuò-qící

言葉を濁して本当の事を言わない；問題点を避けてはぐらかす。口を濁す。煙（けむ）に
巻く。"闪烁"は光が点滅するさま。転じて，言葉をはぐらかすこと。

例文

他不愿说出实情，闪烁其辞地遮掩过去了。

彼は実情を話したがらず，言葉巧みに隠し通した。

少见多怪 shǎojiàn-duōguài

見聞が狭く何を見ても珍しがる；世間知らずである。

📖 漢・牟融『理惑論』に "少所见，多所怪，睹橐驼，
言马肿背"（見聞の狭い人は何を見ても珍しがる，駱
駝（らくだ）を見て，馬が背中を腫らしているとい
うぐあいに）とある。

例文

这是个很普通的化学反应，你干吗那么少见多怪？

これはごくありふれた化学反応に過ぎないのに，きみはどうしてそんなに不思議がるのかね。

舌敝唇焦 shébì-chúnjiāo

舌破れ唇乾く；口を酸っぱくして言う。

📖 "唇焦舌敝"（chúnjiāo-shébì）とも。

设身处地 shèshēn-chǔdì

相手の立場に身を置く；人の身になる。

身败名裂 shēnbài-míngliè

地位が失われ，名誉にも傷がつく；地位を失い名
誉も失墜する。

例文

李处长贪污受贿，结果身败名裂。
李処長は汚職をはたらき賄賂を受け取り，あげく
地位も名誉も失った。

他最后落了个身败名裂的下场。
彼はついに地位も名誉も失う末路をたどった。

深入浅出 shēnrù-qiǎnchū

深く掘り下げて調べ，平易に表現する；（話や文章の）内容は奥深いが，表現は平明で理解
しやすい。

例文

王老师讲课深入浅出，很受同学们的欢迎。
王先生の授業は深い内容を平易に説くので，学生たちにとても人気がある。

生龙活虎 shēnglóng-huóhǔ

生気はつらつたるさま；生き生きしているさ
ま。きびきびしているさま。竜虎さながら。

例文

这群小伙子干起活儿来个个生龙活虎。
この若者たちは仕事を始めると，みなはつらつ
としている。

生龙活虎，精力充沛。
竜虎さながらに，気力が充実している。

盛气凌人 shèngqì-língrén

頭ごなしに人を抑えつける；威張りちらす。

例文

他为人谦和，从不盛气凌人。
彼は謙虚な人物で，いまだかつて居丈高に人を抑えつけたことはない。

失魂落魄 shīhún-luòpò

びっくりして肝をつぶす；心を取り乱し，あわて
ふためく。びっくり仰天する。腰を抜かす。

例文

你怎么啦，整天失魂落魄的样子？
きみはいったいどうしたんだい，一日中魂が抜け
たような様子をして。

事半功倍 shìbàn-gōngbèi

事半ばにして功倍す；労力は半分で倍の効果を挙げる。

例文

方法正确，才能得到事半功倍的效果。
方法が正しくなければ，少ない労力で大きな成果を挙げることができない。

适可而止 shìkě'érzhǐ

ちょうどよいところでやめる；ほどほどにしておく。

例文

喝酒要适可而止。酒は度を越さないようにしなければならない。

手不释卷 shǒubùshìjuàn

手から書物を離さない；たえず読書に励むこと，
つねに勉学に努めることの形容。

例文

平时一回到屋里，他就手不释卷地读书。
ふだん部屋に戻ると，彼は手から書物を放すこ
となく読書する。

手舞足蹈 shǒuwǔ-zúdǎo

手舞い足躍る；躍り上がって喜ぶ。小躍りする。

例文

听了这个消息，大家都高兴得手舞足蹈。この知らせを聞いて，みんな小躍りして喜んだ。

守口如瓶 shǒukǒu-rúpíng

口を守ること瓶（かめ）のごとし；固く秘密を守り，他に漏らさない。

| 例文 |

关于他们之间的秘密，他一直守口如瓶。

彼らの間の秘密について，彼はずっと口をつぐんできた。

守株待兔 shǒuzhū-dàitù

株（かぶ・くいぜ）を守りて兎を待つ；労せずして幸
運にありつこうとすること。また，旧い習慣や経験に
こだわって融通が利かないこと。守株（しゅしゅ）。
📖宋の国の農夫が急に飛び出してきた一匹の兎が切
り株にぶつかって死んだのを見て，農作業をやめ，株
のそばで兎がまた飛び出してくるのを待ち続けたとい
う故事から。『韓非子』五蠹（ごと）

熟視无睹 shúshì-wúdǔ

よく見ていても関心がなければ見ていないのと同じである。また，よく見ていながら見ぬ
ふりをする意にも。

| 例文 |

对坏人坏事绝对不能熟视无睹。悪人や悪事に対しては，絶対にこれを見過ごしてはならない。

水到渠成 shuǐdào-qúchéng

水到（いた）りて渠（きょ）成る；時期が熟せば物事は自然に成就する。"渠"は水路。

| 例文 |

水到渠成，着急也无用。時が来ればうまくいく，慌ててもしかたがない。

水落石出 shuǐluò-shíchū

水が流れ落ち石が露出する；事の真相がはっきりすることのたとえ。

| 例文 |

我们一定调查这件事，非弄个水落石出不可。

われわれは必ずこの件を調査し，真相を洗い出さなければならない。

水中捞月 shuǐzhōng-lāoyuè

水中に月をすくう；まったく望みのない努力をすることのたとえ。無駄骨を折る。

📖 黄庭堅『沁園春』詞に "镜里拈花，水中捉月"（鏡の中から花をつまみとり，水の中から月をつかまえようとする）とある。

"大海捞针"（dàhǎi-lāozhēn），"海底捞月"（hǎidǐ-lāoyuè）とも。

例 文

水中捞月，一场空。

水中の月をつかまえようとするようなもので，はかない夢である。

顺理成章 shùnlǐ-chéngzhāng

理に従い章を成す；文章が道理にかなっていて自然であること，仕事が秩序立っていて無理がないことのたとえ。

例 文

孩子大了，就应当自立，这是顺理成章的事。

子どもは大きくなったら自立すべきだ。これは至極当然のことである。

说话算数 shuōhuà-suànshù

言った事は必ず実行する。"算数" は数のうちに入れる，有効であることを認める。

例 文

说话要算数，不能骗人。言った事は守るべきだ。人を欺いてはいけない。

司空见惯 sīkōng-jiànguàn

見慣れると少しも変に思わない。"司空" は官職名。

📖 唐の劉禹錫（りゅう・うしゃく）の酒場の女を詠んだ詩中の句 "司空见惯浑闲事，断尽江南刺史肠"（司空は見慣る渾閑の事，断ち尽くす江南刺史の腸－司空は見慣れていて何とも思わないかもしれないが，江南刺史のわたくしには腸を断たれるほどの驚きである）から。

例 文

这种现象已是司空见惯。このような現象はよくあることで，少しも珍しくない。

四面楚歌 sìmiàn-chǔgē

四面楚歌（しめんそか）；周りを敵に囲まれ，孤立無援の状態に陥ること。

📖 楚の項羽が垓下（がいか）で漢の劉邦に囲まれた時の故事から。

夜闻汉军四面皆楚歌，项王乃大惊曰："汉皆已得楚乎，是何楚人之多也！"

夜，漢軍の四方でみな楚の歌を歌っているのを聞いて，項王は大いに驚いて言った。「漢はもうすっかり楚を手中に収めたのだろうか。なんと楚の人間の多いことか。」『史記』項羽本紀

肆无忌惮 sìwú-jìdàn

ほしいままにふるまってはばからない；やりたい放題をする。

〔例 文〕

有些人在网上肆无忌惮地诽谤他人。

ネット上で好き放題に他人を誹謗（ひぼう）する人がいる。

耸人听闻 sǒngréntīngwén

人の耳目を驚かす；（大げさな事，ありもしない事を話して）聞く人をびっくりさせる。大げさに騒ぎ立てて世間をあっと言わせようとする。"耸"は聞き耳を立てさせる，人を驚かす。

〔例 文〕

你不要拿这些耸人听闻的话来吓唬人。

きみはわざとそういうありもしない大げさな話をして人を驚かせてはいかん。

素昧平生 sùmèi-píngshēng

平素互いに知り合っていない；これまで付き合いがない。一面識もない。

〔例 文〕

我与他素昧平生，因此对于他的情况一无所知。

わたしは彼とふだんから付き合いがないので，彼の様子は何も知りません。

损人利己 sǔnrén-lìjǐ

人を損ない己を利する；他人の迷惑を顧みず自分の利
益を図る。自分さえよければ他人に損害を与えてもか
まわないという利己主義的な態度をいう。"损人"は人
に害を与える，苦しめる。

例文

我们绝不能做损人利己的事。
われわれは断じて他人の迷惑を顧みず，自分の利益ば
かりを考えるようなことをしてはならない。

缩手缩脚 suōshǒu-suōjiǎo

手足を縮こめる；（おじけづいて）手出しができない。萎縮（いしゅく）する。

例文

他工作有魄力，做事从不缩手缩脚的。
彼は気魄（きはく）を込めて仕事をし，いまだかつて引っ込み思案になったことがない。

所向无敌 suǒxiàng-wúdí

向かうところ敵なし；進んで行くところ，どこ
にも対抗できる敵がいない。非常に強くて，何
物にも負けない。かなう者は誰もいないほど
強い。行く手を遮る者がいない。

例文

我们的军队在战场上纵横驰骋，所向无敌。
我が軍は戦場を縦横に駆け回り，向かうとこ
ろ敵なしである。

索然无味 suǒrán-wúwèi

（文章に）味わいが乏しい；何の面白みもない。無味乾燥である。砂をかむようだ。
📖 "索然寡味"（suǒrán-guǎwèi）とも。

例文

这本书索然无味，看了一半就看不下去了。
この本は無味乾燥で，途中まで読んだらもう読む気がしなくなった。

泰然自若 tàirán-zìruò

泰然自若；(非常の場合にも) 落ち着き
払っていて少しも動じないさま。物事に
驚いたり慌てたりしないさま。"自若"
は "自如" とも。ふだんと変わらず，動
ずるところがないさま。

例 文

泰然自若，行若无事。 泰然として処し，事もなげである。

贪得无厌 tāndé-wúyàn

飽くことなくむさぼる；この上なく欲深い。欲の皮が突っ張っている。

例 文

得陇望蜀，贪得无厌。 隴（ろう）を得て蜀（しょく）を望むで，貪欲この上ない。

螳臂当车 tángbì-dāngchē

螳螂（とうろう）車に当たる；カマキリが前足を振り上
げて車を阻もうとする。自分の力をわきまえずに無益
な抵抗をすることのたとえ。身の程知らず。螳螂の斧。
📖『荘子』人間世に "汝不知夫螳螂乎，怒其臂以当车
辙，不知其不胜任也"（きみはあの螳螂を知らないか。
怒って前足を振り上げて車に立ち向かって行こうとす
る，自分に勝ち目のないことを知らないのだ）とある。

讨价还价 tǎojià-huánjià

値段の駆け引きをする；売り手と買い手が値段
の掛け合いをする。転じて，交渉や談判の際に
応酬を繰り返すこと。"讨价" は売り手が値を
付けること，"还价" は買い手が値切ること。

例 文

他对任何工作都乐意去做，从不讨价还价。
彼はどんな仕事でも喜んで引き受け，一度もあ
れこれ条件を付けたことがない。

提纲挈领 tígāng-qièlǐng

大綱をつかみ領（えり）を掲げる；つぼを押さえる。要領よく話す。"纲"は魚網の大綱（おおづな），転じて，物事の大綱（たいこう）。"领"は衣服のえり，転じて，物事の要領。

例 文

我来提纲挈领地谈一谈。わたしが要点をかいつまんで話してみましょう。

解决问题要善于提纲挈领。問題を解決するには，上手につぼを押さえなければならない。

提心吊胆 tíxīn-diàodǎn

怖がってびくびくする；おっかなびっくりなさま。はらはらどきどきする。

📖 『西遊記』第17回に "众僧闻得此言，一个个提心吊胆"（僧たちはこれを聞き，みな肝っ玉が縮み上がった）とある。

例 文

她提心吊胆地走过了那座独木桥。
彼女はこわごわその丸木橋を渡った。

天经地义 tiānjīng-dìyì

疑問の余地のない大義；非常に正しい道理。また，道理にかなっていて疑いを挟む余地のないことのたとえ。

例 文

实践出真知，这是天经地义的道理。
実践から真の知識が生まれる，これは絶対不変の真理である。

甜言蜜语 tiányán-mìyǔ

蜜のように甘い言葉；（人を欺いたり歓心を買ったりするための手段として使う）うまい言葉。聞き手に気持ちよい言葉。甘言。

例 文

千万不要被他的甜言蜜语所蒙骗。
決して彼の甘い言葉にだまされることのないように気を付けなさい。

铁面无私 tiěmiàn-wúsī

公正無私なさま；極めて公正で、いささかも情実にとらわれ
ないさま。

例文

包公执法铁面无私。

包公（北宋の仁宗時代の名判官）の裁きは公明正大である。

我想必得你去做个"监社御史"，铁面无私才好。

あなたに「検察官」の役を務めていただき、公正無私なお裁
きをお願いしたいわ。『紅楼夢』第 45 回

听其自然 tīngqízìrán

自然に任せる；成り行きに任せる。"听"は従う，任せる。

例文

对错误思想要进行批评，不能听其自然，任其泛滥。

誤った思想に対しては批判を加えるべきで、これを放置して、はびこるに任せておいては
ならない。

通宵达旦 tōngxiāo-dádàn

徹夜して朝を迎える；夜を徹する。徹宵（てっしょう）する。

例文

他工作起来，没白天没黑夜，常常通宵达旦。

彼は仕事を始めると昼も夜もお構いなしで、しょっちゅう徹夜する。

同床异梦 tóngchuáng-yìmèng

同床異夢；同じ立場にありながら互いに心が離れてい
ること、共に行動しながらそれぞれ別の考えをもって
いることのたとえ。

例文

他们是同床异梦，各干各的。

彼らは同床異夢で、それぞれ好き勝手にやっている。

〖英〗The horse thinks one thing, and he that saddles him
another. ロバと御者の考えは一致しない。

同舟共済 tóngzhōu-gòngjì

同舟共に済（わた）る；同じ立場に置かれた者が互いに助け合う。苦境の中で互いに助け合い，困難を乗り切る。"济" は川を渡る。

例文

同舟共济，共渡难关。互いに助け合い，共に困難を乗り切る。

投机取巧 tóujī-qǔqiǎo

機会を利用して上手に立ち回る；労せずしてうまい汁を吸う。

例文

想投机取巧一举成名，不可能！
うまく立ち回って名を成そうなどと考えたって，無理というものだ。

兔死狐悲 tùsǐ-húbēi

兔が死ぬと狐が悲しむ；同類相哀れむ。明日（あす）は我が身。そしる意を含むことが多い。

例文

兔死狐悲，物伤其类。
兔が死ぬと狐が悲しむように，万物はみなその仲間の不幸に同情する。

推心置腹 tuīxīn-zhìfù

（自分の）心を推して（相手の）腹中に置く；真心をもって人に接する。

例文

俩人推心置腹，谈了一夜。ふたりは互いに胸襟を開いて語り明かした。

拖泥带水 tuōní-dàishuǐ

（話や文章が）ごたごたしてすっきりしていない。（動作が）テキパキしていない，だらだらしている。

例文

说话、办事要干脆，何必那么拖泥带水的。
言うこと，することはテキパキしていなくてはいけない。どうしてそうだらだらと煮え切らないのか。

脱颖而出 tuōyǐng'érchū

錐（きり）の先が袋を破って抜け出る；才能のある人は自然とその頭角を現すことのたとえ。

例文

这次书画展上脱颖而出的新秀，平均年龄不足二十五岁。

今回の書画展で頭角を現した作家たちは，平均年齢が 25 歳以下である。

完璧归赵 wánbì-guīzhào

借りた物を損なうことなく返す。

十五の城と交換するため璧を持って秦に使いした趙の藺相如（りん・しょうじょ）が，秦王に城を与える意思がないことを見抜き，巧みに璧を取り戻して帰還したという故事から。
『史記』廉頗・藺相如列伝

例文

没想到丢失的戒指能完璧归赵。

無くした指輪が思いがけず無事に戻ってきた。

玩物丧志 wánwù-sàngzhì

物を玩（もてあそ）び志を喪（うしな）う；無用の物，珍奇な物を愛玩し，それにおぼれて大切な志を失うこと。玩物喪志（がんぶつそうし）。

『書経』旅獒（りょごう）に見える語。
不役耳目，百度惟贞，玩人丧德，玩物丧志。

耳目に役（えき）せられざれば（耳や目の欲に迷わされることがなければ），百度（ひゃくど）惟（これ）に貞（ただ）し（すべての法度も正しく行われる），人を玩べば（いいかげんに扱えば）徳を喪い，物を玩べば志を喪う。

万不得已 wànbùdéyǐ

万（ばん）やむをえぬ；やむにやまれない。

例文

他这个人到万不得已时才求人帮助。彼という男は万やむをえぬ時にしか人に助けを求めない。

成語

慣用語

ことわざ

練習問題

練習問題解答

索引

万无一失 wànwú-yīshī

万に一つの失敗もない；絶対に失敗はない。間違いっこない。

例文

为使飞行万无一失，机械师认真地检查飞机的每个机件。

飛行中に万一の事が起きないように，検査技師は真剣に飛行機の各部分を点検している。

亡羊补牢 wángyáng-bǔláo

羊を亡（うしな）いて牢を補う；
羊に逃げられた後で檻（おり）の
修理をする。よく“犹未为晚”（遅
すぎることはない）と連用され
る。「後の祭り」「手おくれ」の
意に解するのは誤り。

📖『戦国策』楚策・四に“亡羊补牢，未为迟也”（羊に逃げられたあとで囲いを修理して
も，遅いとは言えない）とある。

望尘莫及 wàngchén-mòjí

遠く前を行く人馬が巻き上げる砂ぼこりを眺めて追いつけないと悟る；落伍してはるかに
取り残される。後塵を拝する。

例文

他的写作技巧，我望尘莫及。描写のうまさでは，わたしは彼の足もとにも及ばない。

望其项背 wàngqíxiàngbèi

後ろ姿を望み見る；追いつくことができる，太刀打ちできる。多く否定形で用いる。

例文

这个公司今年创下了同行难以望其项背的业绩。

この会社はことし同業者が追いつきようのない業績を収めた。

望洋兴叹 wàngyáng-xīngtàn

仰ぎ見てため息をつく；（人の偉大なさまを見て）己の非力であること，その任に堪えない
ことを知って嘆息する。“望洋”は仰ぎ見るさま。“兴”は発する。

温故知新 wēngù-zhīxīn

温故知新；故（ふる）きを温めて新しきを知る。古い
事をよく研究して，そこから新しい知識を得る。

📖『論語』為政篇に"温故而知新，可以为师矣"（過
去の事柄をもう一度学習し，そこから新しい事態に
対処する方法を知ることができる人にして，はじめ
て人の師となることができる）とある。

瓮中之鳖 wèngzhōngzhībiē

甕（かめ）の中のすっぽん；相手はすでに我が手中にあ
って逃げられないということのたとえ。
"瓮"はかめ。"鳖"はすっぽん。

例 文

敌人已成了瓮中之鳖了。敵はすでに袋の中のねずみだ。

卧薪尝胆 wòxīn-chángdǎn

臥薪嘗胆（がしんしょうたん）；雪辱を期してあらゆる苦しい試練を自分に課すこと。

📖春秋末期，呉と越が戦った際，呉王夫差は父の仇（あだ）を忘れないために薪の上に臥
して身を苦しめ，越王勾践（こうせん）は部屋に苦い胆をつるして自らを励まして復仇を
図ったという。『史記』越王勾践世家ほか

无可奈何 wúkěnàihé

いかんともしがたい；どうしようもない。

例 文

弟弟特别调皮，妈妈对他无可奈何。
弟はとてもやんちゃで，母はどうにも手の施しようがない。

无懈可击 wúxiè-kějī

攻め込む余地がない；乗ずる隙がない。"懈"は怠る，気が緩む。

例 文

他的设计无懈可击。彼の設計は寸分の隙もない。

无足轻重 wúzúqīngzhòng

（軽かろうと重かろうと）全体に影響がない；重視するに足りない。取るに足らない。
📖 "无足重轻" (wúzúzhòngqīng) とも。

[例文]

生活作风决不是无足轻重的小事。生活態度は決して取るに足らない小事ではない。

五花八门 wǔhuā-bāmén

多種多様である；種々さまざまである。

[例文]

这家商城的商品五花八门，应有尽有。
このデパートの商品は多種多様で，何もかもそろっている。

五体投地 wǔtǐ-tóudì

五体投地；五体を地に伏せる。この上なく敬うことのたとえ。ひれふす。
📖 仏教で，両膝・両肘および額を順に地につけて行う最敬礼をいう。

[例文]

我对他刻苦学习的精神真是佩服得五体投地。
彼の骨身を惜しまず学習に励む精神には，ただただ頭が下がるばかりだ。

洗耳恭听 xǐěr-gōngtīng

耳を洗って恭しく聞く；篤（とく）と拝聴する。

[例文]

你就说吧，我们大家都洗耳恭听。
お話しなさい，わたしたちは篤と拝聴させていただきますから。

喜出望外 xǐchūwàngwài

望外の喜びである；この上なくうれしい。

喜形于色 xǐxíngyúsè

喜びの表情を顔に出す；うれしさを隠し切れない。

细水长流 xìshuǐ-chángliú

細い川が遠くまで流れる；ほそぼそといつまでも流れ続ける。金銭や物資を倹約して計画的に使い長持ちさせること。また，少しずつでもこつこつと息長く物事をやり続けること。

例文

居家过日子要有计划，细水长流，不要大手大脚。
日々の暮らしは計画性を持って，倹約を心がけるべきで，派手に浪費するのはよくない。

学外语不能突击，应细水长流，日积月累才行。
外国語の学習は突貫的なやり方ではなく，こつこつと根気よく続けなければならない。

先斩后奏 xiānzhǎn-hòuzòu

先に刑を執行して後で奏上する。転じて，先に事を行なって後で報告することをいう。事後報告。

例文

事先不向领导请示，先斩后奏，这是违反组织纪律的。
事前に上級機関の指示を仰がず，事後報告で済ませるのは，組織の規律に背くものだ。

相依为命 xiāngyī-wéimìng

互いに頼り合って生きる；互いに離れられない関係にある。一蓮托生の間柄にある。

例文

母女二人相依为命，度过那艰难的岁月。
母娘ふたりは互いに寄り添って，あの苦難に満ちた歳月を過ごした。

想方设法 xiǎngfāng-shèfǎ

ありとあらゆる方法を考える；さまざまな方策を講じる。

例文

无论遇到什么困难，也得想方设法完成任务。
いかなる困難に出会おうとも，八方手を尽くして任務を完成しなければならない。

小巧玲珑 xiǎoqiǎo-línglóng

小さくて精巧である；細工が凝っていて美しいさ
ま。"玲珑"は玉や金属の響きが澄んでいるさま，
玉などが透き通りくもりのないさま。転じて，工
芸品や飾り物が精巧で美しいさま。

例文

这副象牙雕小巧玲珑，特别惹人喜爱。
この象牙の彫刻は細工がなかなか凝っていて，と
ても受けがいい。
我喜欢小巧玲珑的摆设。
わたしは細工の凝った飾り物が好きだ。

小题大做 xiǎotí-dàzuò

小さな問題を大げさに取り上げる；（取り上げるまで
もない）些細な事を大げさに扱う。大げさに騒ぎ立て
る。針小棒大。

📖 類義の成語に "借题发挥"（jiètí-fāhuī－これ幸いと
勝手な議論をする）がある。

例文

芝麻大的一点事，何必小题大做。
ごま粒ほどのちっぽけな問題なのに，大げさに取り上
げることはないだろう。

笑里藏刀 xiàolǐ-cángdāo

笑いの中に刀を蔵（かく）している；表面は柔和な態度を示しな
がら，内には敵意を抱いていることのたとえ。人当たりはいいが
腹黒い。真綿に針を包む。

📖 類義の成語に "口蜜腹剑"（kǒumì-fùjiàn－口に蜜あり腹に剣
あり）がある。

例文

别看他对你挺亲热，其实笑里藏刀，没存好心眼。
彼がきみにどんなに親しそうにふるまっていても，実は腹の底
は陰険で，決してよい了見を抱いてはいない。

信誓旦旦 xìnshì-dàndàn

誓いに誠意がこもっていて信用できる。"信誓"は偽りのない誓い。"旦旦"は誠実なさま。

例文

结婚之时他信誓旦旦，谁知没过多久，他就另寻新欢了。

結婚する時は固く誓っておきながら，程なく，彼は別に愛人を作った。

星罗棋布 xīngluó-qíbù

（空の星や盤上の碁石のように）一面に散らばっている。"罗"は連なり並ぶ。"布"は分布する。

例文

这一地区电力网四通八达，排灌站星罗棋布。

この地区は電力網が張り巡らされ，排水灌漑ステーションが至る所に設けられている。

胸有成竹 xiōngyǒuchéngzhú

胸に成竹あり；竹の絵を描くのにまず胸中に完全な竹の形を思い浮かべてから筆を下ろす。着手する前にすでに完成の見込みがついていることのたとえ。成竹を胸中に得（う）。

📖宋の文同が竹を描くのが得意であったのを蘇軾が称賛して，"画竹，必先得成竹于胸中"（竹を画くに必ず先ず成竹を胸中に得）と言った故事から。"成竹在胸"（chéngzhú-zàixiōng）とも。

例文

他对解决这个问题早已胸有成竹。

彼はこの問題の解決に対して，すでに早くから成算を抱いている。

袖手旁观 xiùshǒu-pángguān

手を拱（こまぬ）いて傍観する；何もしないでただ見守っている。腕を拱く。高みの見物を決め込む。

例文

大伙儿这样紧张地工作，我岂能袖手旁观！

みんながこのように懸命に働いているのに，どうしてわたしは手を拱いて見ていられようか。

绣花枕头 xiùhuā-zhěntou

華やかな刺繍のある枕；(枕の中身はもみ殻であるところから)外観は立派だが内実を伴わない人や物のたとえ。見かけ倒し。

例文

那家伙是个绣花枕头。あの男は見かけ倒しだ。

雪中送炭 xuězhōng-sòngtàn

雪の降る寒い時に炭を贈る；人が最も困っている時に援助の手を差し伸べる。時宜を得た援助を与えることのたとえ。急場を救う。

📖 "雪里送炭"(xuělǐ-sòngtàn)とも。

例文

雪中送炭比锦上添花更重要。
雪中に炭を贈るのは錦上に花を添えること以上に大切である。

哑口无言 yǎkǒu-wúyán

口をつぐんで黙り込む；理屈が通らず言葉に詰まるさま、返答に窮して押し黙るさま。うんともすんとも言わない。

例文

他面对事实哑口无言。彼は事実を前に一言もない。
他论辩有力，把对方说得哑口无言。彼の力に満ちた弁論に相手は口を塞いでしまった。

揠苗助长 yàmiáo-zhùzhǎng

苗を助けて長ぜしむ、手助けしようとして、無理に外から力を加え、かえって害を与える。功を焦って、方法を誤り失敗することのたとえ。助長する。

📖 "拔苗助长"(bámiáo-zhùzhǎng)とも。"助长"と縮めて現代中国語に、「助長」として日本語にも。宋の国の男が苗の生長を助けようと、無理に苗を引っぱったところ、苗は枯れてしまったという。

『孟子』公孫丑・上

言过其实 yánguòqíshí

言，その実に過ぐ；話を実際以上に誇張する。御大層なことを言う。

> 例 文

他的话有些言过其实，不可完全相信。

彼の話はいささか大げさに過ぎ，すべてを信じるわけにはいかない。

掩耳盗铃 yǎn'ěr-dàolíng

耳を掩（おお）いて鈴を盗む；自らを欺くことのたとえ。
"铃"はもと"钟"（鐘）。

百姓有得钟者，欲负而走，则钟大不可负。以椎毁之，
钟况然有音。恐人闻之而夺己也，遽掩其耳。

（春秋時代の晋の国に）鐘を盗んだ男がいて，背負って逃
げようとしたが，鐘が大きすぎて背負えない。槌で壊そう
としたら，カーンと大きな音がした。人がこの音を聞いて
奪われはしないかと，あわてて耳をふさいだ。

『呂氏春秋』自知

摇摇欲坠 yáoyáo-yùzhuì

ゆらゆら揺れていまにも崩れ落ちそうである；不
安定でいまにも倒れそうなさま。（制度・組織・機
構などが）不安定でいまにも崩壊しそうである。

類義の成語に"危如累卵"（wēirúlěiluǎn－累卵
の危うき）がある。

> 例 文

反动政府的统治摇摇欲坠。

反動政府の支配は崩壊寸前である。

一筹莫展 yīchóu-mòzhǎn

何の方策も立たない；手の施しようがない。にっちもさっちもいかない。

> 例 文

正当他一筹莫展的时候，你们赶到了，这真是太好了。

彼がどうにもこうにもならなくなっていたところへ，ちょうどよい具合にみんなが来てくれた。

一蹴而就 yīcù'érjiù

一歩踏み出しただけで成功する；容易に成し遂げることができる。"蹴"は足を踏み入れる。"就"は完成する，成就する。

例文

学好外语要艰苦努力，不可能一蹴而就。

外国語をマスターするには苦しい努力を重ねなければならず，一挙に成し遂げることはできない。

一帆风顺 yīfān-fēngshùn

追風（おいて）に帆（ほ）を揚げる；（船が帆に追い風を受けて快調に走るように）万事が順調に運ぶことのたとえ。順風に帆を揚げる。順風満帆（じゅんぷうまんぱん）である。

例文

祝你此行一帆风顺！ご旅行の無事を祈り上げます。

人生旅途上不可能一帆风顺。人生の旅路は山あり谷ありである。

一见如故 yījiàn-rúgù

一度会っただけで昔からの友達のように打ち解ける。

例文

我和你一见如故，这是人生最难得的事。

きみとは一度会ったきりなのに昔からの間柄のような気がする。これは人生において本当に得難いことである。

一见钟情 yījiàn-zhōngqíng

一目ぼれする；一度会っただけで愛情を抱く。"钟"（鍾）は集中する，"钟情"は愛情を注ぐ，恋い慕う。

📖 "一见倾心"（yījiàn-qīngxīn）とも。

例文

他们俩一见钟情，很快就热乎得难舍难分了。

あのふたりは一目ぼれで，あっという間に離れられなくなった。

一鸣惊人 yīmíng-jīngrén

ひとたび鳴くと人を驚かす；ふだんは目立たない人が突然大事を成し遂げ，人をあっと驚かすことのたとえ。

例文

不鸣则已，一鸣惊人。やらなければそれまでだが，やれば人が驚くようなことを成し遂げる。

一窍不通 yīqiào-bùtōng

どの穴も塞がっていて通じない；道理がさっぱりわからない。何一つ知らない。"窍"は目・耳・鼻および口の穴。

例文

我对音乐一窍不通。わたしは音楽にはずぶの素人です。

一衣带水 yīyīdàishuǐ

一衣帯水；一本の帯のように狭い川や海。間が川や海で隔てられているが，決して往来の障害にならないということをたとえる。

例文

我们两国是一衣带水的邻邦。われわれ両国は一衣帯水の隣国どうしである。

一语破的 yīyǔ-pòdì

一言のもとに要点を衝（つ）く；ずばり言い当てる。"破的"は的（まと）を射る。

例文

他一语破的，指明了这场争论的性质。彼は一言のもとに，この論争の本質を言い当てた。

衣锦还乡 yījǐn-huánxiāng

錦を着て郷に帰る；地位や名誉，富などを手に入れて故郷に帰る。故郷に錦を飾る。"衣"は動詞，着る。"锦"は美しい文様をほどこした絹の衣服。

📖 "衣锦荣归"（yījǐn-róngguī）とも。

例文

出国留学，拿到博士学位，衣锦还乡。
外国に留学し，博士号を取得し，故郷に錦を飾る。

依依不舍 yīyī-bùshě

いつまでも名残惜しくて別れるのがつらい；未練
が残って立ち去り難い。

📖 "依依难舍"（yīyī-nánshě）とも。

例文

他们一直谈到深夜才依依不舍地分手。
彼らは夜更けまで語り合ってようやく名残惜し
そうに別れた。

以貌取人 yǐmào-qǔrén

容貌を見て人を判断する；見かけで人の優劣を決める。

📖 『史記』仲尼弟子列伝に見える孔子が弟子を批評
した語から。吾以言取人，失之宰予；以貌取人，失之
子羽。私は弁論（のうまさ）で判断して，宰予で失敗
し，容貌（の醜さ）で判断して，子羽で失敗した。

例文

看人要看人品，决不能以貌取人。
人を見るには品性を見るべきで，断じて外見で判断し
てはならない。

以身作则 yǐshēn-zuòzé

身をもって範を垂れる；自ら手本を示す。

例文

他以身作则，带头参加生产劳动。彼は率先垂範，自ら生産労働に参加した。

以逸待劳 yǐyì-dàiláo

佚（いつ）をもって労を待つ；味方の鋭気を十分養っておいたうえで，疲労した敵を撃つ。
"逸"はもと"佚"，安楽である。

📖 『孫子』軍争に見える語。

例文

我军采用以逸待劳的战术，终于把敌人打垮了。
我が軍は佚をもって労を待つ戦術でもって，ついに敵を打ち負かした。

倚老卖老 yǐlǎo-màilǎo

年寄り風を吹かす；経歴や資格を鼻にかけ，先輩ぶって威張る。
"倚"は頼る。

例文

老李虽已年过七十，但是从不倚老卖老，干劲一点儿也不比青年人差。
李さんはもう 70 歳を越えているが，いまだかつて年寄りぶって
威張ったことがなく，仕事に対する意気込みは若い者に少しも劣
らない。

异想天开 yìxiǎng-tiānkāi

奇想天外；著しく現実離れした事を考える。突拍子もない。

例文

你不要异想天开了。把海水变成汽油是根本不可能的。
そんな現実離れした考えはよせ。海の水をガソリンに変えるなんてできっこないよ。

因陋就简 yīnlòu-jiùjiǎn

元からの粗末な物で何とか間に合わせる；有り合わせの物で我慢して無駄を省く。

例文

他们因陋就简，就地取材，设计制造了一种播种机。
彼らは手持ちの条件を利用し，有り合わせの物を使い，何とか種播き機を作り上げた。

因循守旧 yīnxún-shǒujiù

古いしきたりに固執し改めようとしない；保守的で進取の精神を欠く。

例文

不能因循守旧、固步自封。旧套を墨守し，自分の殻に閉じこもっているのはよくない。

寅吃卯粮 yínchīmǎoliáng

寅年のうちに卯年の食糧を食べてしまう；来年の食糧を今年のうちに食べてしまう。

例文

这个公司不景气，靠寅吃卯粮过日子。
この会社は景気が悪く，先の収入を見越して食いつないでいる。

引人入胜 yǐnrén-rùshèng

人を佳境に誘う；人をうっとりさせる。多く風景や文芸作品について。"胜"は佳境，勝景。

例文

杭州的西湖山明水秀，是一个引人入胜的好地方。

杭州の西湖は山紫水明で，まことにすばらしい所だ。

饮水思源 yǐnshuǐ-sīyuán

水を飲む時にはその水がどこから来たかに思いを致すべきである；幸福になってもその幸福のよってきたるところを忘れてはならない。

 南北朝時代の北周の詩人庾信（ゆしん）の『微調曲』に "落其实者思其树，饮其流者怀其源"（その実を落とす者はその樹を思い，その流れに飲む者はその源を思う）とある。

油腔滑调 yóuqiāng-huádiào

口先ばかり調子のよいことを言うさま；浮ついた調子で軽薄な事をしゃべる。"油""滑"は共に浮ついている，軽薄である。"腔""调"は共に語気，語調。

例文

他说话油腔滑调，令人生厌。

彼のあの上っ調子で実のない話しぶりには，嫌悪感を催させられる。

有条不紊 yǒutiáo-bùwěn

きちんとしていて乱れがない；整然と秩序だっている。

例文

他办事一向有条不紊。彼の仕事ぶりはいつもきちんとしている。

有头有脸（儿）yǒutóu-yǒuliǎn(r)

顔が利く；信望がある。

例文

他在村里是个有头有脸的，说话很有分量。彼は村でなかなかの顔で，発言に重みがある。

愚公移山 yúgōng-yíshān

愚公山を移す；たゆまぬ努力を続ければいつかは大きな事業を成し遂げることができるということのたとえ。

📖家の前にある二つの山にじゃまされて，出入りに苦しんでいた愚公という老人が，山を崩して海に捨てようと決心したところ，智叟（ちそう）という老人があざ笑った。これに対して愚公は子々孫々崩し続ければいつかは山は平らになると答えた。『列子』湯問

中国共産党第 7 回全国代表大会（1945 年 6 月）で毛沢東は『愚公移山』と題して閉会の辞を述べている。

与时俱进 yǔshí-jùjìn

時代と共に前進する。

例文

要想与时俱进，就要不断地学习。時代と共に前進するには，絶えず学習しなければならない。

冤家路窄 yuānjiā-lùzhǎi

敵（かたき）どうしはよく出会うものである；会いたくない者どうしはかえって顔を合わしやすいものである。"冤家"は恨みのある相手。"窄"は狭い。

📖"冤家路狭"（yuānjiā-lùxiá）とも。類義の成語に"狭路相逢"（xiálù-xiāngféng）があるが，こちらは「敵どうし」とは限らない。

云消雾散 yúnxiāo-wùsàn

雲消え霧散ず；快晴になる。また跡形もなく消え去る。雲散霧消。

例文

经过他这一番解释，大家的误会很快云消雾散了。

彼のこの釈明を聞いて，皆の誤解はいっぺんに解けた。

103

杂乱无章 záluàn-wúzhāng

乱雑で秩序がない；ごたごたして筋が通らない。

例文

这篇文章写得杂乱无章，毫无条理。この文章はまとまりがなく，少しも筋が通っていない。

再接再厉 zàijiē-zàilì

さらに引き続き励む；（すでに収めた成績に満足せずに）なお一層努力する。"接"は戦を交える。"厉"はもと"砺"，鋭くとぐ。

📖もと，唐の韓愈と孟郊の『闘鶏聯句』中の孟郊の詩句に見える語で，雄鶏が闘いを交えるたびにくちばしをとぐという意味である。

例文

望你们再接再厉取得优异的成绩。
皆さんがますます努力して，優秀な成績を収められることを希望します。

贼喊捉贼 zéihǎn-zhuōzéi

泥棒が「泥棒をつかまえろ」と叫ぶ；泥棒が他人を泥棒呼ばわりする。悪人が他人を悪人呼ばわりする。盗人（ぬすっと）猛々しい。

例文

"贼喊捉贼"，这是他们惯用的狡猾的伎俩。
「泥棒が泥棒をつかまえろと叫ぶ」，これは彼らのいつものずる賢いやり口だ。

掌上明珠 zhǎngshàng-míngzhū

掌中の珠（たま）；手のひらの上の真珠。父母が非常に可愛がっている女児をたとえる。目に入れても痛くない娘。

📖"掌珠"（zhǎngzhū），"掌上珠"（zhǎngshàngzhū），"掌中珠"（zhǎngzhōngzhū）などとも。

例文

她自幼聪明伶俐，父母视如掌上明珠。
彼女は幼い頃から賢くて気が利き，両親は目の中に入れても痛くないほどの可愛がりようであった。

朝三暮四 zhāosān-mùsì

朝三暮四；言葉巧みに人を欺くこと。転じて，言葉や態度がころころとよく変わること。

📖『荘子』斉物論に見える猿まわしと猿の寓話から。

成語

例文

一会儿学英语，一会儿又学法语，这样朝三暮四，很可能一门外语也学不好。

いま英語を勉強しているかと思ったら，こんどはフランス語を勉強している，そんなふうにころころ変わっていたのでは，どの外国語も身に付きませんよ。

争先恐后 zhēngxiān-kǒnghòu

遅れまいと先を争う；落後するのを恐れる。他人に負けまいと必死に先を争う。我先に。我勝ちに。

例文

这个班的学生课堂上总是争先恐后地积极发言。

このクラスの生徒は授業中先を競って積極的に発言する。

郑重其事 zhèngzhòng-qíshì

厳粛にふるまう；たいへんかしこまっている。もったいぶっている。"郑重"は厳粛である，まじめである。

例文

郑重其事地举手敬礼。うやうやしく挙手の礼をする。

直截了当 zhíjié-liǎodàng

単刀直入である；（あれこれ持って回らず）そのものずばりである。

例文

有意见就直截了当地提，用不着拐弯抹角的。

意見があるなら単刀直入に言いたまえ，何もあれこれ持って回った言い方をすることはなかろうに。

直言不讳 zhíyán-bùhuì

直言してはばからない；忌憚（きたん）なく意見を述べる。"讳"は忌む，はばかる。

例文

直言不讳地表明自己的态度。 自分の立場を忌憚なく表明する。

纸上谈兵 zhǐshàng-tánbīng

紙の上で兵を論じる；理論をかざすだけで実際に問題を解決することができないことのたとえ。机上の空論をもてあそぶ。畳の上の水練。

戦国時代，秦に攻められた趙王が作戦家として評判の高い趙括を将軍として廉頗に代わらせようとした時，藺相如が趙括を評した言葉から。『史記』廉頗・藺相如列伝

指鹿为马 zhǐlù-wéimǎ

鹿を指して馬となす；是非・黒白を転倒することのたとえ。矛盾したことを押し通す。

鹿を馬。鷺（さぎ）を烏（からす）。

秦の丞相・趙高が始皇帝の死後，幼帝の前で鹿を指して馬だと言い，強引にこれを群臣に認めさせようとした故事から。『史記』秦始皇本紀

例文

指鹿为马，混淆是非。

白を黒と言い，是非を転倒させる。

置若罔闻 zhìruòwǎngwén

聞こえないふりをして放っておく；知らないふりをして取り合わない。"置"は放置する，そのままにしておく。"罔"は…しない，していない。

例文

你对朋友的忠告怎么能置若罔闻呢?

きみは友人の忠告に聞こえないふりをしていてはいけない。

终身大事 zhōngshēn-dàshì

一生にかかわる大事；多く結婚を指す。

例文

婚姻是终身大事。結婚は生涯の大事である。

众目睽睽 zhòngmù-kuíkuí

多くの人が目を見張って見ている；衆人環視の中である。（おおぜいの人が取り巻き，注意して見守っているので）悪事の包み隠しようがない。"睽睽"は目を大きく開いてじっと見つめるさま。

例文

在众目睽睽之下，他想抵赖也是徒劳的。
衆人の目が光っているところで，彼がしらを切ろうとしても無駄というものだ。

众矢之的 zhòngshǐzhīdì

衆矢（しゅうし）の的（まと）；たくさんの矢が当てられる的。多くの人々の非難・攻撃の対象。

例文

大家对这件事都有意见，所以主管此事的人便立即成了众矢之的。
みんなはこの件に対して不満を抱いていたので，この件の主管者はたちまち総攻撃をくらってしまった。
只是你太倔强了，所以便成为众矢之的。
元はと言えばきみが強情すぎるために，みんなの攻撃の的になってしまったのだ。

众说纷纭 zhòngshuō-fēnyún

諸説紛々としている；さまざまな説が入り交じっている。

例文

到底有没有 "飞碟"，众说纷纭，一时难以说清楚。
「空飛ぶ円盤」が存在するかしないかは，諸説紛々で今のところはっきりしたことは言えない。

107

煮豆燃萁 zhǔdòu-ránqí

豆を煮るに萁（まめがら）を燃（た）く；兄弟が互い
に害し合うことのたとえ。

📖 曹植（そうしょく・そうち）『七歩詩』中の詩句，
"其在釜下燃，豆在釜中泣，本是同根生，相煎何太急"
（萁は釜下に在りて燃え，豆は釜中に在りて泣く，本
これ同根より生じたるに，相煮ること何ぞはなはだ急
なる）から。魏の曹植は兄の曹丕（そうひ）の命令に
よって七歩あゆむ間にこの詩を作って，弟の才をねた
んで自分をなき者にしようとする兄を諫めたという。

转弯抹角 zhuǎnwān-mòjiǎo

曲がりくねった道を行く；持って回った話し方をすることのたとえ。

> 例文

有什么意见就痛快说，别这么转弯抹角的。
何か意見があるならはっきり言いなさい，奥歯に物の挟まったような言い方をしないで。

捉襟见肘 zhuōjīn-jiànzhǒu

（衣服がぼろぼろで）襟（えり）を合わせると肘（ひじ）が出てしまう；甚だしく困窮し
ているさま。また，一方を構っているともう一方に手が回らなくなることの形容にも。

> 例文

我这半年手头很紧，过着捉襟见肘的生活。
わたしはここ半年手元が不如意で，食うや食わずの日を過ごしている。

擢发难数 zhuófà-nánshǔ

髪を抜いて数えても数え切れない；犯した罪が数え切れないほどあることのたとえ。

> 例文

他的罪行累累，擢发难数。彼も罪は山ほどあって，とうてい数え切れない。

龇牙咧嘴 zīyá-liězuǐ

歯をむき出し口を「へ」の字にゆがめる；凶悪な人相をいう。また，苦痛の表情をいう。

108

自吹自擂 zìchuī-zìléi

自らラッパを吹き自ら太鼓をたたく；自分のことを吹聴する。
自己宣伝する。自画自賛する。手前味噌（みそ）を並べる。
"擂"は「たたく」。

例文

这个小伙子专好自吹自擂，其实是绣花枕头，没有什么真才实学。
この若者は自分のことを吹聴してばかりいるが，実際は見か
け倒しで，見たところは立派でも，なんら身に付いた才能を
持っていない。

坐井观天 zuòjǐng-guāntiān

井戸の底に座って天を見る；見識が狭いことのたとえ。井の中の
蛙（かわず）。井蛙（せいあ）の見。葦（よし）の髄から天井の
ぞく。

📖 韓愈『原道』に "坐井而观天，曰天小者，非天小也"（井戸の
底に座って天を見，天は小さいと言うが，天が小さいのではな
い）とある。

例文

我们不要坐井观天，自以为了不起。
われわれは井の中のかわずになって，うぬぼれていてはいけない。

坐收渔利 zuòshōu-yúlì

漁夫の利を占める；双方が利を争っている隙につけ込んで第三者が利益を横取りすること。

📖 "坐收渔人之利"（zuòshōu yúrén zhī lì）を縮めた語。『戦国策』燕策・二に見える「鷸蚌
（いつぼう）の争い」の故事から。鷸（しぎ）と蚌（はまぐり）が争いに夢中になってい
る間に，両方とも漁師に捕らえられたという寓話を用いて共倒れになることを戒めた。

坐享其成 zuòxiǎng-qíchéng

居ながらにして他人の成果を享受する；人の蒔（ま）いた種を刈る。

例文

你难道只想坐享其成？
きみはまさか他人の成果を横取りすることばかり考えているのではないだろうね。

坐以待毙 zuòyǐdàibì

座して死を待つ。"毙"は倒れて死ぬ。

例文

与其坐以待毙，不如决一死战。座して死を待つぐらいなら，決死の戦を挑んだほうがよい。

座无虚席 zuòwúxūxí

空いている座席がない；満席である。聴衆や観客の多いことの形容。

例文

剧场里座无虚席。劇場は観客でいっぱいである。

做贼心虚 zuòzéi-xīnxū

悪事をはたらくと人に知られはしないかと後めたい気持ちになる；心にやましいところのある者は疑心暗鬼に陥り，いつもびくびくしている。

📖宋代の禅書『五灯会元』（ごとうえげん）に見える語。

例文

匪徒做贼心虚，一听到有人叫喊就逃之夭夭了。
盗賊はびくびくしていて，叫び声を聞くやいなや風を食らって逃げ去った。

慣用語

414語

矮半截儿 ǎi bànjiér

半分の背丈しかない；身分や地位・能力などについて人より
も一段と劣ることをいう。

📖 "矮一头"（ǎi yī tóu），"矮三分"（ǎi sān fēn），"矮了一截"
（ǎile yī jié）などとも。

例文

她很自卑，总觉得自己比别人矮半截儿。
彼女は自分は他人より少し劣ると卑下してばかりいる。

碍面子 ài miànzi

（メンツをつぶさないように）人の顔を立てる；情にほ
だされる，情に引かれる。

例文

有意见就提，别碍着面子不说。
言いたい事があるなら言いなさい，人の顔を気にしてい
ないで。
老板碍着他父亲的面子，没有把他辞退。
社長は彼の父親の顔を立てて，彼を解雇しなかった。

八竿子打不着 bā gānzi dǎbuzháo

八本つないだ竿でも届かない；両者の関係が疎遠である。まったくつながりがない。多く
親戚関係についていう。

📖 "八杆子打不着"とも。

例文

这个人是他八竿子打不着的亲戚。
この人は彼のずっと遠いほとんどつながりのない親戚である。

八九不离十 bā jiǔ bù lí shí

八と九は十（同音の"实"に通じる）に近い；当たらずといえども遠からず。

例文

他就是不告诉我，我也能猜个八九不离十。
たとえ彼が話さなくても，わたしはおよそのところは察することができる。

八字没一撇 bā zì méi yī piě

「八」の字の最初の一画「ノ」もまだ書いていない；
物事の目鼻がまだついていない。まだ海の物とも山
の物ともわからない。

📖 "八字没有一撇"（bā zì méiyǒu yī piě），"八字没
见一撇"（bā zì méi jiàn yī piě）とも。

例文

你急什么，八字还没一撇呢！
焦ることはないよ，まだどうなるかわからないのだ
から。

白日做梦 báirì zuòmèng

白昼夢を見る；真昼に夢を見ているような，非現実的な空想を抱くことのたとえ。

📖 "白日里做梦"（báirì li zuòmèng），"做白日梦"（zuò báirìmèng）とも。

例文

这真是白日做梦啊，河水怎么会流到山上来？
それこそ真っ昼間に夢を見ているようなもんだ。河の水が山の上に流れてくるなんてある
わけないだろう。

摆架子 bǎi jiàzi

偉ぶった態度をとる；お高くとまる，偉そうにする，もったいぶる。

例文

他刚有了点儿名气，就摆起架子来了。彼はちょっと名が売れたとたんに，威張り始めた。

摆龙门阵 bǎi lóngménzhèn

とりとめもなくおしゃべりをする；世間話をする。よもや
ま話をする。＝"聊天儿"（liáotiānr）。また，物語をする意
にも。＝"讲故事"（jiǎng gùshi）。

📖 もと四川方言。

例文

她们常在一起摆龙门阵。
彼女らはしょっちゅう一緒になっておしゃべりをしている。

摆门面 bǎi ménmian

門口を派手に飾り立てる；うわべを飾る。体裁ぶ
る。見えを張る。

📖 "摆谱儿"（bǎi//pǔr）とも。

例文

办事要节俭，不要摆门面。
何事も節約が肝心で，見えを張ってはいけない。

摆谱儿 bǎi//pǔr

見えを張る；格好を付ける，大きな顔をする。

例文

在老朋友面前还摆什么谱儿? 昔なじみの前で何を気取ってるんだい。

摆摊子 bǎi tānzi

道端や市場に店を出し商品を並べて売る；
見えを張りはでにふるまう。大げさにや
る。誇張する。"摊子"は露店。

例文

他在胡同口儿摆了一个摊子。
彼は路地の入口に露店を出した。
不要光摆摊子，追求形式。
見かけばかり気にして，見えを張るな。

板上钉钉 bǎnshang dìng dīng

板は釘を打ちつけられている；事がすでに決まっていて変更できない。また，いったん口
にした以上どんな事があっても変えない意にも。

📖 "铁板钉钉"（tiěbǎn dìng dīng）とも。

例文

什么事情只要他一决定，那就是板上钉钉的事了。
どんな事でも，いったん彼が決めたら，それでもう覆ることはない。
咱们的报告已经批下来了，板上钉钉了。
わたしたちの報告はすでに承認された。これでもう決まりだ。

半瓶醋 bànpíngcù

瓶に半分しか入っていない酢；知ったか振りをする人のたとえ。

📖 "半瓶子醋"（bànpíngzicù）とも。

例文

你别光听他夸夸其谈，其实他只不过是个半瓶醋。

あいつの大言壮語ばかり聞いていてはいかんぞ，本当のところやつはただの知ったか振りなんだから。

绊脚石 bànjiǎoshí

足をつまずかせる石；障害物，邪魔者。

例文

骄傲和自满是继续进步的绊脚石。傲慢（ごうまん）と慢心は進歩を阻むつまずきの石である。

帮倒忙 bāng dàománg

（よかれと思ってした事が）かえって迷惑をかける；ありがた迷惑になる。

例文

你净给我帮倒忙。きみはよけいな事ばかりしてくれる。

抱粗腿 bào cūtuǐ

太い足に抱きつく；目的を達するためや利益を得るために，地位や権力を持っている人に取り入る。

📖 "抱大腿"（bào dàtuǐ）とも。

例文

他很会抱粗腿，所以领导很信任他。

彼は取り入るのがなかなか上手なので，上司から信頼されている。

抱佛脚 bào fójiǎo

仏の足にすがりつく；苦しい時の神頼みをする。

例文

平时不努力，临时抱佛脚。ふだん努力しないで，困った時だけ仏様に助けを求める。

爆冷门（儿）bào lěngmén(r)

番狂わせが起きる；予想外の結果になる。

📖 単に"爆冷"（bàolěng）とも。

例文

本届世界柔道锦标赛大爆冷门儿，新手打败了上届冠军。今回の世界柔道選手権大会では大番狂わせがあって，新人が前回の優勝者を破った。

背包袱 bēi bāofu

重いふろしき包みを背負う；重荷をしょい込む。

📖 思想や行動，精神上の負担について用いる。

例文

他背上了沉重的包袱。彼は重い荷物を背負い込んだ。

你劝他不要背包袱。

彼に重荷をしょい込まないようにとアドバイスしてやりなさい。

他背了个思想包袱。彼は精神的な重荷を背負っている。

背黑锅 bēi hēiguō

黒い鍋を背負う；他人の罪をひっかぶる。ぬれぎぬを着せられる。

例文

他总是让我替他背黑锅。

彼はいつも自分の罪をぼくになすりつける。

那件事根本不是他干的，不能叫他背黑锅。

あの件は決して彼がやったのではないから，彼にぬれぎぬを着せてはならない。

背靠背 bèikàobèi

背中合わせになる；互いに顔を合わせないで行う。陰で行う。

📖 "背对背"（bèiduìbèi）とも。

例文

他俩背靠背地坐着。彼らふたりは背中合わせに座っている。

由评委背靠背进行评分。審査委員が別室で採点を行う。

避风头 bì fēngtou

強い風当たりを避ける；(非難・攻撃・闘争の）矛先を避ける。
不利な状況を回避する。

📖 "风头"（fēngtóu）は風の勢い。転じて，風当たり，矛先。
この意では軽声 fēngtou。

例 文

他躲开批判到乡下去避风头去了。
彼は批判をかわすために田舎に身を隠した。

不管三七二十一 bùguǎn sān qī èrshiyī

三七が二十一であるかどうかなどを構わない；結果がどう
なるかなどお構いなしに。何が何であろうと。委細構わず。
がむしゃらに。

📖 "不问三七二十一"（bù wèn sān qī èrshiyī）とも。

例 文

他不管三七二十一乱说了一阵。
彼はなりふり構わずにひとしきり騒ぎ立てた。

不买账 bù mǎi//zhàng

心服しない；心から尊敬し服従しない。"买账"は多く
否定形で用い，（人の長所や能力などを）認める，評価
する，買う。

例 文

自卖自夸，谁也不买你的账。
手前みそを並べたところで，誰もおまえのことなど認め
はしない。

不起眼儿 bù qǐyǎnr

見栄えがしない；人目を引かない。

例 文

别看这些东西不怎么起眼儿，日常生活却离不了它们。
これらの物は見栄えはしないけれど，日常生活には欠くことができない。

成 語

慣用語

ことわざ

練習問題

練習問題解答

索 引

不要脸 bùyàoliǎn

恥知らずだ；ずうずうしい，厚かましい。

例文

你这不要脸的东西，竟干出这样的事！ この恥知らずめが，こんな事をしでかすなんて。

擦屁股 cā pìgu

尻ぬぐいをする；他人の失敗や不始末の後始末をする。

例文

他经常在外边打架惹事，每次都得我去给他擦屁股。
あいつはいつも外でけんかをしてもめ事を起こし，そのたびにおれが尻ぬぐいをしてやらなければならない。

你别净在前边捅娄子，要我们在后边擦屁股。
きみ，前でやたらに騒ぎを起こして，後ろのぼくたちに後始末をさせるのはよしてくれ。

拆东墙，补西墙 chāi dōng qiáng, bǔ xī qiáng

東の壁を壊して西の壁を補修する；急場しのぎのやりくりをする。

例文

老是拆东墙，补西墙也不是个办法。以后的日子可怎么过啊！
いつもあれこれやりくりしているばかりにはいかない。この先どう過ごせばいいのやら。

唱白脸 chàng báiliǎn

悪役を演じる；憎まれ役を買って出る。

📖 "唱"は（旧劇で）歌う，演じる。"白脸"は（顔を白く塗った）悪役・敵役；"红脸"（忠臣の役）に対して。

例文

你们都装好人，让我一个人唱白脸，我可不干。
きみたちはみないい子になって，ぼくだけに憎まれ役を押しつけるなんて，御免こうむりたい。

唱独角戏 chàng dújiǎoxì

独り芝居を演じる；自分勝手な行動をする。

118

唱对台戏 chàng duìtáixì

对抗して同一の芝居を演じる；張り合う，盾突く，向こうを張る。

例 文

我的观点早已发表过许多次了，现在不想再跟你们唱对台戏。

わたしの見解はすでに何度も述べたとおりで，今もう一度皆さんと張り合うつもりはありません。

唱空城计 chàng kōngchéngjì

空城の計を演じる；もぬけの殻にする戦略を使う。自分の弱みを隠して相手を欺く。

📖 "空城计" は諸葛孔明が敵を欺くために用いた計略。『三国演義』第95回

例 文

你别唱空城计了。 見え透いた芝居をするな。

人都到哪里去了，该不是唱空城计吧？

みんなどこへ行ってしまったんだ，まさか空城の計を使っているのではではあるまいな。

炒鱿鱼 chǎo yóuyú

イカを炒める；解雇する，首にする。イカを炒めるとふとんを丸めたような形になるところから。

📖 "卷铺盖" (juǎn pūgai) とも。旧時，旅人や奉公人はふとんを丸めて持ち運んで移動したことから。

例 文

老板炒了他的鱿鱼。 社長は彼を首にした。

他被老板炒鱿鱼了。 彼は社長に首を切られた。

成气候 chéng qìhòu

見込みがある；多く否定の形で用いる。

📖 "气候" は「気候」から転じて，「先行きの成功」や「見込み」のたとえ。

例 文

这样下去这孩子肯定成不了什么气候。 このままではこの子は先の見込みなどなさそうだ。

吃豹子胆 chī bàozidǎn

豹（ひょう）の肝を食う；大胆不敵なことの形容。

例文

我又没有吃过豹子胆，怎么敢欺侮您！

わたしとてそんな太い肝を持っていません，なんであなたさまを侮りなど致しましょうか。

吃闭门羹 chī bìméngēng

門前払いを食う；すげなく拒絶される，冷たくあしらわれる。
また，相手が不在であった場合にも。
📖唐代の名妓・史鳳が会いたくない男性を断るのに門前で
羹（とろみのある汁）を供して引き取らせたという故事から。

例文

上午去拜访她，结果吃了个闭门羹。

午前中に彼女を訪ねたが，門前払いを食わされた。

吃不开 chībukāi

通用しない；通らない，歓迎されない。

例文

你这老一套现在可吃不开了。きみのそのいつもの手は今はもう通用しない。

吃不了兜着走 chībuliǎo dōuzhe zǒu

食べ切れずに包んで持ち帰る；問題があれば責任を負う。

例文

他要是耍无赖，就叫他吃不了兜着走。

彼が理不尽なふるまいをするなら，とことん責任をとらせてやる。

吃不消 chībuxiāo

消化し切れない；堪えられない，やりきれない。

例文

这文章写得又长又难懂，真让看的人吃不消。

この文章は長くて難しい。読まされる人はたまったものでない。

吃不准 chībuzhǔn

（物事に対して）自信がない，決心がつかない。

例文

合同是否能签，我一下子也吃不准。

この契約にサインしてよいものかどうか，にわかには判断しかねる。

吃错药 chīcuò yào

薬をのみ間違える；判断を誤る。常軌を逸した行動をする。

例文

你吃错药了？怎么这么牛气？いったいどんな薬をのんだの？そんなふうに偉そうにして。

吃得开 chīdekāi

受けがよい；人気がある，歓迎される。

例文

他手艺好，又热心，在村里很吃得开。

彼は腕が立つうえに仕事熱心なので，村でとても評判がいい。

吃定心丸 chī dìngxīnwán

心が落ち着く薬をのむ；安心する，気持ちが落ち着く。

例文

党的新政策让农民吃了颗定心丸。党の新しい政策は農民を安心させた。

吃官司 chī guānsi

訴えられる；訴訟を起こされる。

例文

他吃官司以后，他的工厂就倒闭了。

訴訟を起こされてから，彼の工場は倒産してしまった。

他因酒驾，吃过一次官司。

彼は飲酒運転で一度訴えられたことがある。

我们免不了跟他打一场官司。

われわれは彼と裁判ざたになるのを免れられない。

吃后悔药 chī hòuhuǐyào

後悔を治す薬をのむ；後になって自分のした事や言った事を悔いたり，気が変わったりすることのたとえ。後悔する。ほぞをかむ。

例文

你喜欢她，就主动点儿，免得吃后悔药。
彼女が好きなら積極的に動きたまえ，後で悔やむことのないように。
他这个人就爱吃后悔药。この人はよく後悔する。
吃后悔药的事以后别做。後悔するような事は二度としなさんな。

吃老本(儿) chī lǎoběn(r)

元手を食いつぶす；過去の栄光によりかかって新たな努力をしないことのたとえ。"老本(儿)"は元手，資金。転じて，以前に得た名声や実績。

例文

不要光吃老本儿，要立新功。
過去の成果にばかり頼っていないで，新たな貢献をしなければいけない。

吃力不讨好 chīlì bù tǎohǎo

苦労したわりに人から認めてもらえない；骨折り損のくたびれもうけである。"吃力"は骨を折る，苦労する。

例文

这种吃力不讨好的差使，我做不来呀！
こんな骨折り損のくたびれもうけみたいなお役目は，ぼくは御免こうむるよ。

吃现成饭 chī xiànchéngfàn

すでに出来上がっている飯を食う；労せずしてうまい汁を吸う。

📖 "现成饭"（出来合いの食事）は，専らこの慣用語"吃现成饭"の形でのみ用いる。

例文

你什么都不做只想吃现成饭，世上哪有这样的好事？
きみは何もしないでいい目を見ようとしてばかりいるが，世の中にそんなうまい事はありはしないぞ。

吃小灶 chī xiǎozào

特別メニューのご馳走を食べる；特別な待遇を受ける。主に教育の場で課外に特別指導を受けることをいう。"小灶" は集団食中の特別の上等料理。転じて，特別待遇。

例文

放学后老师给学习成绩差的学生吃小灶。

放課後，先生は成績の良くない生徒に特別指導をする。

吃哑巴亏 chī yǎbakuī

泣き寝入りする。"吃亏" は損をする。"哑巴" は口が利けない人。損をしても口が利けないのでどうすることもできないところから。

例文

这个合同对我方很不公平，我们不能吃哑巴亏。

この契約は我が方にとって著しく不公平だ。黙っていて泣き寝入りするわけにはいかない。

出洋相 chū yángxiàng

（ぶざまな姿をさらして）赤っ恥をかく；醜態を演じる，笑い者にされる。

📖 "洋相"（人の笑い者になるようなぶざまな姿）は，専らこの慣用語 "出洋相" の形でのみ用いる。

例文

昨天在舞台上她出了不少洋相。

きのうの舞台で彼女はさんざん醜態を演じた。

你这不是成心要出我的洋相吗?

きみはわざとぼくに恥をかかせようというのかね。

穿小鞋（儿） chuān xiǎoxié(r)

小さな靴を履かせる；こっそり意地悪をする。仕返しをする，嫌がらせをする。

例文

谁给他提意见，他就给谁穿小鞋。

誰であろうと彼に異議を唱えると，彼は必ず意趣返しをする。

穿一条裤子 chuān yī tiáo kùzi

（二人が）一本のズボンをはく；非常に親密で気心が合うことのたとえ。また，ぐるになって気脈を通じることのたとえ。

例 文

他们俩好到快穿一条裤子了。あのふたりは一本のズボンを共有するほど仲が良い。
你不要跟他穿一条裤子。彼とぐるになってはいけません。

串门（儿）chuàn//mén(r)

（世間話をしに）よその家に立ち寄る。

📖 "串门子"（chuàn ménzi）とも。

例 文

老太太经常到街坊四邻串门儿。おばあさんはしょっちゅう隣近所へおしゃべりをしに行く。

闯红灯 chuǎng hóngdēng

赤信号を無視して突っ込む；故意に規則や制度を破る。公然と違法行為をする。

例 文

这是明令禁止的事，你怎么还敢闯红灯？
これは法令ではっきり禁止されている事項なのに，それでもきみは無理にやろうとするか。

吹牛皮 chuī niúpí

ほらを吹く；おおぶろしきを広げる。

📖 単に "吹牛"（chuīniú）とも。
一説に，黄河を渡るのに牛皮のいかだを用いたが，このいかだをふくらますのに大きな力を要したところからと。

例 文

那个人净吹牛皮、说大话。
あいつはいつもほらを吹いて，大きな事ばかり言っている。

凑热闹（儿）còu rènao(r)

おおぜい集まってにぎやかに遊ぶ。また，冷やかし半分に
騒ぐ，邪魔をする意にも。

例文

小孩儿都爱凑热闹儿。子どもはにぎやかに遊ぶのが好きだ。
你也唱一段，凑凑热闹儿。
きみもひと節歌って，にぎやかにやろうよ。
这里够忙的了，别再来凑热闹儿了！
ここはとても忙しいんだ，これ以上邪魔をしないでくれ。

打包票 dǎ bāopiào

保証書を発行する；（人物や物事について）保証する，太鼓判を押す。

📖 "打保票"（dǎ bǎopiào）とも。

例文

他能不能考上大学，谁也不能打包票。彼が大学に受かるかどうかは，誰も保証できない。

打冲锋 dǎ chōngfēng

（部隊が）先陣を切る。転じて，率先する，先に立ってやる。

例文

这次战斗由我们队打冲锋。今回の戦いは我が部隊が先陣を務める。
他在各项工作中常常打冲锋。彼は各方面の仕事をしばしば率先して行なっている。

打官腔 dǎ guānqiāng

役人風な物の言い方をする；役人風を吹かす。官僚的な紋
切り型の言葉を並べ立てて責任逃れをする意にも。杓子
（しゃくし）定規なことを言う。不人情な口を利く。

📖 "耍官腔"（shuǎ guānqiāng）とも。

例文

他装模做样地尽跟我们打官腔，什么问题也解决不了。
彼はもったいぶって役人風を吹かすばかりで，何一つ解
決できない。
他动不动就打官腔训斥人。彼はややもすれば役人風を吹かせて人を叱りつける。

打光棍儿 dǎ guānggùnr

（男子が）独身で暮らす；独り暮らしをする，やもめ暮らしをする。
"光棍儿"は男性の独身者，独り者。

例文

他打了一辈子光棍儿。彼は生涯独身を通した。
他也不小了吧，怎么还打光棍儿呢?
彼もいい年だろうに，どうしてまだ独身のままなんだ。
我哥哥现在还在打光棍儿呢。わたしの兄は今もまだ独身だ。

打交道 dǎ jiāodao

（人と）付き合う，交際する。事物と接触する意にも。

例文

我没跟他打过交道。わたしは彼と付き合ったことがない。
她是设计人员，经常跟图纸打交道。
彼女はデザイナーなので，日頃から図面と付き合っている。

打落水狗 dǎ luòshuǐgǒu

水に落ちた犬を打つ；すでに打ち負かされた悪
人にさらに追い打ちをかける。敵が再起できな
いように徹底的にやっつける。

例文

对敌人不能心慈手软，要痛打落水狗。
敵に対しては哀れみをかけて手を緩めてはなら
ず，再び起き上がれないように徹底的に打ちの
めさなければならない。

打马虎眼 dǎ mǎhuyǎn

とぼけたふりをしてごまかす。

📖 "打眼"（ごまかす）の"眼"をさらに"马虎"（いいかげんである）で修飾している。

例文

这是很重要的问题，谁也不能打马虎眼。
これはたいへん重要な問題だ，誰もいいかげんにごまかしてはならない。

打屁股 dǎ pìgu

尻をたたく；昔の体罰の一種。転じて，厳しく批判すること，
厳しく罰すること。冗談気味に使われることが多い。

例文

任务完不成就要打屁股。
任務が達成できないと，厳しく批判される。

不好好儿工作，就得打屁股。
まじめに仕事をしないと，ただではおかんぞ。

打秋风 dǎ qiūfēng

（何かにかこつけて）金品をゆすりとる。

📖 "打抽丰"（dǎ chōufēng）とも。

例文

这个人老来打秋风，真讨厌。 この人はなんだかんだと言ってたかってくる，ほんとに嫌だ。

打水漂儿 dǎ shuǐpiāor

水切りをする；無駄金（むだがね）を使う。

📖 "打水漂儿"は平たい小石を水面をはずんで飛ぶように投げる遊び。

例文

我刚买的电脑又出了毛病，看来花的钱都打水漂儿了。
買ったばかりのパソコンがまた故障した。使ったお金が無駄になったようだ。

不能拿钱打水漂儿。 お金を無駄にするわけにはいかない。

打算盘 dǎ suànpan

そろばんをはじく；（行動を起こす前に）細かく損得を
考える。

例文

别总在一些小事上打算盘。
ささいな事で損得にこだわってばかりいなさんな。

他真会打算盘。 彼はなかなか計算高い。

你别看他好像很老实，其实算盘打得响着呢。
彼は一見誠実そうだけれど，実際はとても勘定高いやつなんだ。

打退堂鼓 dǎ tuìtánggǔ

退出の合図の太鼓を打つ；（気が変わったり，おじけづいたりして）中途でやめることの
たとえ。"退堂"は旧時役人が役所から退出すること。"退堂鼓"は退庁の知らせの太鼓。

例 文

有困难大家来帮你，你可不能打退堂鼓。

困った事があるならみんなで手伝うから，中途で投げ出したりしないで。

打下手（儿） dǎ xiàshǒu(r)

手伝いをする；手助けをする。

例 文

您忙不过来，我给您打下手儿。お忙しくて手が回らないなら，わたしがお手伝いしましょう。

打牙祭 dǎ yájì

口のお祭りをする；たまにご馳走を食べる。

例 文

家里今天打牙祭，你看孩子们吃得多香。

きょうは我が家のご馳走の日で，子どもたちはなんとおいしそうに食べていることか。

打游击 dǎ yóujī

ゲリラ戦をする；決まった職をもたずにあちこち渡り歩くことをユーモラスに，あるいは
自嘲気味にいう。

例 文

我想结束现在这样打游击的生活。

わたしは今のようなあちこち転々と渡り歩く暮らしをもう終わりにしたい。

打圆场 dǎ yuánchǎng

（もめ事・対立などを）丸く収める，仲裁する。

📖 動詞"圆场"の口語的な言い方。

例 文

他俩正在争吵，你去打个圆场吧。

あのふたりは言い争いをしているから，行ってとりなしてやりなよ。

打肿脸充胖子 dǎzhǒng liǎn chōng pàngzi

腫れ上がるほど自分の顔を打って太っているように見せかける；実力がないのに大物ぶる。お金が無いのにあるふりをする。痩せ我慢を張る。

　例文

他真不知道羞耻，打肿脸充胖子，硬装好汉。
あいつはなんという恥じ知らずだ，無理をして大きく構えやがって。

戴高帽子 dài gāomàozi

三角帽子をかぶせる；おべっかを使って持ち上げる。おだてに乗せる。"高帽子"は紙製の三角帽子。

　"戴高帽儿"（dài gāomàor）とも。

　例文

请不要给我戴高帽子。
わたしをおだてに乗せるのはよしてください。

人家给他戴高帽子，他觉得很舒服。
彼は人におだてられていい気になっている。

刀子嘴，豆腐心 dāozi zuǐ, dòufu xīn

口は刀，心は豆腐；口は悪いが，気はやさしい。表面はきついが，内心はやさしい。

　例文

她这个人是刀子嘴，豆腐心，吃软不吃硬。
彼女という人は口は悪いが，気はやさしくて，弱い相手にはやさしく，強い相手にはきつく出る。

倒牌子 dǎo páizi

商品のブランドを汚す；広く，信用を落とすことをたとえる。"牌子"は看板，商標，ブランド。

　例文

这家店卖假货倒牌子了。この店は偽物を売って信用を落とした。

倒胃口 dǎo wèikou

食べ飽きて胃にもたれる；飽き飽きする。うんざりする。

例文

这种低俗的电视剧，真让人倒胃口。

こういう低俗なテレビドラマには，まったくうんざりさせられる。

我一看到他就倒胃口。

あいつの顔を見ただけでうんざりだ。

倒打一耙 dàodǎ yī pá

逆ねじを食わせる；（自分に非がありながら認めようとせずに）相手の非難や攻撃に対して負けずにやり返す。

📖 『西遊記』の猪八戒が鉄製の"耙"（まぐわ，熊手）を武器に，よく相手を打ち負かして，さっと引き揚げたことに基づく。

例文

明明是他欺负别人，他却倒打一耙，说别人行凶打人，真是岂有此理！

明らかに彼の方が人をいじめておきながら，逆に，相手が暴力を振るったなどとかみついている。なんてひどいやつだ。

得理不饶人 délǐ bù ráo rén

自分に理があると相手を許さない。

例文

你不要得理不饶人，人家已经道歉了，还要怎么样？

そうかさにかかって責め立てないで。こちらはもう謝っているのに，まだ気が済まないの？

得便宜卖乖 dé piányi màiguāi

うまい汁を吸っておきながら，（恥じもせず，逆に）したり顔をする。

"卖乖"は利口ぶる，得意がる。

例文

你得了便宜还卖乖啦！有人证物证，你还耍赖？！

うまい汁を吸っておきながらしらばくれるのはよせ！人証（じんしょう）も物証もそろっているのに，まだしらばくれる気か。

垫脚石 diànjiǎoshí

馬に乗る時の踏み台。転じて，ある目的，特に出世のために利用する人や事物。踏み台，
足がかり。

例 文

他把别人的成绩，当成自己向上爬的垫脚石。
彼は他人の成果を自分が出世するための踏み台にした。

吊胃口 diào wèikǒu

（方法を講じて）食欲をそそる；人の欲望をそそる。
気を引く。その気にさせる。

例 文

妈妈迟迟不分蛋糕，吊了孩子们的胃口。
お母さんはなかなかケーキを切らないで，子どもたちを
じらせた。
他讲到要紧处故意停下来吊了大家的胃口。
彼は話が山場にさしかかるとわざと一息ついて，みんなに気を持たせた。

掉链子 diào liànzi

（自転車の）チェーンが外れる；肝心なところで支障を来す。大事な時に失敗やミスを犯
すことのたとえ。

例 文

在关键时候，你可不能掉链子。肝心な時に，絶対にミスをしないように。

丁是丁，卯是卯 dīng shì dīng, mǎo shì mǎo

物事のけじめがはっきりしていて，いいかげんに融通を利かせないことのたとえ。
"丁"は十干の4番目の「丁」，"卯"は十二支の4番目の「卯」で，二者を混同すること
はできない。一説に"丁"は「ほぞ」，"卯"は「ほぞ穴」とも。
📖 "钉是钉，铆是铆"（dīng shì dīng, mǎo shì mǎo）とも。"钉"は釘，"铆"はリベット。

例 文

他管财务丁是丁，卯是卯，深得领导的信任。
彼の財務の処理ぶりは，几帳面（きちょうめん）で，一分一厘の隙もないので，深く上司
の信頼を得ている。

定调子 dìng diàozi

トーンを設定する；基本的な方向を決める。

📖 "定调儿"（dìng diàor）とも。

例文

既然是讨论，就不要先定调子，让大家畅所欲言。
討論なのだから，初めから方向を決めないで，みんなに話したい事を話してもらおう。
这样一定调子，事情就难办了。そんなふうに初めに決めてしまうと，やりにくくなる。

丢乌纱帽 diū wūshāmào

官職を失う；罷免される。

📖 "乌纱帽"は昔の役人がかぶった黒い紗（しゃ）で作った帽子。

例文

不要怕丢乌纱帽。官職を失うことを恐れてはならない。

丢眼色 diū yǎnsè

目配せする；目顔で知らせる。目で合図する。

📖 "递眼色"（dì yǎnsè），"使眼色"（shǐ yǎnsè）とも。

例文

他丢了个眼色，我就明白了。
彼が目配せしたので，わたしは気が付いた。

兜圈子 dōu quānzi

ぐるぐる回る；（話が）回りくどい，堂々巡りする。遠回しに言う。"圈子"は円，丸，輪（わ）。

例文

别跟我兜圈子，有话直截了当地说吧。
持って回った言い方をやめて，話があるならはっきり言いたまえ。
讨论来回兜圈子总得不出结论。
議論が堂々巡りして一向に結論が出ない。
你怎么兜了那么大的圈子呢？
きみはどうしてあんな回りくどい話し方をしたの？

斗心眼儿 dòu xīnyǎnr

知恵を闘わせる；腹の探り合いをする。だましあう。内心
火花を散らす。

例文

你们俩平时不是很好吗，何必这么斗心眼儿！
きみたちは平素とても仲がいいのに，なにもそういがみあ
うことはなかろうに。

耳边风 ěrbiānfēng

耳のそばを吹く風；人の話を聞き流すことのたとえ。どこ吹く風。

例文

我儿子总把我的话当成耳边风。うちの息子はいつもわたしの話をどこ吹く風と聞き流す。

耳朵软 ěrduo ruǎn

（しっかりした考えがなく）軽々しく人の言うことを信じ
る。おだてに乗りやすい。

例文

他耳朵软，听人家一说就信以为真了。
彼はしっかりした考えがなく，人の言うことをすぐ真に受け
てしまう。

二一添作五 èr yī tiānzuò wǔ

二一天作の五；物を半分ずつに分ける。二等分する。
📖旧式の珠算の九九の一つ；一を二で割る時に唱えた。

例文

这些钱咱们来个二一添作五，行吗？ このお金は半分ずつ分けよう。いいかな？

发高烧 fā gāoshāo

高熱を出す；熱に浮かされる，分別を失う。

例文

你买了这么贵的东西，是不是发高烧了？ こんな高い買い物をして，気は確かなの？

发横财 fā hèngcái

あくどい方法で大金を手に入れる；ぼろもうけする。"横财"はまともな方法によらないで得たお金。あぶく銭（ぜに）。"发财"(fā//cái)は財を築く。

> 例 文

不知靠什么手段，他发了一笔横财。
どんな手段を用いたかわからないが，彼はあぶく銭を手に入れた。

发牢骚 fā láosao

不平を言う。愚痴をこぼす。

> 例 文

他跟我发了半天牢骚。彼はわたしに長々と愚痴をこぼした。

发脾气 fā píqi

（事が思うように運ばないので）かんしゃくを起こす；怒りをぶちまける。当たり散らす。"脾气"はちょっとしたことにも怒りやすい性質，くせ。

> 例 文

她爱发脾气。彼女はかんしゃく持ちだ。

发洋财 fā yángcái

ぼろもうけをする。"洋财"は外国人相手の商売で得たもうけ。転じて，労せずして得た利益を風刺ぎみにいう。

翻白眼（儿）fān báiyǎn(r)

（怒りや憎悪・不満から）白い目をむく；冷たい目で見る。"白眼"は冷淡な目つき。⇔"青眼"(qīngyǎn)
📖竹林の七賢の一人阮籍（げんせき）は好ましくない客には白眼で対し，好ましい客は青眼で迎えたという。

> 例 文

气得他直翻白眼儿。腹を立てて彼はじろっと白目をむいた。

翻老账 fān lǎozhàng

昔の台帳をめくる；過ぎた事を蒸し返す。昔の事を持ち出す。

📖 "翻旧账"（fān jiùzhàng）とも。

例文

如今时过境迁，不要再翻老账了。

今は時が移り状況が変わってしまった。もう昔の事は持ち出しなさんな。

饭来张口，衣来伸手

fàn lái zhāngkǒu, yī lái shēnshǒu

飯が与えられたら口を開け，服が与えられたら手を伸ばす；自らは働かないで人に頼りきりの暮らしをする。

例文

他这个人饭来张口，衣来伸手，什么事都不干。

彼ときたら，上げ膳据え膳で，何一つ自分でしようとはしない。

放长线，钓大鱼

fàng chángxiàn, diào dàyú

長い糸を垂れて大きな魚を釣る；じっくり構えて大きな収穫を狙う。

例文

办这种事，要放长线，钓大鱼。

こういう仕事は，じっくり構えてやらなければならない。

放冷风 fàng lěngfēng

デマを飛ばす；根も葉もないうわさを言い触らす。

例文

她到处放冷风，说别人的坏话。彼女は至る所でデマを飛ばし，人の悪口を言っている。

放冷箭 fàng lěngjiàn

闇討ちする；ひそかに人を陥れる。陰で人を中傷する。

放马后炮 fàng mǎhòupào

事が終わった後で行動を起こす。手遅れで用をなさないことのたとえ。後の祭り。

📖 "马后炮" は中国将棋で "马" の後に "炮" を控えた優勢な手。

例文

事情都做完了才说，这不是放马后炮吗?

事が済んでから言ってくるなんて，もう手遅れではないか。

风里来，雨里去 fēngli lái, yǔli qù

風の日も雨の日も苦労をいとわず働き続けることのたとえ。

例文

他风里来，雨里去，吃尽了千辛万苦。

彼は風の日も雨の日も働き，ありとあらゆる苦労をなめつくした。

干打雷，不下雨 gān dǎléi, bù xià yǔ

雷が鳴るだけで雨は降らない；掛け声ばかりで実行を伴わない。

例文

他是个干打雷，不下雨的人，只见声势而不见行动。

彼は空騒ぎするだけの男で，声は上げるが行動が伴わない。

干瞪眼 gān dèngyǎn

むなしく目を見張る；なすすべがなく，傍らで指をくわえて見るしかないことのたとえ。やきもきするだけでどうすることもできない。

📖 "干急眼" (gān jíyǎn)，"白瞪眼" (bái dèngyǎn) とも。

例文

他们都说英语，我一句也没听懂，站在一边干瞪眼，多没意思啊!

みんな英語を話すのに，ぼくはちっともわからないから，すみっこでじっと立っているだけで，つまらないったらないじゃないか。

赶潮流 gǎn cháoliú

時代の潮流に追随する；時流を追う，ブームに乗る。

📖 "赶浪头"（gǎn làngtou）とも。

> 例 文

她最热衷于赶潮流、出风头。
彼女はブームに身をやつし，人目を引きたがる。

他没有主见，只不过是赶潮流而已。
彼はしっかりした考えがなく，ただ時代の流れに乗っているだけだ。

赶鸭子上架 gǎn yāzi shàng jià

アヒルを追いやって止まり木に止まらせる；できないことを無理にやらせる。無理強いする。

📖 "打鸭子上架"（dǎ yāzi shàng jià）とも。

> 例 文

我不会唱，你偏叫我唱，这不是赶鸭子上架吗？
ぼくは歌えないのに，きみは無理に歌わせようとする。豚に木に登れと言うのか。

高不成，低不就 gāo bù chéng, dī bù jiù

望むものは手が届かないし，手が届くものは気に入らない。結婚相手や仕事の選択について用いる。

> 例 文

他毕业半年了，还没找到工作，就是高不成，低不就。
彼は卒業して半年になるのに，帯に短したすきに長しで，なかなか仕事が決まらない。

各打五十大板 gè dǎ wǔshí dàbǎn

双方に50回ずつの尻叩きの刑を与える；（理非を問わずに）けんか両成敗にする。

📖 "打大板"は旧時の刑罰の一種，先端が板状の棍棒で尻や背中を叩いた。

各走各的路，各投各的店 gè zǒu gè de lù, gè tóu gè de diàn

それぞれがそれぞれの道を行き，それぞれがそれぞれの宿に泊る；各人が勝手にふるまって互いに干渉しないことのたとえ。

给脸不要脸 gěi liǎn bù yào liǎn

せっかく顔を立ててやっているのにありがたみを知らない；身の程知らずである。

📖 "给脸不兜着" (gěi liǎn bù dōuzhe) とも。

例文

你别给脸不要脸，不识抬举！

せっかくきみを引き立ててやろうとしているのに，恩知らずめが！

给面子 gěi miànzi

顔を立ててやる。

例文

他一点儿也不给面子，让人下不来台。

彼は人のメンツなどまったくお構いなしで，相手をのっぴき
ならないところまで追い詰める。

你给我个面子，务必赏光。

ぼくの顔を立てて，ぜひ来てくれたまえ。

更上一层楼 gèng shàng yī céng lóu

もう一階上に上がる；さらに一歩前進する。
より高いレベルを目指す。

📖 唐・王之渙の五言絶句 "登鹳雀楼" (鹳雀
楼に登る) 中の詩句 "欲穷千里目，更上一层
楼"（千里の目を窮めんと欲し，更に上る一
層の楼）から。

例文

我国体育健儿在奥运会上取得了可喜的成绩，
希望他们更上一层楼。

我が国の選手はオリンピックですばらしい成績を残した。彼らがいっそう前進すること
を望む。

骨头硬 gǔtou yìng

骨が硬い；気骨がある，意志が強固である。

📖 "骨头软" (gǔtou ruǎn) は意気地がない，意志が薄弱である。

顾左右而言他 gù zuǒyòu ér yán tā

左右を顧みて他を言う。(まともに答えられない時に) 左右を見回してさりげなく話題をそらして関係のない別の事を言ってごまかす。

📖 『孟子』梁恵王・下に見える斉の宣王の故事から。

例文

你怎么能这样，一讨论实质性问题就顾左右而言他？

あなたはどうして，そんなふうに本質的な問題の話になると，話をそらしてしまうのですか。

挂幌子 guà huǎngzi

看板を掲げる；外に現れる，顔に出る。

例文

他刚才准是喝了酒，脸上都挂幌子了。彼はさっき酒を飲んだに違いない，顔にまで出ている。

挂羊头，卖狗肉 guà yángtóu, mài gǒuròu

羊頭を懸げて狗肉（くにく）を売る；看板には羊の頭を出しておきながら，実際には犬の肉を売る。見かけは立派であるが，実質が伴わないことのたとえ。羊頭狗肉。見かけ倒し。

📖 『晏子春秋』には「"牛首"（牛の頭）を懸げて"马脯"（馬の肉）を売る」とある。

例文

那一伙人挂羊头，卖狗肉，千万不要上当受骗。

あの連中はうまいこと言っているが，インチキだ。決してだまされないように。

他呀，是挂羊头，卖狗肉的货色。やつは，見かけ倒しのろくでなしだ。

挂招牌 guà zhāopai

看板を掛ける；表向きは立派な名目を掲げる。

📖 "招牌"は商店の屋号・取扱商品名などを掲げた看板。転じて，表向きの名目。

例文

挂着革命的招牌，干着反革命的勾当。

革命の看板を掲げていながら，反革命の悪だくみをやっている。

过五关，斩六将 guò wǔ guān, zhǎn liù jiàng

強敵を次々に打ち破ること；たびたびの困難を克服して前進する。

📖『三国演義』第27回に見える関羽の故事から。

例文

要过五关斩六将，才能找到好工作。
数々の困難を突破してこそ，よい仕事を見つけることができる。
这次谈判不会一帆风顺，大家要有过五关斩六将的决心和勇气。
今回の交渉はたやすくは運ばないだろうから，諸君は不退転の決意と勇気を持ってもらいたい。

旱鸭子 hànyāzi

陸の上のアヒル；泳げない人をユーモラスにいう。かなづち。

例文

我这旱鸭子只能在沙滩上晒太阳。
ぼくはかなづちだから，砂浜で日なたぼっこをしているしかない。

好了疮疤忘了疼 hǎole chuāngbā wàngle téng

傷が治ると痛さを忘れてしまう；苦しい経験も，それが過ぎ去るとすっかり忘れてしまう。喉元過ぎれば熱さを忘れる。

📖 "好了伤疤忘了疼"（hǎole shāngbā wàngle téng）とも。

如有人说，"汉字并不难"。我看这样的人和"好了疮疤忘了疼"的人一样，忘记了当年初学"三字经"、"千字文"时的痛苦了。
「漢字は難しくなんかない」と言う人がいる。そのような人は「おできが治れば痛さを忘れる」人と同じで，むかし「三字経」や「千字文」を習い始めた時の苦しみを忘れてしまったのだ。周恩来《当前文字改革的任务》(1958 年 1 月)

好心不得好报 hǎoxīn bù dé hǎobào

善意があだになる。

📖 "好心得不到好报"（hǎoxīn débudào hǎobào），"好心没好报"（hǎoxīn méi hǎobào）とも。

例文

好心不得好报，还是多一事不如少一事。
善意が報われるとは限らない，よけいな事をするよりも何もしないほうがましだ。

喝迷魂汤 hē míhúntāng

迷魂湯を飲む；甘い言葉に惑わされる。甘言に釣られる。

📖 "迷魂汤"は地獄で人の本性を失わせるために飲ませるとされる煎じ薬。転じて、人を惑わせるうまい言葉。"喝迷魂药"（hē míhúnyào）とも。"灌迷魂汤"（guàn míhúntāng）は「迷魂湯を飲ませる」で、甘い言葉で惑わす、甘言で釣る。

例文

你别给我喝迷魂汤了。ぼくを甘言で釣るのはよせよ。

喝墨水（儿） hē mòshuǐ(r)

墨汁を飲む；学問をする、教育を受けることのたとえ。

例文

到底是你喝过墨水儿，肚子里有货。
さすがにきみは学問しただけのことがあって、言うことがしっかりしている。

喝西北风 hē xīběifēng

西北の風を食らう；食べ物がなくてすきっ腹を抱えることのたとえ。あごが干上がる。食いっぱぐれる。"西北风"は冬にゴビ砂漠方面から吹いてくる冷たい風。

📖 "吃西北风"（chī xīběifēng）とも。

例文

你再不干活儿，全家人都得喝西北风了。
おまえが働いてくれなかったら、一家全員すきっ腹を抱えなければならなくなってしまうよ。

合不拢嘴 hébulǒng zuǐ

口が閉まらない；楽しくてたまらないさま。

📖 "合不上嘴"（hébushàng zuǐ）とも。

例文

他笑得嘴都合不拢了。彼は大口を開けて笑い転げた。

喝倒彩 hè dàocǎi

（観劇時などに）やじる，やじを飛ばす。半畳を入れる。"喝彩"
は喝采する。

📖 "喊倒好儿"（hǎn dàohǎor），"叫倒好儿"（jiào dàohǎor）とも。
"倒好儿"はわざと"好！"（うまいぞ！）とやじること。

例文

演员唱错了一句，台下的观众都喝了倒彩。
役者が歌い間違えると，舞台下の観客が一斉にやじを飛ばした。

黑是黑，白是白 hēi shì hēi, bái shì bái

黒は黒，白は白；白黒（しろくろ）がはっきりしている，
黒白（こくびゃく）が明らかである。道理や正邪がはっき
りしていて疑う余地のないことのたとえ。

例文

黑是黑，白是白，不要颠倒黑白。
黒は黒，白は白，黒白を転倒してはならない。

恨铁不成钢 hèn tiě bù chéng gāng

鉄が鋼（はがね）にならないのを恨む；（能力があ
るのに発揮できず）進歩が遅いのを残念がる。「や
ればできるのに」と人に奮起を促すときに使う。

例文

我经常说他、骂他，也不过是恨铁不成钢罢了。
わたしがいつも彼を注意したり叱ったりするの
は，いっそうよかれと願ってのことだ。

横挑鼻子竖挑眼 héng tiāo bízi shù tiāo yǎn

むやみに鼻や目をほじくる；あれこれあら探しをする。

📖 "横…竖…"は繰り返し…する，しきりに…する。

例文

你别老对我横挑鼻子竖挑眼的，有本事你自己做。
わたしにあれこれうるさいことを言うのはやめて，できるなら自分でやって。

后脑勺儿长眼睛 hòunǎosháor zhǎng yǎnjing

頭の後ろに目がついている；極めて聡明で機敏なこと，警戒心が鋭いことのたとえ。"**后脑勺儿**"は後頭部，後ろに張ったおでこの形がしゃくしに似ているところから。"**后脑勺子**"とも。

例文

他那个人后脑勺儿长眼睛，很有远见卓识。

あの人はまるで後ろに目がついているかのようで，遠大な見識を備えている。

胡子眉毛一把抓 húzi méimao yībǎzhuā

ひげも眉毛も一緒につかむ；十把ひとからげに事を処理する。みそもくそも一緒にする。
📖 "**眉毛胡子一把抓**"（méimao húzi yībǎzhuā）とも。

例文

工作安排要分清轻重缓急，不能胡子眉毛一把抓。

仕事の手順は軽重緩急を区別すべきで，十把ひとからげであってはならない。

护犊子 hù dúzi

（母牛が子牛をかわいがるように）自分の子をかばう。自分の子がけんかをした時などに，是非を問わずにひたすらかばうことのたとえ。溺愛（できあい）する。猫かわいがりする。

例文

你不能这么护犊子。そこまで我が子をかばうのはよしな。

化干戈为玉帛 huà gāngē wéi yùbó

戦争をやめて講和する；戦争状態を平和な状態に戻す。対立・いさかいを収めて友好を結ぶ。"**干戈**"は盾と矛，武器。"**玉帛**"は宝石と絹布。古代，諸侯の間で贈答に用いた。

例文

领导为我们提供了一次化干戈为玉帛的机会。

上司はわたしたちに喧嘩（けんか）をやめて仲直りする機会を設けてくれた。

画等号 huà děnghào

等号で結ぶ；イコールにする。同等視する。"等号"は数学のイコールを表す符号。

例 文

这两篇文章的水平可以画等号。
この2篇の文章の出来は同等と見なすことができる。
两者并不能完全画等号。
両者は決して同等視することはできない。

换口味（儿） huàn kǒuwèi(r)

違う味のものに料理を替える；口直しをする。（出し物などの）趣向を変える。また，気分転換をする意にも。"口味（儿）"は食べ物の味，好み。

例 文

今天下午我想换换口味儿逛逛书店。
きょうの午後は気晴らしに本屋をのぞいてみたい。

换汤不换药 huàn tāng bù huàn yào

（薬を煎じる際に）湯は取り換えても薬は換えない；名前・形式だけは変えても実質には変わりがないことのたとえ。名は変われども中身は同じ。二番煎じ。

例 文

招牌换了，内里没变，简直是换汤不换药！
看板は変わったが，中身は変わっていない。これでは「湯は換えても薬は換えず」ではないか。
这种换汤不换药的办法，根本解决不了问题。
こんなうわべだけ変えるやり方では，まったく問題を解決できない。

慌了手脚 huāngle shǒujiǎo

手足をばたつかせる；慌てふためくさま。じたばたする。てんてこ舞いする。

例 文

你要做好准备，免得事到临头慌了手脚。
その場になってじたばたしないで済むように，ちゃんと準備しておきなさい。

回老家 huí lǎojiā

生まれ故郷に帰る；死を遠回しにいう。あの世に行く。時に揶揄（やゆ）を込めていう。
おだぶつになる。

例 文

她病得很重，恐怕不久就要回老家了。
彼女は病気がとても重いので，おそらくもうすぐあの世に行ってしまうだろう。

这个安眠药药劲儿很大。如果过量，第二天就会回老家的。
この睡眠薬は効き目がとても強い。のみ過ぎたら，明くる日はあの世行きだ。

混饭吃 hùn fàn chī

どうにか飯にありつく；いいかげんな事をしてなんとか生計を立てる。"混"はいいかげん
にごまかす，お茶を濁す。

例 文

他在市政府当门卫，混碗饭吃。彼は市役所の門番として，何とか飯を食っている。

混日子 hùn rìzi

ぶらぶらしていいかげんに日を過ごす；その日暮
らしをする。無為に日を送る。

📖 "混一日过一日"（hùn yī rì guò yī rì）とも。

例 文

他没有长远目标，得过且过地混日子。
彼はさきざきの目標もなく，場当たり的にその日
暮らしをしている。

活见鬼 huójiànguǐ

生きながらにして幽霊に出会う；ありえないことが起こる。
さても奇妙な。はてさて面妖な。

📖 単に"见鬼"（jiànguǐ）とも。

例 文

书明明放在桌子上，怎么忽然不见了，真是活见鬼了。
本は確かに机の上に置いたのに，突然消えてしまった，何とも
不思議なことよ。

火冒三丈高 huǒ mào sān zhàng gāo

怒りの炎が高く燃え上がる；激しい怒りの形容。烈火のごとく怒る。怒りが爆発する。かっとなる。"三丈"の"三"は数が多いことをいう。

📖単に"火冒三丈"（huǒmàosānzhàng）とも。また"火冒三尺"（huǒmàosānchǐ），"火冒八丈"（huǒmàobāzhàng），"火冒八丈高"（huǒ mào bā zhàng gāo）などとも。

例 文

猫打碎了碟子，气得她火冒三丈高。

猫がお皿を割ってしまったので，彼女はかっとなって怒った。

火烧眉毛尖 huǒshāo méimaojiān

まゆ毛を焦がすほど火が迫っている；足元に火がつく。

📖単に"火烧眉毛"（huǒshāo-méimao）とも。

例 文

这是火烧眉毛尖的事儿，别这么慢条斯理的。

これは一刻の猶予も許されない事態だ，何を悠長に構えているのか。

和稀泥 huò xīní

泥をこねる；いいかげんに事を収める。

例 文

我们一定要坚持原则，千万不能和稀泥。

われわれは原則を維持すべきで，断じていいかげんに丸く収めるようなことをすべきでない。

鸡蛋里挑骨头 jīdàn li tiāo gǔtou

卵の中から骨を探す；毛を吹いて疵（きず）を求む。

例 文

他总是用鸡蛋里挑骨头的态度对待部下。

彼はいつもわざとあら探しをするような態度で部下に接する。

挤牙膏 jǐ yágāo

練り歯磨きをチューブから搾り出す；(強いられて)
ぽつりぽつりと小出しに話す。しぶしぶ本音を吐く。

例文

把你的罪行全部交待出来，不要像挤牙膏似的。

そんなふうに出し惜しみしていないで，洗いざらい罪を白状するんだ。

见不得人 jiànbude rén

人に見せるわけにはいかない；人前に出せない。顔向けできない。

例文

这又不是什么见不得人的事，干吗要藏着掖着的?

これはなにも人に見せられない事ではないのに，どうしてこそこそ隠し立てをしようとす
るのか。

见风就是雨 jiàn fēng jiù shì yǔ

風が吹いただけで雨が降ると決め込む；早合点する。
軽率に判断し行動することのたとえ。

📖成語 "听风是雨"(tīngfēng-shìyǔ)に同じ。

例文

刚提了点儿头儿，你就见风就是雨，马上闹着要去。

まだ話を始めただけなのに，きみは早合点してすぐ行
くと騒いでいる。

见世面 jiàn shìmiàn

世間を知る；(外へ出て) 経験を積む，見聞を広
める。

📖 "经风雨，见世面"(jīng fēngyǔ, jiàn shìmiàn)
とも。

例文

这次到外地出差，我的确见了不少世面。

今回よその土地へ出張して，わたしは確かに広
く世間を知ることができた。

将一军 jiāng yī jūn

王手を掛ける；相手を追い詰める。難題をもちかけて困らせる。

📖中国将棋で相手の"将"(jiàng)または"帅"(shuài)を攻めて動かざるをえないようにすることから。

例 文

你这样做，等于是给我将了一军。

きみがそんなふうにするのは，ぼくを追い詰めることにほかならない。

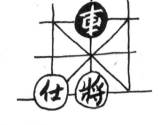

交白卷（儿）jiāo báijuàn(r)

白紙答案を出す；任務がまったく果たせないことのたとえ。お手上げである。

例 文

我已经做好了充分的准备，到时候肯定不会交白卷儿的。

もう十分準備ができているので，期限までに達成できないなんてことはありえません。

你交代的事一样也没有办成，我只好交白卷儿了。

きみに任された仕事はどれ一つ成し遂げていない，ぼくはもうお手上げだ。

嚼舌头 jiáo shétou

口から出まかせを言う；人の悪口を言う。無責任なうわさ話をする。また，つまらぬ事で言い争いをする意にも。

📖"嚼舌根"(jiáo shégēn) とも。

例 文

她爱背后嚼舌头。彼女は陰でうわさ話をするのが好きだ。

我没工夫跟你嚼舌头。きみと口争いをしている暇はない。

绞尽脑汁 jiǎojìn nǎozhī

脳みそを絞る；ありったけの知恵を出す。精一杯考える。知恵を絞る。頭をひねる。思案を巡らす。

📖単に"绞脑汁"(jiǎo nǎozhī) とも。

例 文

他为写这份报告，可绞尽了脑汁。

彼はこのレポートを書くのに，四苦八苦した。

脚踩两只船 jiǎo cǎi liǎng zhī chuán

二隻の船にまたがる；二股をかける。

📖 "脚踏两只船"（jiǎo tà liǎng zhī chuán）とも。

例 文

知道他脚踏两只船后，两个女朋友都跟他提出了分手了。
彼が二股をかけていることを知って，ガールフレンド
はふたりとも彼と手を切ると言った。

脚丫子朝天 jiǎoyāzi cháotiān

両足を上げてあおむけにひっくり返る；極めて忙しいことをいう。忙しくててんてこ舞い
する。"脚丫子"は方言，"脚"（足，足首から先）に同じ。"朝天"は上を向く。

📖 "脚步丫子朝天"（jiǎobùyāzi cháotiān），"脚后跟朝天"（jiǎohòugēn cháotiān）とも。

例 文

今天的工作太多了，我忙得脚丫子朝天。きょうは仕事が多すぎて，忙しくてお手上げだ。

揭不开锅 jiēbukāi guō

鍋のふたが開けられない；食べていけないほど貧乏をする。三度の食事にも事欠く。

例 文

家里都穷得揭不开锅了，哪有钱供你留学？
その日の食事にも困っているというのに，おまえを留学させるお金なんてどこにあるとい
うのだ。

家里揭不开锅了，你还不快去想想办法？
おひつが空っぽだというのに，まだ手立てを考えられないの？

揭盖子 jiē gàizi

ふたをあける；内情を暴く。矛盾や問題点をはっきりさせる。

例 文

我们要揭盖子，不能捂盖子。
われわれは真相をはっきりさせるべきで，覆い隠してはなら
ない。

要真正解决问题，就得彻底揭开盖子。
真に問題を解決するには，徹底的に問題点を洗わなければならない。

揭老底（儿）jiē lǎodǐ(r)

内情を明らかにする；過去を暴く。旧悪を暴露する。"**老底（儿）**"は（事物の）内情，内幕，（人の）旧悪。

例文

如果经理辞退我，我就把他的老底儿揭出来。

社長がぼくを首にすると言うなら，彼が昔やった悪事をばらしてやる。

你不该这样对待朋友，为什么在大家面前揭我的老底儿？

きみ，そんなふうに友人を扱うのはよくないよ。どうしてみんなの前でぼくの過去を暴くのかね。

揭面纱 jiē miànshā

ベールを剥ぐ；真相を暴く。"**揭**"は剥ぐ，剥がす。"**面纱**"は（女性の顔や頭を覆う）ベール。転じて，物事の真相を覆い隠すもののたとえ。

例文

经过漫长的岁月，他终于揭开了那张神秘的面纱。

長い歳月を費やして，彼はついに真相を覆い隠していたベールを剥ぎ取った。

结秦晋之好 jié Qín-Jìn zhī hǎo

秦晋（しんしん）の好（よしみ）を結ぶ；縁組を結ぶ。

📖 春秋時代，秦（今の陕西省）と晋（今の山西省）の両国の君主が代々婚姻関係を結んだことから。

井水不犯河水 jǐngshuǐ bù fàn héshuǐ

井戸の水は川の水を妨害しない；おのおのその分を守り，他を侵さない。互いに相手の領分を侵さない。お互いに干渉しない。

📖 "**河水不犯井水**"（héshuǐ bù fàn jǐngshuǐ）とも。

例文

咱们井水不犯河水，各扫自己门前雪吧。

互いに相手の領分を侵さず，おのれの分を守ろう。

九牛二虎之力 jiǔ niú èr hǔ zhī lì

九頭の牛と二匹の虎に匹敵するほどの力；普通では考えられな
いほどの大きな力。非常に強い力。大力（たいりき）。ばか力。

> 例 文

他费了九牛二虎之力才把这个问题解决。
彼は九牛二虎の力を発揮して，ようやくこの問題を解決した。

决雌雄 jué cíxióng

雌雄（しゆう）を決する；戦って勝ち負けを決め
る。優劣を決める。"雌雄"は動物のめすとおす。
転じて，勝敗，優劣。

> 例 文

他们在赛场上一决雌雄。
彼らは競技場で雌雄を競っている。

开倒车 kāi dàochē

車をバックさせる；時代に逆行する。逆コースをたどる。

> 例 文

要顺应历史潮流，不能开倒车。歴史の流れに従うべきで，逆行してはならない。
不要妄图开历史的倒车。歴史の歯車を逆転させようともくろんではならない。
这种开倒车的行为不得人心。こういう時代に逆行する行為は人心を得ることができない。

开顶风船 kāi dǐngfēngchuán

向い風を受けて船を進める；困難を乗り越えて仕事を進めることのたとえ。

> 例 文

我们要有开顶风船的勇气，在求知的路上勇往直前。
われわれは逆風を受けて船を進める勇気をもって，真理探求の道を勇ましく歩まなければ
ならない。

开方子 kāi fāngzi

処方箋を出す；実情に応じた解決策を提示する。

开后门 kāi hòumén

裏口を開ける；職権を利用して便宜を与える。
コネや賄賂など不正な手段を用いて私利を図る。

例文

他来给局长送礼，为了让局长给自己开后门。
彼が局長に贈り物をしに来たのは，自分に便宜を図ってもらうためだ。
我们不能为少数人开后门，提供方便。
われわれは少数の人のために不正な取引をして，便宜を図ってはならない。
要杜绝开后门的歪风。裏口を使う悪習を断たなければならない。

开绿灯 kāi lùdēng

青信号を出す；事業や企画が順調に運ぶように便宜を
図る。ゴーサインを出す。

例文

不能为投机倒把等违法活动开绿灯。
闇取引などの違法行為を許認可してはならない。

开门红 kāiménhóng

新年早々縁起がよいこと；幸先よいスタートを切ることのたとえ。

例文

争取新学年开门红。新しい学年の幸先よいスタートを勝ち取ろう。

开小差（儿） kāi xiǎochāi(r)

もと，兵士が脱走する；持ち場を放棄する。また，心
がそこになく集中心を欠く意にも。うわの空である。

例文

全班同学都在认真听讲，唯独他在开小差。
クラスのみんなが熱心に授業を受けているのに，彼だ
けがまじめに聴いていない。
上课时，思想不能开小差儿。
授業中は精神を集中しなければならない。

开夜车 kāi yèchē

夜行列車を走らせる；夜なべする，徹夜する。

例 文

昨天我开了一个夜车，才把这篇稿子赶出来。

きのうわたしは一晩寝ないで，やっとこの原稿を仕上げた。

平时要好好学习，不要临考前开夜车。

普段しっかり勉強して，試験前に夜更かしすることのないように。

侃大山 kǎn dàshān

とりとめもなくおしゃべりをする。

📖 "砍大山" とも書く。北京方言。

例 文

他们没事就凑在一起侃大山。

彼らは暇があると集まってよもやま話に興じる。

他俩又趁着酒劲儿侃大山呢。

あのふたりは酔いが回ってまた大風呂敷を広げている。

看热闹 kàn rènao

にぎわいを見物する。また，騒ぎや他人が難儀しているのを傍観する。

例 文

咱们到庙会去看热闹吧。

縁日のにぎわいを見物しに行こうよ。

人家遇到了难处，他却在一旁看热闹。

人が難儀しているのに，彼はそばで眺めている。

看走眼 kànzǒuyǎn

見誤る；いいかげんに見て誤った判断をする。見損なう。

📖 語の構造は "走眼" が "看" の結果補語である。

例 文

你看走眼了吧。 あなたの見間違いでしょう。

慷他人之慨 kāng tārén zhī kǎi

人の金で気前よく付け届けをしたり，派手にふるまったりする。

例文

那些人心疼自己的钱，总是慷他人之慨。

あの連中は自分の懐を痛めずに，いつも人の金で派手にふるまっている。

靠边儿站 kàobiānr zhàn

脇に寄って立つ；閑職に追いやられる。また，手出ししない，介入しない意にも。

例文

他已经靠边儿站两年了。彼は窓際に追いやられて2年になる。

别再请示我，我已经靠边儿站了。

これ以上ぼくに聞かないでくれ，ぼくはもう脇に退いたのだから。

你没有资格谈这事儿，靠边儿站吧。

きみはこの件に口を出す資格はないのだから，よけいな口を挟まないでくれ。

靠谱儿 kào//pǔr

道理にかなっている。

例文

他说话太不靠谱儿。彼の話は著しく常軌を逸している。

啃老族 kěn lǎozú

親の脛（すね）をかじる。

例文

他毕业快三年了，还在当啃老族。

彼は卒業してもうすぐ3年になるというのに，まだ親の脛をかじっている。

啃硬骨头 kěn yìng gǔtou

硬い骨をかじる；非常に困難な仕事に恐れずに取り組む。

例文

困难再大，我们也要啃下这块骨头。どんなに困難でも，われわれはこの仕事に取り組まなければならない。

口服心不服 kǒu fú xīn bù fú

口先では服従するが，腹では承服していない。

📖 "心服口服"（xīnfú-kǒufú－心服する）に対して。

> 例文

我说破了嘴，讲了半天，你是口服心不服。

ぼくは口を酸っぱくして長いこと話したのに，きみは口先だけで心からは承服していない。

扣帽子 kòu màozi

帽子をかぶせる；ある人物や事物に一面的な評価を与える。一方的に悪い評価を下す。レッテルを貼る。悪名を着せる。罪をなすりつける。

> 例文

别随便给人扣"修正主义"的帽子。

やたらに人に「修正主義」のレッテルを貼ってはならない。

快刀斩乱麻 kuàidāo zhǎn luànmá

快刀乱麻を断つ；（切れ味のよい刀剣で乱れもつれた麻を切るように）もつれた物事をきっぱり処断・解決する。

> 例文

事情即已迫在眉睫，只有快刀斩乱麻，才能解决问题。

事がすでに目前に迫っているからには，てきぱきと手際よく片づけない限り，問題を解決できない。

拉长脸 lācháng liǎn

顔を長くする；不機嫌な顔をすることのたとえ。ふくれ面をする。仏頂面をする。

拉长线 lā chángxiàn

長い釣り糸を垂れる；じっくり構えて大きな収穫を狙う。

📖 "放长线，钓大鱼"（fàng chángxiàn, diào dàyú）に同じ。

拉大旗，作虎皮 lā dàqí, zuò hǔpí

大きな旗を掲げて虎の皮の代わりにする；見せかけ
だけもっともらしく見せて人を脅したりだましたり
する。はったりをきかす。こけおどしをする。

例文

广告上明明写着有好几位有名的教授授课，其实不过
是拉大旗，作虎皮。

広告には何人もの有名な教授が講義をするとはっき
り書いてあるが，実は見せかけにすぎない。

拉关系 lā guānxi

関係を結ぶ；コネをつける。コネを作る。

例文

他这个人社交能力很强，很会拉关系。

あの男は社交術にたけていて，人脈を作るのがなかなか上手だ。

拉锯战 lājùzhàn

シーソーゲーム；一進一退の戦い。

📖 "拉锯" は両方向から交互にのこぎりを引く意。

例文

这场比赛成拉锯战了。この試合はシーソーゲームになった。

拉山头 lā shāntóu

党派・派閥を作る；集団の中で別に一派を作る。

例文

在党内不允许拉山头、搞宗派活动。党内で徒党を組んで分派活動を行うのは許さない。

拉下脸 lāxià liǎn

不機嫌な顔つきをする。

例文

他听了这句话，立刻拉下了脸。彼はこの話を聞くと，すぐさま機嫌を悪くした。

拉下马 lāxià mǎ

馬から引き下ろす；（権力者などを）その地位から引きずり下ろす，失脚させる。

例文

把贪官污吏拉下马。賄賂を貪る悪徳官吏を引きずり下ろす。

找个真凭实据给他看，把他拉下马。
動かぬ証拠を突きつけて，彼を屈服させた。

捞稻草 lāo dàocǎo

（水におぼれかけている人が）わらをつかむ；せっぱ詰まって無駄なあがきをする。わらにもすがる。悪あがきをする。

例文

快要溺水的人，连一根稻草也想捞。
溺れる者はわらをもつかむ。

捞外快 lāo wàikuài

正規外の収入を得る；臨時収入を得る。余禄を得る。役得にあずかる。

📖 "捞外水"（lāo wàishuǐ）とも。

例文

一些人对他夜里兼职捞外快的事，极为不满。
一部の人は彼が夜間に掛け持ちしていることに対して，はなはだ不満を抱いている。

老掉牙 lǎodiàoyá

老いて歯が抜ける；古ぼけている，時代遅れである。

例文

这辆老掉牙的汽车该进博物馆了。このおんぼろ自動車はそろそろ博物館入りだ。

这些老掉牙的陈腐之言早就没有人相信了。
こういう時代遅れの陳腐な話はとっくに誰も耳を貸さなくなっている。

老古董 lǎogǔdǒng

骨董品；時代遅れの人や物のたとえ。

例文

他是个老古董。彼は時代遅れの頑固者だ。

老狐狸 lǎohúli

年老いた狐（きつね）；経験を積んでずる賢い人。古だぬき。

例文

这个人很狡猾，是个老狐狸，你可小心点儿。この男はとてもずる賢い，古だぬきってやつだ。きみも気を付けるんだよ。

雷声大，雨点小 léishēng dà, yǔdiǎn xiǎo

雷鳴は大きいが，雨粒は小さい；口ばかりで行動が伴わないことのたとえ。

例文

他做事雷声大，雨点小，真让人不放心。
彼の仕事ぶりは掛け声ばかりで実行が伴わないから，安心できない。

离谱儿 lí//pǔr

歌い方が楽譜から外れている；(言葉や行いが) 常軌を逸している，並外れである，ピント外れである。

例文

这种说法太离谱儿了！そんな言い方はないだろう！

撂挑子 liào tiāozi

担ぎ荷を放り出す；仕事を途中で投げ出す。"撂"は投げ出す。"挑子"は天秤棒とその両端につるした荷。

例文

你怎么可以因为这件小事就随便撂挑子呀！
きみ，こんなちっぽけな事でさっさと仕事をおっぽりだすのはよくないよ。
决不能一不高兴就撂挑子。
面白くないからといって，決してすぐさま仕事を投げ出すものではない。

留后路（儿） liú hòulù(r)

逃げ道を作っておく。

例文

为防万一，事先要留条后路。万一に備えて，前もって逃げ道を作っておかなければならない。

留尾巴 liú wěiba

しっぽを残す；物事の処理が不完全で後に問題を残すことのたとえ。

例文

工程要按期搞完，不能留尾巴。工事は期限内に完成すべきで，やり残しは許されない。

露马脚 lòu mǎjiǎo

馬脚を現す；取り繕っていた正体が現れる。
📖 "马脚"は芝居で役者が扮装した馬の足。

例文

说谎早晚总会露马脚。うそをつけばいずれは馬脚を現すことになる。

露一手 lòu yīshǒu

腕前を見せる；実力を披露する。

例文

他唱歌唱得真不错，每次联欢会总要露一手。
彼は歌がたいへん上手で，交歓会のたびに喉（のど）を聞かせる。

骂大街 mà dàjiē

屋外で大声でののしって近所の人に訴える；大勢の前でやた
らと悪口を言う。
📖 単に"骂街"（mà//jiē）とも。

例文

两口子打架，男的最怕女的骂大街。
夫婦げんかをして女房が屋外で大声でわめきたてるのを，亭
主はいちばん恐れる。
她骂了半天大街。彼女は外でさんざんわめきたてた。

买关节 mǎi guānjié

賄賂を使う；金銭で要路の人を買収する。"关节"は関節，キーポイント，肝心かなめのところ。旧時，役人に賄賂を贈って話をつけることを指した。

例文

他到处买关节，为儿子开脱罪责。
息子を罪から逃れさせるために，彼はあちこちに賄賂を贈った。

卖关子 mài guānzi

もったいぶって興味をつなぐ；（自分の要求を相手に飲ませるために）思わせぶりをする。もと，講釈師が話が山場に来たところでやめ，聞き手の興味を次回につなぐことを指した。

例文

他故意卖了个关子，把快要办成的事撂到一边去了。
彼はわざともったいぶって，まもなく完成する仕事をわきにほっぽらかした。
不要卖关子，快说吧！もったいぶらないで，さっさと話しなさいよ。

卖力气 mài lìqi

精一杯やる，一生懸命働く。また，肉体労働で生計を立てる意にも。
📖 単に"卖力"（màilì）とも。

例文

他干活真卖力气。彼は本当によく働く。
他很穷，靠卖力气过日子。彼はとても貧しく，肉体労働で生計を立てている。

满堂红 mǎntánghóng

全面的に勝利すること，すべての面で首尾よく事が運ぶことのたとえ。
📖 原義は祝い事の際に部屋中を照らした色絹を張った灯籠や燭台。

例文

我国乒乓健儿又来了个满堂红。
我が国の卓球選手はまたも完全勝利を収めた。

没二话 méi èrhuà

異存はない；異議を申し立てない。あれこれ言わない。"二话"は次の言葉，異議，異存，文句。

📖 "没有二话"（méiyǒu èrhuà），"无二话"（wú èrhuà）とも。

例 文

尽管吩咐就是了，我决没二话。
何でもお申しつけくださって結構です，決して異存はございません。

二话没说，他全都答应了。四の五の言わずに，彼はすべて承諾した。

没架子 méi jiàzi

偉そうにしない；尊大ぶったところがない。偉ぶらない。"架子"はもったいぶった様子，偉そうな態度。

例 文

新来的领导平易近人，一点儿架子都没有。新任の上司はとても親しみやすく，少しも偉ぶったところがない。

没头脑 méi tóunǎo

思慮が浅く頭がぼんやりしている；考えがあまりに単純すぎる。物の道理がわからない。また，事情がわからない，手がかりが得られないことのたとえにも。

例 文

做那样的事，真是太没头脑了！
あんな事をするなんて，まったくばかげている。

他尽说些没头脑的话。彼はわけのわからないことばかり言う。

没影儿 méi//yǐngr

（姿かたちが）見えなくなる；跡形もなく消えうせる。また，（うわさなどに）根拠がないこと，根も葉もないことをいう。

例 文

等我追出门，他早跑得没影儿了。
わたしが後を追って出たところ，彼はとっくに姿を消していた。

这是没影儿的瞎话。それは根も葉もないうそっぱちだ。

眉毛胡子一把抓 méimao húzi yī bǎ zhuā

眉毛とひげとをいっぺんにつかむ；物事の軽重・順序を
考えずに十把（じっぱ）ひとからげに扱う。みそもくそ
も一緒くたにする。

例文

工作越忙，越要加强计划性，不能眉毛胡子一把抓。
仕事が忙しくなればなるほど計画性を高めるべきで，無
計画にやみくもに進めてはならない。

蒙在鼓里 méngzài gǔli

太鼓の中に閉じ込める；局外者の立場に置かれて内部の詳しい事情を一切知らされないこ
とをいう。蚊帳（かや）の外に置かれる。

例文

这件事大家都知道了，只有他还被蒙在鼓里。
この件はみんな知っているのに，彼だけが蚊帳の外に置かれたままだ。
你们不应该再让他蒙在鼓里了。
きみたちはこれ以上彼をのけ者にしておいてはいけません。

面和心不和 miàn hé xīn bù hé

表面は仲良さそうにしているが，内心はそうではな
い。；外面と内心が異なっている。

例文

他们俩表面上和和气气，但其实是面和心不和。
あのふたりはうわべは和気あいあいとしているが，
心のうちではいがみあっている。

摸不着头脑 mōbuzháo tóunǎo

糸口がつかめない；事情がさっぱりわからない。ちんぷんかんぷんである。"头脑"は糸口，
手がかり。

例文

我刚来不久，对这件事摸不着头脑。
わたしは来たばかりで，この件については皆目わかりません。

摸着石头过河 mōzhe shítou guò hé

石を探りながら川を渡る；手探りしながら慎重に
事を行う。

例文

我们是新来的，做什么事都得摸着石头过河。

わたしたちは来たばかりですから，何事も手探りしながら進めなければなりません。

磨洋工 mó yánggōng

わざと時間を引き延ばして，だらだらと仕事をする；仕
事を怠ける。サボタージュする。油を売る。

📖 解放前，外国資本の工場で働いていた労働者が，サボ
タージュ戦術としてだらだらと仕事をしたことから。

例文

不要磨洋工，好好儿干！

怠けていないで，まじめにやるんだ。

他还没有回来？大概又在路上磨洋工了。

彼はまだ戻らないって？おおかた途中で油を売っているのだろう。

磨嘴皮子 mó zuǐpízi

唇をすり減らす；無駄口を利く，口うるさく言う。また，言い争いをする意にも。"嘴皮子"
は唇，口の利き方。

📖 "磨嘴"（mó//zuǐ），"磨牙"（mó//yá）とも。

例文

干活就好好儿干活，别老磨嘴皮子。

仕事の時は仕事だ，いつまでもおしゃべりばかりしていないで。

你别跟他磨嘴皮子了。彼と言い争うのはよしなさい。

末班车 mòbānchē

終電車，最終バス；最後の機会，ラストチャンス。

例文

开往去北京站的末班车什么时候开？北京駅行きの最終バスは何時に出ますか。

你可别错过末班车。最終バスに乗り遅れないように。／最後のチャンスを逃さないように。

莫须有 mòxūyǒu

ありもしない。『宋史』岳飛伝に見える秦檜の語で，もとの意味は，「あるかもしれない」であるが，転じて，"莫须有的罪名"（でっちあげの罪名）のように使われる。

例 文

他总是以莫须有的罪名陷害反对自己的人。
彼はいつもぬれぎぬを着せて，自分に反対する人を陥れる。
莫须有的罪名实在可怕。
でっち上げの罪名を着せられるのはじつに恐ろしい。

哪壶不开提哪壶 nǎ hú bù kāi tí nǎ hú

人の嫌がることをさらに話題にする；痛いところに触れる。"壶"はやかん・ポットの類。"开"は（湯が）沸く。

📖 "哪…哪…"の呼応表現で，直訳すれば「沸いていないやかんがあれば，そのやかんを選ぶ」となる。

例 文

你怎么哪壶不开提哪壶呀？ きみはどうして人の嫌がることばかり話そうとするのか。

哪阵风吹来了 nǎ zhèn fēng chuīlái le

どういう風の吹き回しでここに来たのか。めったに会えない珍しい客が訪ねてきた時などに使う。

📖 "哪阵风"は"什么风"（shénme fēng），"吹来"は"刮来"（guālái）とも。

例 文

啊！是你！哪阵风把你吹来了？
おや，きみだったのか。いったいどういう風の吹き回しでここに？

闹笑话(儿) nào xiàohua(r)

笑い者になる；恥をかく，しくじる。

例 文

我刚到广州来的时候，因为不懂广东话，常常闹笑话。
広州に来たばかりの頃，広東語がわからないために，わたしはしょっちゅう恥をかいた。

捏一把汗 niē yī bǎ hàn

手に汗を握る；極度に緊張することのたとえ。はらはら
する。"把"は"汗"（あせ）を数える量詞。

📖 "捏一把冷汗"（niē yī bǎ lěnghàn）とも。

例文

他们俩捏着一把汗看热闹。

あのふたりははらはらどきどきしながら見物している。

捏着鼻子 niēzhe bízi

鼻をつまんで；がまんして，しぶしぶ（…する）。

例文

明知此事不妥，可又不得不捏着鼻子干。

この仕事は適当ではないとよくわかっているが，やむをえずがまんして引き受けないわけ
にはいかない。

这件事，他是捏着鼻子给你办的。

この件は，彼がいやいやながらあなたのためにやってくれたのだ。

牛头不对马嘴 niútóu bù duì mǎzuǐ

牛の頭は馬の口と合わない；問いと答えがかみあわ
ないこと，話のつじつまが合わないことのたとえ。

📖 "驴唇不对马嘴"（lúchún bù duì mǎzuǐ）とも。

例文

这个比方打得不妥当，有点儿牛头不对马嘴。

このたとえはなにやら木に竹を接（つ）いだようで，
どうもしっくりこない。

爬格子 pá gézi

原稿用紙のマス目をひとマスひとマス埋める；熱心に
執筆する形容。"爬"ははう。ここでは筆を進める意。

例文

夜已深了，他还在爬格子。

夜も更けたのに，彼はまだ執筆を続けている。

拍马屁 pāi mǎpì

馬の尻をたたく；おべっかを使う。ご機嫌をとる，阿諛
（あゆ）追従する。

📖 単に"拍马"（pāimǎ）とも。一説に相手の馬をほめ
るときに馬の尻をたたくところからと。

例 文

他可真会给领导拍马屁。

彼は上役におべっかを使うのがじつにうまい。

拍胸脯（儿） pāi xiōngpú(r)

胸をたたく；自信をもって承諾する，責任をもって保証する
というときの動作。

例 文

没有十分的把握，谁敢拍胸脯儿。

十分な自信がなければ，誰も保証はしません。

你敢拍胸脯儿，我就放心了。

あなたが保証してくださるなら，わたしは安心できます。

攀高枝儿 pān gāozhīr

高い枝によじ登る；社会的地位の高い人と交際したり姻籍関
係を結んだりしようとする。権勢者に取り入る。

📖 "爬高枝儿"（pá gāozhīr）とも。

例 文

她从来没想过要攀高枝儿。

彼女は玉の輿（こし）に乗ろうなどと考えたことはなかった。

跑断腿 pǎoduàn tuǐ

足がすりへるほど奔走する；物事がうまく運ぶようにあちこち駆けずり回る。

例 文

这几天他为了创办公司而东奔西跑腿都快跑断了。

ここ何日か，会社設立のためにあちこち駆けずり回ったので，彼は足が棒になってしまい
そうだ。

跑龙套 pǎo lóngtào

"龙套"の役を演じる；他人の下で大して重要で
ない仕事をする。使い走りをする。下働きをする。
📖 "龙套"は竜の模様のついた衣裳。旧劇でこ
れを着て大将の旗持ちの役を演じた。

例文

他是个跟着别人跑龙套的角色。
彼は人の後について使い走りをする程度の器（うつわ）だ。

跑买卖 pǎo mǎimai

商売で駆けずり回る；他郷に旅して商売をする。行商する。
📖 "跑生意"（pǎo shēngyi）とも。

例文

他父亲是跑买卖的。彼の父は行商人だ。
他从小就跟着他爸爸跑买卖。
彼は小さい頃から父親について商売で各地を回った。

泡蘑菇 pào mógu

だらだらと時間をつぶす；サボって油を売る。また，故意にからむ，まとわりつく意にも。
📖 原義はシイタケを長い時間水に浸す意。

例文

别泡蘑菇了，快点儿干活儿吧。だらだらと怠けていないで，さっさと仕事をしなさい。
你别跟我泡蘑菇，我还有要紧的事要做。
わたしにまとわりつかないでおくれ，わたしはまだやらなければならない大事な仕事があ
るのだから。

赔老本（儿） péi lǎoběn(r)

資金や元手を損する；元手をする。
"赔"は商売で損をする意。"老本（儿）"は資金，元手。

例文

这趟买卖可是赔了老本儿。今回の取引は元手を切ってしまった。
我可不能做赔老本儿的买卖。ぼくは元手をするような商売はできない。

赔了夫人又折兵 péile fūren yòu zhébīng

計略が失敗したうえに大損を蒙ることのたとえ。

📖 『三国演義』第 54、55 回に見える故事から。呉の周瑜は当主孫権の妹をめあわすという口実を設けて劉備をおびきよせたが，諸葛孔明の策によって，まんまと夫人を蜀に連れ去られたうえ，これを追った孫権の兵も打ち破られてしまった。

碰钉子 pèng dīngzi

障害にぶちあたる；断られる，支障を来す，叱られる，肘鉄砲（ひじでっぽう）を食らう。"碰" はぶつかる。"钉子" は「くぎ」。転じて，障害，支障。

例 文

我请她一起去看电影，结果碰了个钉子。
彼女に一緒に映画を観に行かないかと誘ったが，結局は断られてしまった。

我在她那儿碰了个软钉子。ぼくは彼女にやんわりと断られた。

碰一鼻子灰 pèng yī bízi huī

ぶつかって鼻じゅう灰だらけになる；（歓心を買おうとしたが）拒絶されて大恥をかく。面目まるつぶれになる。

例 文

这种事还是不问为好，免得碰一鼻子灰。
恥ずかしい思いをしないで済むように，こういう事は聞かないほうがよい。

碰运气 pèng yùnqi

運を試す；運に任せてやってみる。

例 文

我也想买几张彩票碰碰运气。運試しにわたしも宝くじを何枚か買ってみたい。

皮笑肉不笑 pí xiào ròu bù xiào

うわべは笑っているが，心のうちでは笑っていない；おかしくもないのに，笑ってみせる。作り笑いをする，愛想笑いをする。

泼冷水 pō lěngshuǐ

冷や水を浴びせる；人の興をさまさせる。水をさす。やる気
を失わせる。

📖 "浇冷水"（jiāo lěngshuǐ）とも。

例 文

别怕有人泼冷水，坚持到底，总会成功的！

他人の邪魔立てなど気にしなさんな。頑張り続ければ，きっ
と成功するよ。

破天荒 pòtiānhuāng

破天荒（はてんこう）；前例のないこと，前例を破ること。これまで誰もしなかったことを
すること，一度も起こらなかったことが起こること。"天荒"は天地未開の混沌（こんとん）
とした状態，"破"はこれを破る意。

📖 科挙に一人も合格者のいなかった地から初めて合格者が出たことを言ったことから。

例 文

去年冬天这儿破天荒地下了一场大雪。昨年の冬，当地に珍しく大雪が降った。

前怕狼，后怕虎 qián pà láng, hòu pà hǔ

前方の狼を恐れ，後方の虎を恐れる；あれこれ考えて二の足
を踏む。肝っ玉が小さくてびくびくする。

📖 "前怕龙，后怕虎"（qián pà lóng, hòu pà hǔ）とも。

例 文

如果前怕狼，后怕虎，就什么事也做不成。

あれこれ考えて二の足を踏んでいたら，何事も成し遂げるこ
とができない。

墙倒众人推 qiáng dǎo zhòngrén tuī

塀が倒れようとすると皆が押し倒そうとする；落ち目になると周りがよってたかってばか
にすることのたとえ。

例 文

人家一犯错误，就墙倒众人推，这样很不好。

人が過ちを犯すと，みんなでいじめてかかるのは，たいへんよくない。

抢镜头 qiǎng jìngtóu

カメラの正面の位置を占める；人気を一身に集める。

📖 単に"抢镜"（qiǎng//jìng）とも。

例文

她是晚会上最抢镜头的人物。

彼女はパーティでいちばん人気のあった人物だ。

敲边鼓 qiāo biāngǔ

脇で太鼓をたたく；傍らから口を挟んで助勢する。たきつける。けしかける。

📖 "打边鼓"（dǎ biāngǔ）とも。

例文

这件事你出马，我给你敲边鼓。この仕事はきみが乗り出したまえ，ぼくが加勢するから。

大家敲了一通边鼓，老板终于同意了我们的提案。

みんなが傍らであおりたてたので，社長はついにわたしたちの提案を受け入れた。

敲门砖 qiāoménzhuān

門をたたくための煉瓦（れんが）；目的を達するための手段。

例文

他和你结婚并不是因为爱情，而是想把你当成他升职的敲门砖。

彼があなたと結婚するのは愛情からではなく，あなたを出世のための踏み台にしようとしているのです。

不能把学术研究当作敲门砖。学術研究を出世のための手段としてはならない。

敲竹杠 qiāo zhúgàng

言いがかりをつけて金品を強要する；ゆする，ぼったくる。

📖 旧時，アヘン取締り役人が竹筒をたたいて中に隠したアヘンを摘発して賄賂を要求したところから。

例文

一张门票几十块钱，明明是敲竹杠。

入場券一枚が数十元だなんて，明らかにぼったくりだ。

绕弯子 rào wānzi

遠回しに言う；回りくどく言う。

📖 "绕弯儿"（rào wānr）とも。

例 文

有话直说，别绕弯子。
話があるならはっきり言いなさい，持って回った言い
方をしないで。

你讲得太绕弯子不好理解。
きみの説明は回りくどくてわかりにくい。

惹乱子 rě luànzi

騒動を起こす；面倒を起こす。災いを招く。
"惹"は（よくない結果・事態を）引き起こす。
"乱子"は面倒，騒ぎ，悶着（もんちゃく）。

例 文

他又惹了个大乱子。
彼はまた大きな騒動を引き起こした。

惹是非 rě shìfēi

悶着（もんちゃく）を起こす；面倒や争いを引き起こす。物議をかもす。

例 文

不要在外地惹是非。よその土地で面倒を起こさないように。

热锅上的蚂蚁 règuō shàng de mǎyǐ

熱い鍋の上の蟻（あり）；あわてふためくさま，焦っていらいらするさま。居ても立っても
いられない。

📖 "热锅上的蚂蚁 —— 急得团团转"という歇後語（しゃれ言葉）から。
"急得团团转"（jíde tuántuánzhuàn）は，（忙しさのあまり，あるいは慌てふためいて）き
りきり舞いするさま，てんてこ舞いするさま。

例 文

你像热锅上的蚂蚁似的来回跑，到底是怎么了？
きみ，そんなにあたふたと駆けずり回ってどうしたんだい？

人不知，鬼不觉 rén bù zhī, guǐ bù jué

人に気づかれないように，ひそかに事を行うことのた
とえ。

📖 "神不知，鬼不觉"（shén bù zhī, guǐ bù jué）とも。

> ［例文］
> 人不知，鬼不觉，小猫在偷吃冰箱里的鱼。
> こっそりと気づかれないように，子猫は冷蔵庫の中の
> 魚を盗んで食べた。

软刀子割肉 ruǎndāozi gē ròu

軟らかい刀で肉を切る；気づかれないやり方で人を痛めつけ
る。陰険な方法や手段で人を攻撃する。真綿で首を絞める。

📖 "软刀子扎人"（ruǎndāozi zhā rén）とも。

> ［例文］
> 他总是玩弄软刀子割肉的手段陷害反对自己的人。
> 彼はいつも陰険な手段を用いて自分に反対する人を陥れる。

撒手锏 sāshǒujiǎn

最後の切り札，奥の手。

📖 "杀手锏"（shāshǒujiǎn）とも。"锏"は4つの稜（かど）のある鞭（むち）状の武器。
"撒手锏"は旧小説などで，双方が戦っている時，一方がこれを不意に手裏剣のように相
手に投げつけて勝敗を決した。

塞红包 sāi hóngbāo

賄賂を贈る；袖の下を使う。

📖 "红包"は赤い紙や布に包んだ祝儀のこと。転じて，賄賂をいう。"塞"は（むりやり
に）押し込む。

三步并做两步 sān bù bìngzuò liǎng bù

（三歩を二歩にして）大急ぎで歩く，急ぎ足で歩く。

📖 "三步并两步"（sān bù bìng liǎng bù），"三步并着两步"（sān bù bìngzhe liǎng bù）とも。

三寸不烂之舌 sān cùn bù làn zhī shé

三寸不爛（ふらん）の舌；巧みな弁説のたとえ。三寸の舌。

📖 単に "三寸舌"（sāncùnshé）とも。『史記』留侯世家に "以三寸舌为帝者师"（三寸の舌を以て，帝者＝王者，すなわち漢の高祖の師となる）とある。

三天打鱼，两天晒网 sān tiān dǎ yú, liǎng tiān shài wǎng

三日漁をし，二日網を干す；物事を続けてやらないことのたとえ。三日坊主。

例文

要是三天打鱼，两天晒网，那么无论干什么都干不好。
三日坊主で長続きしないようでは，何事も成し遂げられない。

三下五除二 sān xià wǔ chú èr

極めて容易なことのたとえ；造作（ぞうさ）もない。

📖 旧式の珠算の九九の一種。（3 あるいは 4 に）3 を足すには 5 の珠を下ろして下の珠を 2 個除くことをいう。

杀人不见血 shā rén bù jiàn xiě

人を殺して血を流すところを見せない；陰険・悪辣な方法で人を殺す。

📖 "杀人不用刀"（shā rén bù yòng dāo）とも。

例文

电子烟雾是一把杀人不见血的软刀子。
電子タバコの煙はじわじわと人の命を縮める刀だ。

煞风景 shā fēngjǐng

景観を損なう；場をしらけさせる。殺風景である。

📖 "杀风景" とも書く。

例文

美丽的风景区到处都是垃圾，大煞风景。
美しい風致地区がどこもかしこもゴミだらけで，まったく興ざめだ。

伤脑筋 shāng nǎojīn

頭を痛める；うまく処理できないで困る。扱い切れず持て余す。
てこずる。

例文

这件事真叫人伤透了脑筋！ この事はまったくもって頭が痛い。
她在为孩子的事儿伤脑筋。彼女は子どものことで頭を悩ましている。

上刀山下火海 shàng dāoshān xià huǒhǎi

剣の山に登り，火の海に飛び込む；いかなる苦難も恐れない。いかなる犠牲も惜しまない。

例文

只要是有意义的工作，哪怕是要我上刀山下火海，我也干。
やりがいのある仕事でさえあれば，どんなに苦労しても，わたしはやる。

上台阶 shàng táijiē

階段を上がる；新たな段階に達する。向上する。

例文

今年粮食产量又上台阶了。
ことしの穀物生産量がまた向上した。
祝愿同学们身体健康、学习成绩再上台阶。
皆さんの健康と学習成績の更なる向上をお祈り
します。

上贼船 shàng zéichuán

盗賊船に乗り込む；盗賊団に加わる。悪党の
仲間入りをする。悪事に手を染めることのた
とえ。

例文

他早就上了贼船。
彼はとっくに悪事に足を突っ込んでいる。
他竟然被骗上了贼船。
なんと彼はだまされて悪党の仲間入りをし
てしまった。

174

烧高香 shāo gāoxiāng

神仏に長い線香を上げて願（がん）ほどきのお礼をする；
願いがかなって満足至極である。願ったりかなったりであ
る。ありがたいことである。

例文

只要儿子没灾没病地回来，我就算烧高香了。
子どもが災害にも遭わず病気もせずに帰ってきてくれさ
えすれば，わたしは何も言うことはありません。

您要真肯出力相助，我就给您烧高香了。
あなたが本当にお骨折りくださるなら，わたしは心から感謝申し上げます。

舍命不舍财 shě mìng bù shě cái

命は捨てても金は捨てない；命より金。

例文

这个吝啬鬼是个舍命不舍财。このどけちときたら，命よりも金が大事なんだ。

设下圈套 shèxià quāntào

わなを仕掛ける；策略をもって人をだます。策を
弄する。

📖 "下圈套"（xià quāntào）とも。

例文

他暗地里给同事设下了圈套。
彼はこっそりと同僚にわなを仕掛けた。

生米煮成熟饭 shēngmǐ zhǔchéng shúfàn

生米（なまごめ）が炊き上がってごはんになってしまった；すでに既成事実になってしま
った。もはや取り返しがつかない。

📖 "生米做成熟饭"（shēngmǐ zuòchéng shúfàn）とも。

例文

生米煮成熟饭了，还有什么好说的！
もはやのっぴきならないところまで来てしまった。このうえはもう何も話し合う余地はな
かろう。

成語

慣用語

ことわざ

練習問題

練習問題解答

索引

狮子大开口 shīzi dà kāikǒu

ライオンのような大きな口を開ける；法外な値段を吹っかけたり，苛酷な条件を押しつけたりすることのたとえ。

例 文

要是依了那个人，他会狮子大开口，五万、六万都会要。

もしあの人をあてにしたら，大いに吹っかけられて，5万か6万は要求してくるだろう。

手头（儿）紧 shǒutóu(r) jǐn

手元不如意である；金回りがよくない。懐具合が苦しい。"紧"はきびしい，ゆとりがない。⇔"松"（sōng－緩い，締まっていない）

例 文

这个月手头儿实在太紧。今月は手元がはなはだ苦しい。

买了汽车后，一直手头儿很紧。

自動車を買ってから，ずっと手元が苦しい。

受夹板气 shòu jiābǎnqì

板挟みの苦しみに遭う；双方からいじめられる。

例 文

我这个不大不小的官儿，经常在中间受夹板气，已经受够了！

このどっちつかずの役職ときたら，上と下の板挟みに遭ってばかりだ。

书呆子 shūdāizi

本の虫；本ばかり読んでいて世情や人情に疎い人のたとえ。専門ばか。

例 文

你这个书呆子，一点儿人情世故也不懂。

おまえさんときたら本ばかり読んでいて，世の中の事は何一つわかっていやしない。

竖大拇指 shù dàmǔzhǐ

親指を立てる；大したものだと褒めたたえるしぐさ。

例 文

说到小刘，没有不竖大拇指的。劉さんのことになると，褒めない人はいない。

耍把戏 shuǎ bǎxì

曲芸を演じる；インチキをする。ずるい手口を使う。詭計を弄する。

例文

他为人老实厚道，不会耍把戏。

彼は誠実温厚で，ずるい手口で人をだましたりなんかしやしない。

耍大牌 shuǎ dàpái

（芸能人やスポーツ選手が）大物ぶる。"大牌"は賭け事のよい札。転じて，大物。

例文

这位明星耍大牌，排戏迟到早退是常事。

この花形俳優は大物ぶって，稽古に遅れて来たり早く帰ったりはしょっちゅうだ。

耍心眼儿 shuǎ xīnyǎnr

こざかしく立ち回る；抜け目なくふるまう。

例文

别看他人不大，倒很会耍心眼儿。

まだ子どもだと思って見くびってはいかん，あいつはあれでけっこう目端（めはし）がきくんだから。

说风凉话 shuō fēngliánghuà

冷ややかな言葉を吐く；皮肉たっぷりの言葉を浴びせる。

例文

自己不干，还在旁边说风凉话。

自分ではやりもしないで，傍らで冷やかしの言葉を吐いている。

说梦话 shuō mènghuà

寝言を言う；たわごとを言う。実現しよう
のない夢のようなことを言う。

例文

别说梦话！たわけたことを言うな。

大白天说梦话。昼の日中（ひなか）にたわごとを言う。

说时迟，那时快 shuō shí chí, nà shí kuài

言うより早く；言う間もなく，そのとたんに。

📖旧小説や講談の常套語。

例 文

说时迟，那时快，那人一下子就不见了。 あっという間に，その人は姿をくらましてしまった。

说闲话 shuō xiánhuà

無駄話をする；とりとめのない話をする。また，悪口や皮肉を言う，不満をもらす，愚痴をこぼす。

例 文

上班时间不要说闲话。 勤務時間中はおしゃべりをしてはならない。

有意见要当面提，别在背后说闲话。

言いたい事があるなら面と向かって言いなさい，陰でこそこそ話していないで。

送人情 sòng rénqíng

（贈り物をしたり便宜を図ってやったりして）人の歓心を買う；恩を売る。ありがたく思わせる。"人情"は（金品の）贈り物。

例 文

他是靠送人情被录用的。
彼は袖の下を使って採用されたのだ。

你不能拿公家的东西送人情。
公の物を融通して恩を売ってはなりません。

随大溜（儿） suí dàliù(r)

大きな流れに従う；大勢に順応する。"大溜（儿）"は川の速い流れ，急流。

📖"随大流"（suí dàliú）とも。

例 文

大家都这么干，我也这么干，随大溜儿，不担风险。
皆がそうするなら，自分もそうし，大勢に従い，危険を冒さない。

178

随份子 suí fènzi

慶弔金を出し合う。"份子"は割り前。
 "出份子"（chū fènzi）とも。

到朋友家去随份子。
友人の家にお祝い（またはお悔やみ）に行く。

抬轿子 tái jiàozi

輿（こし）を担ぐ；おべっかを使う，へつらう。
ちょうちん持ちをする。御輿（みこし）を担ぐ。

那人净给总经理吹喇叭、抬轿子。
あいつは社長におべっかを使ってばかりいる。

太岁头上动土 Tàisuì tóushang dòngtǔ

強い者にたてつく；身の程知らずなことをする。
 "太岁"は木星に相当する古代の星。太歳（たい
さい）。また太歳神。迷信で凶神とされてきた。

你这家伙敢在太岁头上动土，胆子可真不小。
この野郎，おれ様にたてつくとは大した度胸だ。

掏腰包 tāo yāobāo

胴巻きの中をまさぐる；身銭を切る，自腹を切る。
また，（人の懐中から）物を盗み取る意にも。
 "腰包"は腰に巻いた中国式の銭入れ。腰ぎん
ちゃく。広く，財布。

今天是他请客吃饭，用不着你掏腰包。
きょうは彼のおごりだから，きみは自分で払わな
くてもいい。

在公交车上我被人掏了腰包。バスの中でわたしは財布をすられた。

桃李満天下 táolǐ mǎn tiānxià

桃李（とうり）門に満つ；優秀な門下生が天下に満ちている。

📖 "桃李"は桃と李（すもも）。門下の弟子をたとえる。

例文

吕教授桃李满天下，他七十大寿的那一天，赶来祝寿的学生济济一堂。

呂教授は優秀な門下生が全国至る所にいて，70歳の誕生日にはお祝いに駆けつけた学生が部屋にあふれるほどであった。

讨生活 tǎo shēnghuó

生活の道を求める；暮らしを立てる。生計を営む。"讨"は求める，手に入れようとする。

例文

我只能靠自己的本事讨生活。

わたしは自分の腕に頼って生きてゆくしかない。

他靠笔墨讨生活。彼は文筆で暮らしを立てている。

套近乎 tào jìnhu

なれなれしくする；うまく取り入る。もともと懇意ではなかった人にある目的をもって接近する。"套"は近づく，取り入る。"近乎"は親しくする。

📖 "拉近乎"（lā jìnhu）とも。

例文

他跟你套近乎是有求于你。

彼があなたになれなれしく近づいてくるのは何か頼み事があるからだ。

踢皮球 tī píqiú

ボールを蹴る。転じて，互いに責任を押しつけ合う。責任逃れをする。たらい回しにする。"皮球"はゴムまり。

例文

要纠正办事拖拉、踢皮球的作风。

事をだらだらと引き延ばし，責任をなすりつけあう仕事ぶりを是正しなければならない。

剃光头 tì guāngtóu

丸坊主にそる；試験で全員不合格になること，試合で全敗する，零敗することのたとえ。"剃"は（かみそりで）そる。"光头"は坊主頭。形が数字のゼロに似ているところから。

例 文

我们队给对方剃了个光头，三比0。
我がチームは3対0で相手チームに完勝した。

填窟窿 tián kūlong

穴を埋める；赤字を埋める，欠損を補う。"填"は（穴やくぼみを）埋める。転じて，空席や欠損などを補充する。"窟窿"は穴，孔。

例 文

借钱来填赤字的窟窿。借金をして赤字の穴埋めをする。

挑花眼 tiāo huāyǎn

目移りする；（目の前の人や物が多すぎて）選択に困る。

例 文

你别挑来挑去挑花眼，过了这个村，可就没有这个店啦！
あれこれ目移りしていてはいけないよ。この機会を逃すと，もうチャンスはないからね。

挑大梁 tiǎo dàliáng

主役を演じる；中心的な役割を果たす。"大梁"は棟木（むなぎ）。転じて，大役，重要な役割。

例 文

在研究室里挑大梁的是几位年轻博士。
研究室の中で重要な役割を担っているのは何人かの若い博士たちである。

跳火坑 tiào huǒkēng

危険な場所へ飛び込む。"火坑"は燃え盛る火の穴。多く女性が悪い相手に嫁いだり，身を落とすような場所へ働きに出たりすることをたとえる。

📖 "跳火海"（tiào huǒhǎi）とも。

贴标签（儿）tiē biāoqiān(r)

ラベルを貼る；（既成観念や偏見をもって）人にレッテルを
貼る。"标签（儿）"はレッテル，ラベル。転じて，断定的な
評価。

评价一个人，不能贴标签儿。

人を評価するのに，偏見をもってレッテルを貼ってはならない。

铁公鸡 tiěgōngjī

鉄の雄鶏（おんどり）；（毛一本抜き与えようとしない）たいへんなけちん坊。どけち。

他是个铁公鸡，向来一毛不拔。

彼はたいへんなしみったれで，ついぞびた一文出したことがない。

听风就是雨 tīng fēng jiù shì yǔ

風の音を聞くと雨が降ると決めてかかる；せっかちに決めつけたり，盲目的に行動したり
することのたとえ。

📖 "听见风就是雨"（tīngjiàn fēng jiù shì yǔ），"听风是雨"（tīngfēng-shìyǔ）とも。

我还没说怎么样呢，你就听风就是雨，瞎嚷嚷什么！

ぼくはまだ何もはっきりした事を言ってもいないのに，きみは早合点して，何を大騒ぎし
ているんだ。

捅娄子 tǒng lóuzi

騒動を起こす；問題を引き起こす。"捅"は棒でつつく。"娄子"は騒ぎ，もめ事。

我今天捅大娄子了，把公司的重要资料给丢了。

きょう大変な失敗をしてしまった，会社の大事な資料を無くしてしまったんだ。

捅马蜂窝 tǒng mǎfēng wō

蜂の巣をつつく；（よけいな手出しをして）面倒を引き起こす。

头痛医头，脚痛医脚 tóu tòng yī tóu, jiǎo tòng yī jiǎo

頭が痛むと頭を治し，足が痛むと足を治す；根本的な方法を講じないで，その場しのぎの処置をすることのたとえ。一時しのぎをする。

📖 "头疼医头，脚疼医脚"（tóu téng yī tóu, jiǎo téng yī jiǎo）とも。

例 文

这种头痛医头，脚痛医脚的做法根本无法真正解决问题。
こういうその場しのぎのやり方では，真に問題を解決することはできない。

吐舌头 tǔ shétou

（びっくりしたり，おどけたり，ばかにしたりして）舌を出す。

例 文

吐舌头做鬼脸。ぺろっと舌を出しておどけた顔をする。
背地里吐舌头暗笑。陰でこっそり舌を出してほくそえむ。

拖后腿 tuō hòutuǐ

足を引っ張る；他人の成功や前進の邪魔をする。また，物事の進行を妨げる。

📖 "扯后腿"（chě hòutuǐ），"拉后腿"（lā hòutuǐ）とも。

例 文

他非但不帮忙，还给我拖后腿。
彼は手伝ってくれるどころか，わたしの足を引っ張るのだ。
拖人家后退。人の足を引っ張る。

拖油瓶 tuō yóupíng

（女性が）子連れで再婚する。"拖"は引きずる，"油瓶"は油を入れる瓶。旧時，再婚する女性が前夫との間の子どもを連れていることをいう。

例 文

她拖着两个油瓶改了嫁。彼女は子どもをふたり連れて再婚した。

脱了裤子放屁 tuōle kùzi fàngpì

ズボンを脱いで屁（へ）をひる；詰まらぬ手間をかけることのたとえ。

挖墙脚 wā qiángjiǎo

塀の土台を掘り崩す；（悪辣な手段を用いて）個人や集団の利益を損なう。失脚させる。事を妨げる。

📖 "拆墙脚"（chāi qiángjiǎo）とも。

例 文

你现在撤资不等于挖墙脚吗？

今あなたが資本を引き揚げるのは土台を崩すようなものではありませんか。

他从来不做挖墙脚的事。

彼はこれまで人の足元をすくうような事をしたことがない。

歪打正着 wāidǎ zhèngzháo

見当違いのやり方をして，幸運にもうまくゆくこと；けがの功名。まぐれ当たり。

例 文

靠押题，他歪打正着地考了个100分。

彼はヤマをかけて，まぐれ当たりで百点を取った。

玩(儿)把戏 wán(r) bǎxì

手品・曲芸などを演じる；手口をもてあそぶ。悪だくみをする。

📖 "把戏"は曲芸・軽わざ・手品など。転じて，人をだます手口，手練手管。

例 文

那个家伙是不是在玩儿什么把戏？

あいつは何か悪だくみをしているのではないか。

万金油 wànjīnyóu

何にでも効く塗り薬；万能薬。転じて，何でも屋，よろず屋。

例 文

我们这里需要的是专业性人才，而不是万金油。

われわれの所に必要なのは専門的な人材であって，よろず屋ではない。

胃口大 wèikǒu dà

食欲が旺盛である。転じて、欲が深い、貪欲である。

"胃口"は食欲、（比喩的に）欲望。

例文

他的胃口越来越大。彼の欲望はますますふくらんできた。

窝里斗 wōlidòu

巣の中で闘う；内輪もめをする。仲間割れをする。

"窝里反"（wōlifǎn）とも。

例文

他们队的几个队员最近窝里斗，大家都没心思参加比赛。

彼らのチームはこのところ何人かの隊員が内輪もめしていて、みんな試合に出る気分ではない。

问题那么多，他们不好好解决，却在"窝里斗"。

問題があんなに山積しているのに、彼らはちゃんと解決しようとせず、逆に「内輪もめ」している。

自家人不能搞窝里斗。仲間どうしで内輪もめしてはならない。

无巧不成书 wú qiǎo bù chéng shū

不思議な事がなければお話にならない；不思議な事もあればあるもんだ。はてさて面妖な。

講釈師が話が山場にさしかかった時に使う常套の文句。

"无巧不成话"（wú qiǎo bù chéng huà）とも。

例文

真是无巧不成书，今年我的班主任竟是邻居家阿姨。

驚いたことに、ことしのぼくのクラス担任はなんとお隣りのおばさんだ。

无事不登三宝殿 wú shì bù dēng sānbǎodiàn

用事が無ければ三宝殿には登らない；用事があればこそ訪ねてくるのだ。

"三宝殿"は仏・法・僧の三宝を祭ってある仏殿。

例文

他是无事不登三宝殿，今天来，一定有原因。

彼は用事が無ければ足を運ばない。きょう来たからには、きっとわけがあるに違いない。

捂盖子 wǔ gàizi

盖（ふた）をする；(悪事や醜聞などを) 他人に知られ
ないように覆い隠す。臭い物に蓋をする。

例 文

有了问题就要解决，不能捂盖子。
問題が起これば ただちに解決すべきで，蓋をして隠して
はいけない。
捂不住盖子。 真相を隠し切れない。

下马威 xiàmǎwēi

(昔，役人が) 下馬してすぐに示す威厳；着任早々，あるいは広く手始めに示す厳しい態度。

例 文

先给他个下马威，叫他知道我们不是好惹的。
初めに厳しく当たって，彼にわれわれを甘く見てはいけないということを知らせよう。

下台阶（儿）xià táijiē(r)

階段を下りる；窮地・窮状を脱する。ひっこみのつかない状態から逃れる。"台阶（儿）"は
正門の前に設けられた階段。転じて，窮状からの逃げ道，安全な場所。
📖 単に"下台"(xià//tái) とも。

例 文

要不是你给他找个台阶儿下，他可真就下不来台了。
もしきみが彼に助け舟を出してやらなかったら，彼はどうにもひっこみがつかなかったと
ころだった。
他的话使我下不了台阶。 彼の言葉にわたしはひっこみがつかなくなった。

吓破胆 xiàpò dǎn

驚いて肝をつぶす；思わずぞっとする。肝を冷やす。びっくり仰天
する。

例 文

哎呀！我吓破了胆。 ああ，びっくりした。
险些掉河里，吓破了胆。
あやうく川に落ちそうになり，肝を冷やした。

显身手 xiǎn shēnshǒu

手腕を発揮する；腕前を見せる。"显"は現す，はっきり見せる，発揮する。"身手"は手腕，腕前。

例文

她在赛场上大显身手。
彼女は競技場において大いに活躍している。
他们在处理困难局面时大显身手。
彼らは難局の処理に大いに手腕を発揮した。

现原形 xiàn yuánxíng

正体を現す；化けの皮がはがれる。"原形"は隠していた本当の姿，正体。

例文

他早晚要现原形。彼はいずれ本性を現すだろう。
那个骗子终于现了原形。あのペテン師はついに正体を現した。

献殷勤 xiàn yīnqín

（歓心を買おうと）媚びへつらう；ご機嫌をとる。まめまめしく世話をする。モーションをかける。"殷勤"は心がこもっている，ねんごろである。

例文

那个人对上献殷勤，对下摆架子。
あいつは上にはペコペコし，下には威張り散らす。

向钱看 xiàng qián kàn

金に目を向ける；金銭を極端に尊重する。何事も銭金（ぜにかね）を中心に考える。拝金主義。
📖 発音が同じ "向前看"（前の方に目を向ける）をもじったもの。

例文

他总是向钱看。
彼はいつも金もうけのことばかり考えている。

向上爬 xiàng shàng pá

上を目指してよじのぼる；（他を抑えて）高い地位
にのし上がる。

他拼命要向上爬。
彼は人を押しのけてのし上がろうと，必死になって
いる。

他想拿你当垫脚石，向上爬当大官。
彼はきみを踏み台にして，高い地位に就こうとして
いる。

项庄舞剑，意在沛公 Xiàng Zhuāng wǔ jiàn, yì zài Pèi Gōng

項荘が剣の舞をするのは沛公を狙ってのことである；真の目的は別の所にある。敵は本能
寺に在り。

項荘は項羽の武将。鴻門の会において剣の舞にことよせて敵の沛公劉邦を殺そうとした。

『史記』項羽本紀

小菜一碟 xiǎocài yī dié

小皿に盛った一皿の料理；極めて容易にできることのた
とえ。朝めし前。たやすい御用。お茶の子さいさい。

这点小事，对我来说是小菜一碟。
これしきの事は，ぼくにとってはたやすいものさ。

行，小菜一碟嘛，明天就给你去办。
わかった，お安い御用だ。あした行ってやってあげよう。

小儿科 xiǎo'érkē

小児科；極めて容易なこと，わけなくできることのたとえ。また，非常にみみっちいこと，
ちっぽけなことのたとえ。

对老张来说写文章是小儿科。張さんにとって文章を書くことはお手のものだ。

送二十元礼金，也太小儿科了。20元の謝礼だなんて，みみっちすぎる。

小道儿消息 xiǎodàor xiāoxi

不確かな情報；当てにならないうわさ話や風評。

📖 "小道儿"は，"大道"（大道，正式なルート）に対して小道や裏道，正式でないルート。

例文

不要乱听小道儿消息。いいかげんなうわさ話に耳を貸してはならない。

小九九（儿）xiǎojiǔjiǔ(r)

掛け算の九九；"二三得六"（二三ガ六），"二五一十"（二五，十）の類。転じて，計算，見積り，腹積もり。

例文

他心中已有了个小九九。彼は内心すでに計算が出来ている。

笑掉大牙 xiàodiào dàyá

歯が落ちるほど大笑いする；あごが外れるほど笑い転げる。

例文

听了他的话, 大家都笑掉了大牙。彼の話を聞いて，みんな大笑いした。

心肠软 xīncháng ruǎn

気立てが優しい；情にもろい。"心肠"は気持ち，気立て，心根（こころね）。

📖 "心肠硬"（xīncháng yìng）は気が強い，情が強（こわ）い，情け容赦をしない。

例文

她心肠太软。彼女はとても情にもろい。

心眼儿多 xīnyǎnr duō

機知に富む；頭の回転が速い，気が利く。また，悪知恵がはたらく意にも。"心眼儿"は心のうち，考え，心遣い，機転。

例文

他人倒不错，就是心眼儿太多。

彼は人は悪くないが，ちょっと気を回しすぎるところがある。

寻短见 xún duǎnjiàn

短慮を起こす；自殺する。早まった事をする。

📖 "寻死"（xún//sǐ）とも。話し言葉では "寻短见""寻死" の "寻" はしばしば xín と発音される。

例 文

年轻人要珍惜生命，短见是万万寻不得的。
若い人は命を大切にすべきで，決して早まった考えを起こしてはならない。
不要自寻短见。自ら命を絶とうとしてはならない。

寻开心 xún kāixīn

楽しみを求める。転じて，人をからかったりなぶり者にしたりする意にも。"寻开心" の "寻" はしばしば xín と発音される。

例 文

爷爷不时唱段京戏寻开心。祖父はよく気晴らしに京劇の一段を歌う。
别拿我寻开心。ぼくをからかうのはよしてくれ。
他说话的样子，不像是故意在寻我开心。
彼の話しぶりでは，わざとぼくをからかっているようには見えない。

压担子 yā dànzi

重荷を負わせる；重い任務や責任を与えて鍛える。重任・重責を負わせる。"压" は圧する，押さえつける。"担子" は（天秤棒の）担ぎ荷。転じて，負担，重責。

例 文

给年轻人压担子，让他们更快成长。
若者に重い任務を負わせて，彼らの成長を促す。

压轴戏 yāzhòuxì

旧劇で最後から二番目に演じる演目；一番の見もの。ハイライト。

📖 旧時の芝居では最後から二番目に最も精彩に富む出し物が演じられた。

例 文

作为奥运会的压轴戏，这场足球比赛吸引了数万球迷。
オリンピックのハイライトとして，このサッカーの試合は何万人ものファンを引き付けた。

轧马路 yà mǎlù

道路にローラーをかける。主に，恋人どうしが街をぶらつくことをユーモラスにいう。

📖 "压马路" とも書く。

> 例文

他在跟情人一起逛公园、轧马路。
彼は恋人と公園で遊んだり，街をぶらついたりしている。

他或许是找女朋友轧马路去了。
彼はたぶんガールフレンドを誘って街をぶらつきに出かけたのだろう。

眼中钉 yǎnzhōngdīng

目に刺さった釘；とかく気に障る人や邪魔になる物のたとえ。目の上のたんこぶ。目のかたき。邪魔者。

📖 "肉中刺"（ròuzhōngcì－肉に刺さったとげ）と連用されることが多い。

> 例文

不要把他看成眼中钉，肉中刺。
彼を目のかたきにして邪魔者扱いしてはいけない。

摇尾巴 yáo wěiba

しっぽを振る；卑屈な態度で人におもねる。

> 例文

摇着尾巴，讨好别人。 しっぽを振って人の歓心を買う。
向当权者摇尾巴献媚。 権力者にしっぽを振って媚（こび）を売る。

咬耳朵 yǎo ěrduo

耳うちする；内緒話をする。"咬" はかむ，かじる。

📖 耳元に口を近づけて話している様子が傍（はた）からは耳をかじっているように見えるところから。

> 例文

她俩在咬耳朵。 ふたりはひそひそと話をしている。

要好看 yào hǎokàn

醜態を演じさせる；恥ずかしい目に遭わせる。人の笑い者にならせる。"好看"はいい見せ物，物笑いの種。

要我当众唱歌，简直是要我的好看。

ぼくに大勢の前で歌を歌えというのは，まるでぼくに恥をかかせるようなものだ。

一把抓 yībǎzhuā

何もかも一手に引き受ける。また，（事の軽重を考えないで）何もかも一緒くたにする。

他什么都一把抓。彼は何でも自分でしないと気が済まない。

眉毛胡子一把抓。みそもくそも一緒くたにする。

一边倒 yībiāndǎo

一辺倒；ある一方だけに傾倒する。

处理双方关系不要一边倒。双方の関係を処理するのに一方にのみ肩入れするのはよくない。

一波未平，一波又起 yī bō wèi píng，yī bō yòu qǐ

一つの波が収まらないうちに，また次の波が起こる；次々と問題が起こることのたとえ。

没想到一波未平，一波又起，压得他喘不过气来。

思いもかけず一つのごたごたが片づいたと思ったら，また次のごたごたが発生し，彼はまったく息つくひまもない状態に置かれている。

一不做，二不休 yī bù zuò, èr bù xiū

やらないのが一番だが，やる以上はとことんやり通す；毒食わば皿まで。

咱们一不做，二不休，索性干完活儿再歇着吧。

乗りかかった船だ，いっそのこと仕事を仕上げてから休むことにしようよ。

一场空 yīchángkōng

（これまでの希望や努力の）すべてが無駄に終わる；
水泡に帰す。おじゃんになる。一場の夢と化する。

例文

竹篮打水一场空。
竹籠で水を汲むようなもので, 骨折り損のくたびれも
うけである。
水中捞月一场空。
水に映った月をすくい上げるようなもので, むなしい試みである。

一刀切 yīdāoqiē

一太刀（ひとたち）で切る；画一的に処理する。

例文

解决不同的问题，不能采取一刀切的做法。
異なる問題を解決するには, 十把ひとからげに処理する方法を用いてはならない。

一个萝卜一个坑儿 yī ge luóbo yī ge kēngr

一本の大根には一つの穴；各々がみな自身の持ち場や役割が決まっている。人手に余裕が
ないことをいう。

例文

厂里的人手有限，一个萝卜一个坑儿。
工場内の人手には限りがあって，めいめいがめいめいの持ち場を守っている。

一锅端 yīguōduān

（なべの中の料理を）そっくり運び出す；一切合切（いっ
さいがっさい）平らげる。根こそぎにする。また，洗いざ
らいしゃべる意にも。**"一锅"**は鍋（なべ）ごとすっかり。
"端"は両手でささげ持つ。

例文

将走私分子一锅端。密貿易者を一網打尽にする。
我一锅端全说给你听。
わたしは洗いざらいあなたにお話しします。

成語　慣用語　ことわざ　練習問題　練習問題解答　索引

一锅粥 yīguōzhōu

ひと鍋（なべ）の粥（かゆ）；混乱した状態のたとえ。

📖 多く"搞成…"（gǎochéng…），"乱成…"（luànchéng…）の形で使われる。

他办事没有条理，这项工程被他搞成了一锅粥。

彼はやることに筋道がなく，このプロジェクトはめちゃくちゃにされてしまった。

车间乱成了一锅粥。仕事場が大混乱した。

一块石头落了地 yī kuài shítou luòle dì

（重しになっていた）石が地に落ちる；肩の荷が下りてほっとする。心のつかえが消える。一件落着する。

例 文

听到确实消息之后，大家才一块石头落了地，放心了。

確かな知らせを聞いて，みんなようやく肩の荷がおりて，ほっとした。

一溜烟（儿） yīliùyān(r)

一筋の煙がなびくように；走り方や逃げ方の素早いことの形容。一目散に。雲をかすみと。

例 文

孩子们一溜烟儿地跑出去了。

子供たちは一目散に駆け出していった。

他急忙骑上车，一溜烟儿地追去。

彼は急いで自転車にまたがると，まっしぐらに追いかけて行った。

一条龙 yītiáolóng

一匹の竜のような長い列；生産過程やサービスなど一連の業務を一貫して行うことのたとえ。

例 文

这个厂家对顾客实行一条龙服务。

このメーカーは顧客に対して一貫サービスを実施している。

我们公司实行产运销一条龙。

我が社は生産・輸送・販売の一体化を実施している。

一碗水端平 yī wǎn shuǐ duānpíng

碗の水をこぼれないように水平に持つ；物事を決めるのに一方に偏しないで公平に処理することのたとえ。

例文

他不能一碗水端平，总要有个厚薄。彼は物事を公平に処理できなくて，常に片寄りがある。

一五一十 yī wǔ yī shí

（「一五、一十、十五……」と注意深く数えていくように）一部始終，細大漏らさず。

例文

老师把我的疑问一五一十地解析得明明白白。
先生はわたしの疑問を一つ一つ丁寧に解き明かしてくださった。

一言堂 yīyántáng

掛け値なし；多くの人の意見を取り入れようとせずに独断で物事を決めてしまうやり方。鶴の一声。ワンマン。問答無用。聞く耳持たぬ。

📖 "群言堂"（qúnyántáng）に対して。旧時，商店の看板に "一言堂" と掲げて，値段について交渉の余地がないことを示した。

例文

我们单位开会是一言堂，老板从不听取群众意见。
うちの職場の会議は鶴の一声で決まり，社長はみんなの意見に耳を貸したことがない。

硬碰硬 yìngpèngyìng

硬い物と硬い物とがぶつかりあう；強硬な態度に対して強硬な態度で臨む。力と力がぶつかりあう。力ずくで張り合う。とことんやりあう。

硬着头皮 yìngzhe tóupí

面の皮を厚くして；（気乗りのしない事を）目をつぶって，思い切って，しょうことなしに（…する）。

例文

硬着头皮跟朋友借了钱。心臓を強くして友人にお金を無心した。

有背景 yǒu bèijǐng

背景がある；（人物について）背後に後ろ盾が付いている，黒幕が
控えている。（事件について）背後に事情がある。

例 文

他很有背景，千万别惹他。
彼には有力な後ろ盾が付いているから，絶対に怒らせてはいかん。
他说话的口气很硬，恐怕有背景。
彼の話しぶりはたいへん強硬である，どうやら何かいわくがありそ
うだ。

有鼻子有眼儿 yǒu bízi yǒu yǎnr

鼻も耳も備わっている；表現が具体的で真に迫っていることのたとえ。多く，ありもしな
いことをまるであったかのように話すことをいう。

例 文

听他说得有鼻子有眼儿的，也就信了。
彼がまことしやかに話すのを聞いて，つい信じてしまった。

有出息 yǒu chūxi

（物になるという）見込みがある；（主に子どもの将来につい
て）前途有望である。

例 文

这孩子很有出息。 この子は将来が楽しみだ。
这个人真没有出息。 この人は本当に見込み違いだ。

有嚼头 yǒu jiáotou

咀嚼（そしゃく）に堪える；深い味わいがある。
"嚼头"はかみごたえ。

例 文

这个人物可真有嚼头。
この人物はなかなか味なところがある。
他的这句话有嚼头，你仔细体会体会吧。
彼のこの言葉は味わい深い，しっかり受け止めたまえ。

有来头 yǒu láitou

いわれ，いわく，背景，面白みなどがある。

> 例文

他这些话好像很有来头。彼の言葉には何やらいわくがありそうだ。

这个人似乎有来头。どうやらこの人には後ろ盾があるようだ。

下棋没有什么来头，不如打高尔夫球。

将棋なんてちっとも面白くない，ゴルフをするほうがましだ。

有两下子 yǒu liǎngxiàzi

なかなかの腕前・技量・実力を有している；腕が立つ。すご腕だ。
なかなかやる。

> 例文

这位厨师真有两下子。このコックさんはなかなかの腕だ。

他游泳也有两下子。彼は水泳の方もなかなかのものだ。

那件事他给谈成功了，真有两下子。

あの話をまとめたとは，彼も大したものだ。

有墨水（儿） yǒu mòshuǐ(r)

学問がある。"墨水"は墨汁，インク。転じて，読み書き
の能力，学識。

> 例文

他肚子里还真有点儿墨水儿。

彼にはあれでもまだ少しばかり学問がある。

其实，他肚子里一点儿墨水也没有。

実のところ，彼の頭の中は空っぽだ。

有人缘儿 yǒu rényuánr

人付き合いがよい；人好きがする，人受けがよい。"人缘儿"は人間関係，他人との付き合
い，人付き合い。

> 例文

他善于社交，很有人缘儿。彼は社交的で，人付き合いがよい。

他不精于人情世故，所以没有人缘儿。彼は世故に通じていないので，人受けがよくない。

有色眼镜 yǒusè yǎnjìng

色めがね；偏見や先入観にとらわれた物の見方。

例文

戴着有色眼镜看人，不可能看得准确。
色めがねをかけて人を見ると，正しく見ることができない。

有心眼儿 yǒu xīnyǎnr

気が利く。機転が利く。利口である。"心眼儿"は心の働き。

例文

他有心眼儿，什么事都想得很周到。彼はしっかりしていて，何事も抜かりなく考える。

有眼不识泰山 yǒu yǎn bù shí Tài Shān

目がありながら泰山を見ても気が付かない；目の前に大人物がいるのに気が付かない。
📖 "泰山"は山東省にある名山。

例文

对不起，我真是有眼不识泰山了。失礼しました，わたしの目は本当に節穴でした。

有眼光 yǒu yǎnguāng

見る目がある；目が利く。眼識が高い。眼力がある。

例文

他对古玩很有眼光。彼は骨董になかなか目が利く。
事实证明，他真有眼光。
彼が優れた見識を有することは，事実が証明している。
他看人很有眼光。彼は人を見る目がある。

有意思 yǒu yìsi

意義がある；面白い，興味深い。（男女間で）気がある。

例文

他的讲话非常有意思。彼の話は非常にためになる。
昨天的晚会很有意思。昨晩のパーティーはとても楽しかった。
她对你有意思。彼女はきみに気がある。

远在天边，近在眼前 yuǎn zài tiānbiān, jìn zài yǎnqián

遠く離れているようだが，実際は目の前にある；目と鼻の先にある。

📖 "远在千里，近在目前"（yuǎn zài qiānlǐ, jìn zài mùqián），"远在天涯，近在咫尺"（yuǎn zài tiānyá, jìn zài zhǐchǐ）などとも。旧時の小説や講談でよく使われた。いずれも意味の中心は後半部分にある。

> 例文

你要找的人远在天边，近在眼前。あなたが探している人は，ほれ，ここにいますよ。

砸饭碗 zá fànwǎn

飯茶碗を割る；飯の食い上げになる。失業する。

> 例文

你不怕砸了饭碗？あなたは職を失うのが怖くないの？

将来有一些行业，要被AI砸饭碗。将来，一部の職業はAIに取って代わられるだろう。

砸牌子 zá páizi

看板をぶち壊す；（商店などの）信用を台無しにする。名誉を傷つける。"砸"は打ち砕く，ぶち壊す。"牌子"は看板，商標，ブランド。

📖 "砸招牌"（zá zhāopai）とも。

> 例文

不能贪小利而砸了公司的牌子。
小さな利益を貪って会社の信用を失ってはならない。

栽跟头 zāi gēntou

もんどりを打って転がる；つまずく。失敗する。醜態を演じる。"跟头"はつまずき転ぶこと。転じて，失敗，しくじり。

📖 "翻跟头"（fān gēntou）とも。

> 例文

路太滑，小心栽跟头。道がとても滑りやすいから，転ばないように。
他早晚要栽跟头。彼は遅かれ早かれつまずくだろう。
这个跟头栽得真不轻！この失敗の痛手はじつに大きい！

摘帽子 zhāi màozi

帽子を脱ぐ；（人物に貼った）レッテルを剥がす。汚名をそそぐ。名誉を回復する。

例文

怎么也摘不掉好吃懒做的帽子。
どうしても食いしん坊の怠け者という不名誉なレッテルを剥がすことができない。
摘"落后分子"的帽子。「落伍者」の汚名を返上する。

占便宜 zhàn piányi

（不正な手段で）利益を得る；うまい汁を吸う。また，有利である意にも。

例文

这个人占了我的便宜。こいつはわたしを食い物にした。
他就爱占便宜。彼はうまい汁を吸うことばかり考えている。
别老想占人家的便宜。
人を食い物にすることばかり考えてはいけない。
你个子高，打篮球占便宜。
きみは背が高いから，バスケットをするのに向いている。

占上风 zhàn shàngfēng

風上を占める；優位に立つ，優勢である。

例文

上半场对方占了上风，但我们坚持到底，最终获得了胜利。
前半は相手が優勢であったが，われわれは頑張って，最後には勝利を収めることができた。
以你的实力，在这场比赛中占不了上风。
きみの実力では，今回の試合で優位に立つことはできない。

站不住脚 zhànbuzhù jiǎo

立ち止まっていられない；立場がしっかりしない。

例文

你这种说法是站不住脚的。きみのそんな言い方は通用しない。

找靠山 zhǎo kàoshān

頼りになる人を探す；後ろ盾になってもらう。

例 文

找个有权有势的人做自己的靠山。
権勢のある人物を見つけて自分の後ろ盾になってもらう。

找麻烦 zhǎo máfan

（自分で）面倒を引き起こす，（他人に）面倒をかける。

例 文

你这样做是自己给自己找麻烦。
あなたがそんなふうにすると自分から苦労を背負い込むことになる。

他为什么总找你的麻烦? 彼はどうしていつもきみに面倒をかけるのか。

找便宜 zhǎo piányi

利益にありつく；うまい汁を吸う。うまい思いをする。

例 文

爱找便宜的人早晚要吃大亏。
うまい汁を吸うことばかり考えている人は，遅かれ早かれひどい目にあう。

枕边风 zhěnbiānfēng

寝物語；夫婦の一方，特に妻が夫に話すうわさ話や告げ口，入れ知恵など。

📖 "枕头风"（zhěntoufēng）とも。

例 文

她经常向老公吹枕边风。彼女はしょっちゅう亭主に告げ口をする。

睁着眼说瞎话 zhēngzhe yǎn shuō xiāhuà

目を開けたままでたらめを言う；平気でうそをつく。

📖 "睁着眼睛说瞎话"（zhēngzhe yǎnjing shuō xiāhuà）とも。

例 文

别睁着眼说瞎话了。ぬけぬけとうそをつくのはよしてくれ。

睁只眼，闭只眼 zhēng zhī yǎn, bì zhī yǎn

片方の目を開け，片方の目を閉じる；深く追求しないでほど
ほどで済ませる。見て見ぬふりをする。大目に見る。無責任
な態度をとる。

📖 "睁一眼，闭一眼"（zhēng yī yǎn, bì yī yǎn），"睁一只眼，
闭一只眼"（zhēng yī zhī yǎn, bì yī zhī yǎn）とも。

例文

你就睁只眼，闭只眼，放我们过去吧。
ここはひとつ大目に見て，わたしたちを見逃してください。

芝麻官（儿）zhīmaguān(r)

（ゴマ粒ほどの取るに足らぬ）下級の役人；下っ端役人。こっぱ役人。

例文

他不过是一个芝麻官，没有什么权力。彼は下っ端役人に過ぎず，何の権力も持っていない。

纸老虎 zhǐlǎohǔ

張り子の虎；見かけは強そうだが，本当は弱い人や集団をあざけっていう。見かけ倒し。

例文

一切反动派都是纸老虎。あらゆる反動派はすべて張り子の虎である。

中看不中用 zhōngkàn bù zhōngyòng

見てくれはいいが役に立たない；見かけ倒しである。

例文

都拿去！我不要这种中看不中用的东西。
全部持って行け！ぼくはこんな見てくれだけの物は要らない。

中圈套 zhòng quāntào

罠（わな）に掛かる。"圈套"は罠，策略。

📖 "上圈套"（shàng quāntào）とも。

例文

千万不要中他的圈套。奴（やつ）の罠に掛からないよう，くれぐれも気を付けろ！

主心骨（儿）zhǔxīngǔ(r)

頼るべき人や物；よりどころ。頼みの綱。また，確たる考え。定見。

例文

你来了，我可有了主心骨了！ よく来てくれた，頼りにしてるよ。

事情来得太突然，一时间我也没了主心骨。
事が急だったので，すぐにはどうしてよいかわからなかった。

抓把柄 zhuā bǎbǐng

人の弱みを握る；泣き所を押さえる。しっぽを
つかむ。"把柄"は器物の柄や握り。転じて，
（人に付け込まれるような）弱み，隙。
📖 "抓辫子"（zhuā biànzi）とも。"辫子"は弁
髪（べんぱつ），おさげ。

例文

这回可抓住他的把柄了！ 今度こそ彼のしっぽをつかんだぞ。

装面子 zhuāng miànzi

体裁を繕う；うわべ・外観を飾る，見えを張る。
"装"は装う，飾り立てる。"面子"は表面，外観。

例文

年轻人没钱还装面子买豪车太不应该了。
若者がお金もないのに見えを張って豪華な車を買うの
は，まったくどうかしている。

装样子 zhuāng yàngzi

ふりをする；もっともらしくふるまう。
📖 類義の成語に"装模作样"（zhuāngmú-
zuòyàng）がある。

例文

别装样子，不懂就得承认不懂。
もったいぶらないで，わからないならわか
らないと白状しなさい。

捉迷藏 zhuōmícáng

目隠し鬼をする；わざと回りくどくあいまいに話して，話をわかりにくくする。

📖 "捉迷藏" は，目隠しされた鬼が逃げる子どもを追って捕まえる遊び。かくれんぼう。

【例文】

你别跟我捉迷藏了，有话直截了当地说吧。

持って回った話し方はやめにして，言いたい事があるなら，はっきり言ってくれ。

你有什么事儿就直说吧，捉什么迷藏？

話したい事があるならはっきり言いなさい，回りくどい話し方をしていないで。

走过场 zǒu guòchǎng

芝居で役者が舞台を素通りしてすぐ下がる；適当にごまかす。
お茶を濁す。

【例文】

那不过是走过场！

そんなやり方は見せかけのごまかしに過ぎないではないか。

走后门（儿）zǒu hòumén(r)

裏口から出入りする；コネや職権を利用したり，賄賂を使ったりして不正な利益を得る。

【例文】

听说他是走后门进的这家公司。彼はコネで入社したらしい。

一定要纠正走后门的歪风邪气。

こっそり裏口を使う悪風を必ず是正しなければならない。

走麦城 zǒu Màichéng

麦城に走る；窮地に陥る。

📖 呉との戦いで荆州を失い麦城に退いた関羽が，この地で敗れて殺害されたことから。
『三国演義』第76、77回

【例文】

人人都愿意说自己的"过五关，斩六将"，谁也不愿意提自己的"走麦城"。

人は誰でも「五関に六将を斬った」手柄話はしたがるが，誰も「麦城に走った」失敗談はしたがらない。

走弯路 zǒu wānlù

回り道をする；(方法を誤ったり，うっかりしたミスを犯したりして) 時間や金銭を無駄にする。

例 文

漫长的人生中有时免不了走弯路。
長い人生の間には，時に回り道をすることもある。
尽量少走弯路。できる限り無駄な回り道を避ける。

走一步看一步 zǒu yī bù kàn yī bù

歩きながら考える；注意深く観察しながら事を進める。
📖 "走一步是一步"（zǒu yī bù shì yī bù）とも。

例 文

走一步看一步，免得刚愎自用，一意孤行。
注意深く事を進め，我意を張って独断専行に陥らないようにする。

走着瞧 zǒuzhe qiáo

今に見ておれ；(勝負事の結果や事の成り行きは) 最後になってみないとわからないことをいう。

例 文

你不信，咱们就走着瞧。
きみが信じないなら，どうなるか見てみようじゃないか。
一时想不出好主意，只好走着瞧了。
急にはよい考えが浮かばない，成り行きに任せるしかなさそうだ。

钻空子 zuān kòngzi

隙間に潜り込む；隙につけ込む，弱みを利用する。

例 文

要提高警惕，别让敌人钻空子。警戒心を高めて，敵につけ込まれないようにすべきだ。
他们靠钻法律的空子做买卖。彼らは法の抜け穴を利用して商売をしている。
他正是钻了咱们制度不健全的空子。
彼はまさにわれわれの制度が完備していないのにつけ込んだのだ。

钻牛角尖 zuān niújiǎojiān

牛の角に潜り込む；やるに値しない事や，やっても成果が得られるはずのない事に労力を費やすことのたとえ。また，狭い考えに固執する意にも。

📖 "钻牛角"（zuān niújiǎo）とも。成語 "钻牛犄角"（zuānniú-jījiǎo）に同じ。

例 文

研究问题不能钻牛角尖。
問題を研究するに当たっては，瑣事（さじ）にこだわりすぎて袋小路に入り込んではならない。
她爹最爱钻牛角尖。 彼女のお父さんは強情な気性で自分の理屈を押し通したがる。

坐交椅 zuò jiāoyǐ

指導的地位に就く。**"交椅"** は肘掛け椅子。転じて，役職や地位のたとえ。

例 文

他已坐上了银行总裁的交椅。
彼はすでに銀行総裁の地位に就いている。

坐冷板凳 zuò lěngbǎndèng

冷たい腰掛けに座る；長い間閑職に就いたままでいることのたとえ。冷遇される。ベンチを暖める。冷や飯を食う。

例 文

这些年他一直坐冷板凳。
ここ数年，彼はずっと冷や飯を食わされたままである。

做圈套 zuò quāntào

罠（わな）を仕掛ける；策を弄して陥れる。
"圈套" は罠，策略，計略。

例 文

暗中做圈套，让人上当受骗。
こっそりと罠を仕掛けて，人をだましてペテンにかける。
做好圈套陷害他人。 罠を仕掛けて人を陥れる。

做手脚 zuò shǒujiǎo

小細工を弄する；ひそかに奸計（かんけい）を巡らす。悪だくみをする。"**手脚**"は手足の動き。転じて，ちょっとした細工，小細工。

> 例 文

公事公办，谁也不准做手脚。
原則に従って処理すべきで，誰も細工を弄して不正を働いてはならない。

其实他是被冤枉的，是有人做手脚故意陷害他。
実のところ，彼は無実だ。誰かが手を回してわざと陥れたのだ。

做文章 zuò wénzhāng

文章を作る；騒ぎ立てる，言いがかりをつける，（事柄・問題を大きく取り上げて）無理難題を吹っかける。

> 例 文

他这个人抓住一点小事就大做文章。
彼ときたらちょっとした事を取り上げて，すぐに大げさに騒ぎ立てる。

做小动作 zuò xiǎodòngzuò

脇見をする。小細工をする。"**小动作**"は子どものいたずら，授業中の脇見などをいう。また，小細工，インチキ。

📖 "**搞小动作**"（gǎo xiǎodòngzuò）とも。

> 例 文

别光做小动作，好好听课！ いたずらばかりしていないで，しっかり聴きなさい。

有话当面说，不要做小动作。 話があるならこの場で話してくれ，陰でこそこそしないで。

做眼色 zuò yǎnsè

目で合図する；目顔で知らせる。目配せする。

📖 "**递眼色**"（dì yǎnsè），"**使眼色**"（shǐ yǎnsè）とも。

> 例 文

他偷偷地看我，给我做眼色，叫我不要再开口。
彼はこっそりわたしの方を見て，目顔で，これ以上しゃべらないようにと合図した。

做一天和尚撞一天钟 zuò yī tiān héshang zhuàng yī tiān zhōng

一日坊主をすればその一日だけ鐘を撞（つ）く；行き当たりばったりに日を過ごす。その日暮らしをする。

📖 "做一日和尚撞一日钟"（zuò yī rì héshang zhuàng yī rì zhōng）とも。この慣用語は早くから使われていたが，特に毛沢東が 1937 年 9 月の《反对自由主义》（自由主義に反対する）と題する講演の中で次のように用いたことで，よく知られるようになった。

办事不认真，无一定计划，无一定方向，敷衍了事，得过且过，做一天和尚撞一天钟。

何事をするにも不真面目で，一定の計画も，一定の方向も持たず，いいかげんに済ませ，その日暮らしをし，坊主になればなっている間だけ鐘を撞く。

例 文

像你这种做一天和尚撞一天钟的态度，哪个单位敢要你？

おまえのそのようなちゃらんぽらんな態度では，どこの職場だって受け入れてくれやしないぞ。

ことわざ

245語

百尺高楼从地起

bǎi chǐ gāolóu cóng dì qǐ

どんなに高い建物でも地面から築き上げる；いかなる
大事業も小さな所から積み重ねていかなければならな
い。千里の道も一歩から。

例文

"～"，天下决无一蹴而就的事。
「摩天楼も土台から」とか，世の中に一挙に成し遂げられることなど存在しない。

百里不同风，千里不同俗

bǎi lǐ bù tóng fēng, qiān lǐ bù tóng sú

百里風を同じうせず，千里俗を同じうせず；百里離れれば習慣が異なり，千里離れれば風
俗が異なる。所変われば品変わる。

百闻不如一见

bǎi wén bùrú yī jiàn

百聞は一見に如かず。他人の話を何度も聞くより，自分の
目で見たほうが確実だ。

📖 "耳闻不如眼见"（ěrwén bùrú yǎnjiàn）とも。

例文

凡事"～"，无论人家说得怎样神乎其神，总要看见，才能相信。
何事も「百聞は一見に如かず」で，人がどんなに不思議な話をしても，この目で見ないか
ぎり信用できない。

搬起石头砸自己的脚

bānqǐ shítou zá zìjǐ de jiǎo

（人にぶつけようと）石を持ち上げて自分の足の上に落としてしま
う；自業自得。身から出た錆（さび）。人を呪（のろ）わば穴二つ。

例文

存心损害别人的人，到头来总是"～"，没有好下场。
わざと人を陥れようとする人には，とどのつまり「自業自得」で，ろ
くな最期が待っていない。

棒打出孝子，娇惯养逆儿

bàngdǎ chū xiàozǐ, jiāoguàn yǎng nì'ér

棒で叩（たた）いて育てた子は孝行な子となり，甘やかして育てた子は不孝者となる。かわいい子には旅をさせよ。

📖 "棒头出孝子，箸头出忤逆"（bàngtóu chū xiàozǐ, zhùtóu chū wǔnì）とも。"箸头"は箸（はし），甘やかして偏食させることをいう。"忤逆"は親不孝である。

例文

这怪谁? 只能怪你教子无方。"～"，懂吗?

これは誰のせいか。ほかでもないあなたの育て方が間違っていたからです。「叩かなければ子は育たない」ですよ，わかりますか。

背靠大树好乘凉

bèikào dà shù hǎo chéngliáng

大きな木の陰に入れば涼を取りやすい；頼る相手を選ぶならば，力のある者がよい。寄らば大樹の陰。

📖 "大树底下好乘凉""靠着大树好乘凉"とも。

例文

俗话说: "～"，这家企业由于得到一家大银行的支持，很快就发展起来了。

俗に「寄らば大樹の陰」というが，この企業は大銀行の後押しを受けて，たちまちのうちに発展した。

比上不足，比下有余

bǐ shàng bùzú, bǐ xià yǒuyú

上と比べると足りないが，下と比べると余りがある。上には上があるが，下と比べるとまだましな方だ。足るを知るべきだ。

例文

她看看别人，想想自己，觉着～。

彼女は周りの人を見，自分のことを考えて，上と比べると足りないが，下と比べるとまだましだと思った。

～，将就过日子罢了。

欲を言えばきりがないが，分に安んじてまあ何とか日を過ごしているまでだ。

冰冻三尺，非一日之寒

bīng dòng sān chǐ, fēi yī rì zhī hán

三尺の厚い氷が張るのは一日の寒さによるものではない；
事柄の原因は一朝にして生じるものではない。

例文

"～"，这家公司从五年前就开始走下坡路了。

「三尺の氷は一日では張らない」。この会社は5年前から不振に陥りはじめた。

病从口入，祸从口出

bìng cóng kǒu rù, huò cóng kǒu chū

病は口より入り，禍（わざわい）は口より出づ；病気は飲食物から起
こり，災いは言葉を慎まないことから起こる。口は禍のもと。
雉（きじ）も鳴かずば撃たれまい。

📖 "百病从口入，百祸从口出" とも。

例文

"～。"古往今来，多少人就吃亏在自己的嘴巴上。

「病も禍も口から」。古（いにしえ）より今に至るまで，どれほど多くの人が自分の口のせ
いでひどい目に遭ってきたことか。

病急乱投医

bìng jí luàn tóuyī

病が重くなるとやたらに医者にかかる；溺れる者はわらをも
つかむ。

📖 "病笃乱投医""病急乱投药" とも。

例文

"～"，刚听说这家医院的口碑不好，下次换一家医院吧。

「よい病院を探さなくては」。いま聞いた話では，この病院の評判は芳しくないそうだ，次
からはほかの病院にしよう。

病人心事多

bìngrén xīnshì duō

病人は情緒が不安定で，あれこれ気を回すものだ。

不打不相识

bù dǎ bù xiāngshí

喧嘩（けんか）をしなければ仲良しになれない；雨降って地
固まる。

📖 "不打不成交"とも。

例文

"～。"既已打过，就是相识了。

「喧嘩をしなければ仲良しになれない」。喧嘩を済ませたのなら、もう仲良しだ。

不管白猫黑猫，抓住老鼠就是好猫

bùguǎn báimāo hēimāo, zhuāzhù lǎoshǔ jiù shì hǎo māo

白猫であれ黑猫であれ、ねずみを捕まえることができる
のがよい猫である。いかなる人物、いかなる手段を用いる
かではなく、要は問題を解決できるかどうかであるとい
うことのたとえ。

📖 もと四川方言。"不管黑猫白猫，能抓到老鼠就是好猫"
とも。四川省出身の鄧小平（政治家、改革開放政策を推進した）は経済建設を行う上では
イデオロギーにとらわれることなく、生産の発展と効率を重視すべきであることを説くに
当たって、しばしばこのことわざを引いている。

例文

现在是火烧眉毛顾眼前，"～"！

今はこの急場をしのぐことが先だ、手段の善し悪しを構っている余裕なんかない。

不怕慢，只怕站

bù pà màn, zhǐ pà zhàn

ゆっくり行くのはよいが、立ち止まって動かないのは
よくない；何事も遅くてもよいが、休まずにやること
が肝心だ。

📖 "不怕慢，就怕站"とも。

例文

"～。"如果你实在太忙，每天工作之余，挤30分钟来读书总是可以的吧。

「ゆっくりでよい、立ち止まらずに」。あなたがいくら忙しくても、仕事の余暇に、毎日30
分間やりくりして本を読むことぐらいはできるでしょう。

不入虎穴，焉得虎子

bù rù hǔxué, yān dé hǔzǐ

虎穴に入らずんば虎子（こじ）を得ず；何事も危険
を避けていては大きな成功を収めることはできな
いというたとえ。

📖 『後漢書』班超伝に，超曰くとして"不入虎穴，不得虎子"とある。班超は後漢の将軍，
『漢書』の撰者班固の弟。

【英】The more danger, the more honour.

"～"，不冒点危险，怎能做成大事？

「虎穴に入らずんば虎子を得ず」だ。危険を冒さずして，どうして大事を成し遂げること
ができようか。

财大招祸，树大招风

cái dà zhāo huò, shù dà zhāo fēng

木は大きいと風当りが強い，人は大金を持っていると禍
（わざわい）を招きやすい。出る杭（くい）は打たれる。
高木は風に折らる。

📖 "财大有险，树大招风"とも。

例 文

要保持低调才能避免"～"。

目立ちすぎないように控えめにしていなければ「出る杭は打たれる」の禍を免れることが
できない。

草生一秋，人生一世

cǎo shēng yī qiū, rén shēng yī shì

春に咲いた草花が秋には枯れてしまうように，人の一生は極
めて短い。青春を無為に過ごすことを戒める。

📖 "人生一世，草生一秋"とも。

例 文

"～。"要趁年轻时多学点本事，免得老来空留遗憾。

「人の一生は極めて短い」。若い時にしっかり腕を磨いて，老いて虚しく後悔することのな
いようにしなければならない。

唱戏的腿，说书的嘴

chàngxì de tuǐ, shuōshū de zuǐ

役者は足が，講釈師は口が命。"唱戏的"は旧劇の役
者，特に武劇を演じる立役。

例文

"～。"我们说相声的就全靠一张嘴。

「役者は足，講釈師は口」。われわれ漫才師は舌一枚が命である。

车到山前必有路

chē dào shān qián bì yǒu lù

車が山の麓まで来れば必ず道がある；どんな困難にも解
決策がある。窮すれば通ず。案ずるよりも産むがやすし。
なるようになる。

📖 "船到桥头自然直"（船が橋のたもとに近づけば自ず
とまっすぐに進む）とセットで使われることが多い。

例文

别着急，"～，船到桥头自然直"，保险没有渡不过的难关。

焦ることはない，「窮すれば通ず」だ，越えることのできない関所などあるはずがない。

成大事者不拘小节

chéng dàshì zhě bùjū xiǎojié

大きな事を成し遂げる人は小さな事にこだわらない。

例文

"～"，你就放手去干吧。

「大事を成し遂げる人は小事にこだわらない」ものだ。思い切っ
てやりたまえ。

成人不自在，自在不成人

chéngrén bù zìzai, zìzai bù chéngrén

一人前の人間になるには勝手気ままではいけない，勝手気ままでは一人前の人間にはなれ
ない。"成人"は成熟した大人になる，一人前の有為な人物になる。

📖 "自在不成人，成人不自在"とも。

成者王侯，败者为贼

chéngzhě wánghóu, bàizhě wéi zéi

勝者は王侯（王と諸侯），敗者は賊呼ばわりされる；
正しいかどうかは勝敗によって定まるということ
のたとえ。勝てば官軍，負ければ賊軍。

📖 "成则为王，败则为寇"とも。"寇"は賊，強盗。
〚英〛Might is right.

例 文

中国历史上有一个习惯，"～"。

「勝てば官軍，負ければ賊軍」。これが中国史の常である。

城门失火，殃及池鱼

chéngmén shīhuǒ, yāng jí chíyú

城門で火事が起きると，（火事を消すために池の水を使い
果たすので）災いが堀の魚に及ぶ。池魚の殃（わざわい）。
そば杖を食う。巻き添えを食う。

📖 後半の"殃及池鱼"（yāngjí-chíyú）は単独で成語として
使われることがある。

例 文

"～。"随着企业的大量倒闭，银行也出现了危机。

「池魚のわざわい」のたとえどおり，巻き添え食って，企業の大量倒産のあおりで，銀行
も危機に見舞われた。

秤锤虽小压千斤

chèngchuí suī xiǎo yā qiānjīn

分銅は小さくても重い物を計ることができる；見かけは小さくても侮
れないということのたとえ。山椒（さんしょう）は小粒でもぴりりと
辛い。

📖 "秤砣虽小压千斤"とも。

例 文

"～。"他刚刚二十几岁就成了这个剧团的"台柱子"，他一出场，每场戏都爆满。

「山椒は小粒でも」。彼はたった二十数歳でこの劇団の「大黒柱」となり，彼の出る芝居は，
どれもみなお入り満員である。

尺有所短，寸有所长

chǐ yǒu suǒ duǎn, cùn yǒu suǒ cháng

一尺あっても短いこともあれば，一寸でも長すぎる
こともある；人や物にはそれぞれ長所もあれば短所
もある。

📖 縮めて"尺短寸长"（chǐduǎn-cùncháng）とも。

例文

〜。学者未必能成为良师。

人には長所もあれば短所もある。学者が良い教師になれるとは限らない。

丑媳妇总要见公婆

chǒu xífu zǒng yào jiàn gōngpó

醜い嫁もいずれはしゅうと・しゅうとめに顔を合わせないわけにはいかない；どんなに困
難であっても避けて通ることはできないということのたとえ。

例文

"〜"，论文写得不好，也得按时交给导师啊。

「いつまでも避けてはいられない」，論文がうまく書けていなくても，どのみち期限どお
りに指導教官に提出しなければならないのだから。

初生牛犊不怕虎

chū shēng niúdú bù pà hǔ

生まれたばかりの子牛は虎をも恐れない；
怖いもの知らずであることのたとえ。

📖 "初生牛犊不畏虎"とも。

例文

"〜"，他似乎永远不会感到自己会有难以逾越的困难。

「怖いもの知らず」で，彼はどうやらいつまでも自分に乗り越えられない困難などないと
思っているようだ。

春不种，秋不收

chūn bù zhòng, qiū bù shōu

春に種を蒔（ま）かなければ秋の収穫はない；蒔かぬ種は生えぬ。

春宵一刻值千金

chūnxiāo yī kè zhí qiānjīn

春宵（しゅんしょう）一刻値（あたい）千金；春の宵（よ
い）のひとときは千金にも換え難い価値がある。

📖蘇軾『春夜』詩の起句から。

春宵一刻直千金，春宵一刻　直（あたい）千金
花有清香月有阴。花に清香あり　月に陰（かげ）あり

例文

常言道："～。"我怎能不珍惜大好时光呢？

「春宵一刻値千金」というではないか。どうしてこのすばらしい時間を無駄に過ごせようか。

春雨贵如油

chūnyǔ guì rú yóu

春の雨は油のように貴い。清明節の前後，種まき時期の
雨は農民にとってこの上なく貴重であることをいう。

例文

"～。"人们都抓紧时间，赶着播种。

「春の雨は油のように貴い」。人々はみな時機を逸することなく種まきに精を出している。

聪明反被聪明误

cōngmíng fǎn bèi cōngmíng wù

知恵のある人間は自分の知恵に頼りすぎて，かえって自滅
する；策士策におぼれる。

📖蘇軾『洗児戯作』中の詩句に基づく。

例文

与其"～"，不如做个平凡的人，一生无灾无难，安安稳稳。

「知恵に頼り過ぎてしくじる」よりも，平凡な人として，一生災難に遭うことなく，穏や
かに過ごすほうがよい。

打蛇打七寸

dǎ shé dǎ qī cùn

蛇を叩（たた）くには急所（頭から七寸の所）を叩け；敵を打つには急所を突け。

218

打蛇先打头，擒贼先擒王
dǎ shé xiān dǎ tóu, qín zéi xiān qín wáng

蛇を叩（たた）くにはまず頭を叩け，賊を捉えるにはまず頭（かしら）を捉えよ；敵を打つにはまず急所を打て。

例文

常说 "～"，我们先把他的指挥打乱。

「真っ先に急所を打て」というではないか，われわれはまず彼の指揮をかき乱してしまおう。

打是亲，骂是爱
dǎ shì qīn, mà shì ài

叩（たた）くのも叱るのも愛すればこそ；憎い憎いは可愛いの裏。目上の者が目下の者に，また夫婦間で夫が妻に，妻が夫に厳しく接する態度についていう。

📖 "打是心疼，骂是爱" とも。

例文

常说 "～"，两口子打架人不怪。

「愛すればこそ，喧嘩（けんか）もする」というではないか，夫婦が殴り合いをしていても誰も怪しまない。

大开方便之门
dà kāi fāngbiàn zhī mén

大々的に門戸を開く；できるだけ人々のために便宜を計る。

📖 もと仏教用語。仏道に入るために方便の門を開く意。

大难不死，必有后福
dànàn bù sǐ, bì yǒu hòufú

大きな災難で命拾いすれば，後日きっと福運に恵まれる。

📖 後半は "必有大福" "必有后禄" などとも。

例文

常说 "～"，命里不该死，我不该死啊！

「災難の後には福運に恵まれる」というではないか，死ぬ運命にあるのでないかぎり，ぼくは死にはしない。

大人不记小人过
dàren bù jì xiǎorén guò

年長者は年少者の，また上司は部下の失敗や過ちを責
めない。許しを乞う場面でよく使われる。
📖 "不记"は"不责""不见"などとも。

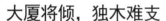

常说 "～"，饶我这回，我下次不敢！
「大人（たいじん）は小人（しょうじん）の過ちをとがめない」というではありませんか，
今回のことは見逃してください，二度とやりませんから。

大厦将倾，独木难支
dàshà jiāng qīng, dúmù nán zhī

大きな建物が倒れかかっている時は，一本の木では支え切れな
い；大勢が決しかけている時は，個人の力ではどうしようもない。

例文

"～"，同样地，国家的政治腐败，尽管有一两个忠臣，也免不了
覆灭的命运。
大きな建物が倒れかかったら支えようがないのと同じで，国の政治が腐敗している時には，
一人や二人の忠義な臣下がいたとしても，滅びる運命を免れることはできない。

大鱼吃小鱼，小鱼吃虾子
dàyú chī xiǎoyú, xiǎoyú chī xiāzi

大きい魚は小さい魚を食い，小さい魚は小エビを食う；強いものが弱いものを餌食（えじ
き）にして生き残る。弱肉強食。

大丈夫一言，万金不易
dàzhàngfu yīyán, wànjīn bù yì

立派な男子はたとえ万金を積まれてもいったん言ったことを取り消す
ようなことはない。武士に二言なし。

例文

"～！"说话算话，绝不食言。
武士に二言なしだ。言った事は必ずやる，決して約束をたがえはしない。

大丈夫有泪不轻弹

dàzhàngfu yǒu lèi bù qīng tán

男子たる者軽々しく涙を拭いはしない；立派な男子は
どんなに苦しくても人前で涙を見せたりはしない。

📖 "男儿有泪不轻弹" とも。

例 文

〜！既然事情已经过去，那就别再计较了。

男子たるもの，決して弱音を吐かない。事が過ぎ去ってしまったからには，くよくよする
のはよそう。

单丝不成线，独木不成林

dānsī bù chéng xiàn, dúmù bù chéng lín

一筋の糸では紐にすることはできない，一本の木では林になら
ない；何事も独力では成し遂げることはできない。

📖 前半と後半のどちらか一方だけで使うこともできる。

例 文

"〜。"我们只有联合起来，才能改善环境，把村子建设得更好！

「独力では無理だ」。われわれは力を合わせてこそ，環境を改善
して，もっとすばらしい村の建設ができる。

当局者迷，旁观者清

dāngjúzhě mí, pángguānzhě qīng

傍らで見ている人の方が，碁を打っている本人よりも先が読
める；第三者の方が当事者よりも客観的な判断ができる。傍
目八目（おかめはちもく）。

例 文

"〜"，你还是应该多听听来自各方面的意见。

「傍目八目」，きみはやはり各方面の意見をもっと聞いてみるべきだ。

到什么山上唱什么歌

dào shénme shānshang chàng shénme gē

山の様子を見て歌を歌え；その場に応じた話をせよ。

道不同，不相为谋
dào bùtóng, bù xiāng wéi móu

道同じからざれば，相（あい）為めに謀らず；志す道が同じでなければ，お互いに一緒に
やって行けない。

📖 『論語』衛霊公篇に見える語。

例文

"～。"道路不同，理想不同，怎么能跟着你们走呢？

「道同じからざれば，相為めに謀らず」。路線も違う，理想も違うのに，どうしてあなたが
たについて行けますか。

多年的道儿走成河，多年的媳妇熬成婆
duō nián de dàor zǒuchéng hé, duō nián de xífu áochéng pó

長年歩いた道は川となり，長年辛抱した嫁は姑（しゅうとめ）となる；（安楽な日は容易
には訪れないが）辛抱を重ね続ければ，いずれは落ち着く所へ落ち着く。石の上にも三年。

多一事不如少一事
duō yī shì bùrú shǎo yī shì

よけいな手出しをするよりも控えめにしたほうがよい；関わり
を持たなければ災いを招くこともない。触らぬ神に祟りなし。

例文

我知道你的脾气，你是"～"，害怕麻烦。

きみの気性はぼくにはよくわかっているよ。きみは「よけいな事はしない主義」で，面倒
を恐れているのだ。

儿行千里母担忧
ér xíng qiān lǐ mǔ dānyōu

息子が旅に出ると母親は気をもまずにいられない。"担忧"は憂
える，憂慮する。

例文

常言说："～"啊！儿子一走，我就是放心不下呀！

よく「息子が旅に出ると母親は心配する」と言うが，あの子が行
ってしまうと，わたしは心配でたまらない。

耳不听，心不烦

ěr bù tīng, xīn bù fán

聞かなければ心を煩わすこともない；実情を知れば腹も立つが，知らなければ心穏やかで
いられる。知らぬが仏。

耳闻不如眼见

ěrwén bùrú yǎnjiàn

百聞は一見に如かず；何度も人から聞くよりも，実際に自分の
目で確かめてみたほうがよい。

📖 『漢書』趙充国伝に見える語。

例 文

"～"，你最好下去亲自看。百聞は一見に如かずだ，降りて自分の目で見てごらん。

二虎相斗，必有一伤

èr hǔ xiāngdòu, bì yǒu yī shāng

二匹の虎が闘えば必ずどちらか一方が傷つく；二人の英雄
が闘えば必ずどちらか一方が倒れる。両虎相闘わば勢い俱
（とも）には生きず。

📖 "两虎相斗，必有一伤" とも。

例 文

这叫作"～"。待他伤了一个，便容易拿下了。
これこそ「両虎相闘わば勢い俱には生きず」というものだ。彼が一方を傷つけるのを待て
ば，容易に攻め落とすことができる。

反弹琵琶也动人

fǎn tán pípa yě dòngrén

琵琶を逆さまに弾いても人の心を打つことがある；発想を転換して
常道とは異なる選択をしてみると，うまく運ぶことがある。

例 文

如果你觉得这道题不好从正面下手的话，试试逆向思维，有道是"～"。
もしこの問題に正面から手をつけるのが難しいと思うなら，考え方
を変えてみてはどうか。「時には発想の転換を」というではないか。

饭后走百步，活到九十九
fàn hòu zǒu bǎi bù, huódào jiǔshíjiǔ

食後に百歩歩けば，99 歳まで長生きできる；食後の軽い運
動は長寿の秘訣。食後の百歩。

例 文

"～"，还是多走几步吧！

「食後の百歩は長生きのため」だ，やはり少し多めに歩こう。

肥水不流外人田
féishuǐ bù liú wàirén tián

養分に富んだ水は他人の畑へ流さない；皆にとって大事な水を自分の畑にだけ引き込もう
とする。利益を独り占めにする。我田引水。

📖 "肥水不落外人田" "肥水不落他人田" "肥水不过别人田" などとも。

〖英〗Every miller draws water to his own mill. 粉屋は誰でも自分の小屋に水を引く。

佛要金装，人要衣装
fó yào jīnzhuāng, rén yào yīzhuāng

仏像は金粉の装いで，人は衣装で引き立つ；人はふさわしい服
装をすれば立派に見える。馬子（まご）にも衣装。

例 文

"～"，参加这次典礼要穿正式的服装，不要穿休闲服。

「馬子にも衣裳」，今回の式典には，カジュアルな装いではな
く，正式の服装で参列しなければなりません。

父是英雄，儿好汉
fù shì yīngxióng, ér hǎohàn

父は英雄，子は好漢；父が立派な人物であれば，子も
優れた人物になる。この父にしてこの子あり。

例 文

张医生家五个孩子，各个都有出息，真是 "～"。

張医師には 5 人の子どもがいるが，どの子も出来がいい。まことに「この父にしてこの子
あり」だ。

妇女能顶半边天
fùnǚ néng dǐng bànbiāntiān

女性は天の半分を支えることができる。女性の能力と働きは男性に
ひけをとらないことをいう。

例文

人们常说："～"，离了妇女没吃穿！
「女は天の半分」というが，女性なしには衣も食もままならない。
女同志怎么不行？"～"嘛！
なんで女ではいけないの？「女は天の半分を支える」ですよ！

胳膊拧不过大腿
gēbo nǐngbuguò dàtuǐ

細い腕で太い腿（もも）を捩（よ）じることはできない；
強い者には勝てない。長い物には巻かれよ。

📖 "胳膊扭不过大腿"とも。

例文

你的意见虽然很有道理，但最后还是要听领导的。"～"呀。
きみの意見はもっともだが，やはり最後には上司の言うとおりにしなければならない。「長
い物には巻かれよ」だ。

隔墙有耳，背后有眼
géqiáng-yǒu'ěr, bèihòu-yǒuyǎn

壁に耳あり，障子に目あり；秘密の話などが他に漏れやすいと
いうことのたとえ。

例文

不要以为你这事做得神不知鬼不觉，"～"，肯定瞒不了所有的人。
きみはこの事を人に知られることなくうまくやれたと思ってはいかん。「壁に耳あり」で，
決してすべての人をだましきれるものではない。

公不离婆，秤不离砣
gōng bù lí pó, chèng bù lí tuò

亭主は女房にべったり，秤（はかり）と分銅のよう；夫婦仲がよいことのたとえ。

功到自然成

gōng dào zìrán chéng

しっかり技を磨き上げれば事はおのずから成る；努力を重ねれば事は自然に運ぶ。

例文

写作没有捷径，全靠"～"。写十遍有写十遍的好处。

創作に近道はない，努力の積み重ねが肝心だ。10回書けば10回書いただけのことがある。

恭敬不如从命

gōngjìng bùrú cóngmìng

辞するは礼にあらず；遠慮しすぎるよりも言いつけに従うのが
よい。「遠慮なく頂きます」の意でよく使われる。

例文

"～"，我就再住几天。

「遠慮は損慮」，お言葉に甘えてもう何日か泊まらせていただきます。

狗不嫌家贫，儿不嫌母丑

gǒu bù xián jiā pín, ér bù xián mǔ chǒu

犬は飼われている家が貧しくても嫌がらない，子は母が醜
くても嫌がらない；肉親や郷土に対する愛着心が強く，決
して見捨てることのないたとえ。

例文

"～。"谁都爱自己的家乡。「貧しくとも我が家」。自分の故郷を愛さない人はいない。

瓜田不纳履，李下不正冠

guātián bù nà lǚ, lǐxià bù zhèng guān

瓜田に履（くつ）を納（い）れず，李下に冠を正さず；
他人から嫌疑を受けやすい行為は避けたほうがよい。
「履を納れず」は「靴を履き直さない」。

例文

"～。"虽然你自己光明正大，但也要注意不做可能引起别人怀疑的事。

「李下に冠を正さず」。あなた自身にやましいところがないにしても，やはり人の疑いを招
きかねない事をしないように注意しなければいけません。

寡不敌众，弱难胜强

guǎ bù dí zhòng, ruò nán shèng qiáng

少ない人数では数の多い相手にはかなわない，弱い
勢力では強い勢力には勝てない；衆寡敵せず。多勢
（たぜい）に無勢（ぶぜい）。

【例文】

他们是一大帮，咱们只有三个人，"～"，不能跟他们硬拼。

あちらは大勢で，こちらはたった３人，「衆寡敵せず」だ。真っ向から彼らとぶつかるわけ
にはいかん。

管中窥豹，可见一斑

guǎnzhōng kuī bào, kě jiàn yībān

管中（管の穴）に豹を窺（うかが）い，その一斑
（いっぱん）を知る；一斑を見て全豹（ぜんぴょ
う；豹全体の美しさ）を卜（ぼく）す。物事の一
部を見てその全体を推量する。"一斑"は一つの
まだら，特に豹の毛皮のまだらをいう。

📖 "管中窥豹，略见一斑"（～, lüè jiàn yībān）とも。成語"管中窥豹"は，多く見識の狭い
ことのたとえに用いられるが，後に"可见一斑"または"略见一斑"が続いた場合は，一
部分から全体を推し量ることができることを強調する。

【例文】

这个报告虽然不能说十分全面，但是"～"。

この報告は十分に意を尽くしているとは言えないが，それでも「一斑を見て全豹を知る」
ことはできる。

光脚的不怕穿鞋的

guāngjiǎo de bù pà chuān xié de

はだしの者は靴を履いている者を恐れない；何も持たない者は怖
い者なしである。

【例文】

"～"，我本来就什么也没有，你能拿我怎么样？

「持たないものに怖い者なし」だ，ぼくはもともと何も持っていないのに，きみはぼくを
どうしようというのか。

过了这个村，没有这个店

guòle zhège cūn, méiyǒu zhège diàn

この村を過ぎると，もうこの宿屋はない；この機会を逃したら，二度とこんなチャンスは訪れない。元は宿屋の客引きの言葉。

例文

你们都不去了？"～"啦！再想去可去不了了！

きみらは誰も行かないのか。「チャンスは今回きり」だ。いくら行きたいと思っても，もう行けやしないぞ。

海水不可斗量

hǎishuǐ bùkě dǒu liáng

海の水は升では量れない；人の性質や能力は外観だけでは判断できない。人は見かけによらぬもの。

📖 "人心不可测，～"（人の心は計り知れない，～），"人不可貌相，～"（人は外観だけでは計れない，～）と続けて用いられることが多い。

例文

"人心不可测，～。"你初次出去闯荡，遇事要多留个心眼儿。

「人は見かけによらぬもの」だ。おまえは初めて家を離れるのだから，事ごとによく気を付けるんだよ。

行行出状元

hángháng chū zhuàngyuan

どの職業にも優秀な人がいる；物事にはそれぞれ本職とする人があり，素人（しろうと）などがなまじ努力してもかなわないものだ。商いは道によりて賢し。餅は餅屋。"状元"は科挙の成績最優秀者。

例文

老人们常常说"～，业业有高手"这句话，意思是勉励晚辈们要热爱本职工作。

老人はよく「餅は餅屋」ということわざを口にするが，言いたいのは後輩たちに自分の仕事にしっかり打ち込めということだ。

好汉不吃眼前亏
hǎohàn bù chī yǎnqiánkuī

賢い人間は勝てない喧嘩（けんか）はしない；立派な人物
は目の前の災難や危険は避けて行動する。君子は危うきに
近寄らず。負けるが勝ち。"吃亏"は損をする，ばかを見る。

例 文

随他们去闹吧！"～"，你这时不能露脸！

彼らの騒ぐに任せておきなさい。「君子危うきに近寄らず」だ，きみは今，顔を出すべきで
はない。

好马不吃回头草
hǎomǎ bù chī huítóucǎo

良い馬は後戻りして草を食べたりはしない。よく
"好汉不走回头路"（気骨のある人は中途で後悔
して後戻りなどしない）とペアで使われる。

例 文

"～，好汉不走回头路。"我这一出门，就是死在路上，也决不后悔。

「男子たるもの決して後戻りはしない」。このたび出かけて，たとえ路上に倒れても，ぼく
は決して後悔はしない。

好死不如赖活着
hǎosǐ bùrú làihuózhe

格好よく死ぬよりも，格好悪くても生きているほうがましだ。死んで花実が咲くものか。

河水不犯井水
héshuǐ bù fàn jǐngshuǐ

川の水は井戸の水を妨害しない；おのおのその分を守
り，人の領分を侵さない。

📖 "井水不犯河水"とも。

例 文

你办你的事，我办我的事，咱们"～"了。

ぼくはぼくの事ををやるから，きみはきみの事をやりたまえ，互いに干渉なしだ。

荷花虽好，也要绿叶扶持

héhuā suī hǎo, yě yào lǜyè fúchí

美しい蓮の花も，緑の葉に支えられなければならない。

例 文

人是需要帮助的，～。 人には援助が必要である。緑の葉があってこそ蓮の花は美しい。

虎毒不吃儿

hǔ dú bù chī ér

虎は猛しといえども我が子は食らわず；どんなにむごい親でも自分の子を傷つけたりはしない。

📖 "虎毒不食子" とも。

例 文

"～"，他怎么能对自己的亲生儿子下此毒手呢？ 虎でさえ自分の子は食わないというのに，彼はどうして実の子にあんなことができるのか。

花无百日红

huā wú bǎi rì hóng

いつまでもしぼまない花はない；すべて物事はいつまでも栄え続けているはずはない。

例 文

"～。" 好花不会长开不谢，人生不会长盛不衰。
「しぼまない花はない」。きれいな花もいつかはしぼむように，人もいつまでも死なずに生きるということはありえない。

花有重开日，人无再少年

huā yǒu chóng kāi rì, rén wú zài shàonián

花は散っても再び咲く日が来るが，人には二度と若い日は来ない；盛年（せいねん）重ねて来たらず。

例 文

"～。" 明天我十八岁生日，在今后的路上要靠自己了。
「盛年重ねて来たらず」。あしたでわたしは 18 歳になる。これからの人生は独り立ちして歩まなければならない。

画鬼容易画人难

huà guǐ róngyì huà rén nán

鬼を描くのはやさしいが, 人を描くのは難しい；誰も知らない話をでっち上げるのは容易だが, 皆が知っている事をごまかすのは難しい。

例文

古人说得好："～。"因为鬼是可以臆造的，所以显得相对容易。但对人们熟悉的东西难描摹。

古人は「鬼を描くは易く, 人を描くは難し」と言っているが, 鬼は憶測ででっちあげることができるが, 誰もが知っている人はそうはいかないからだ。

会捉老鼠的猫不叫

huì zhuō lǎoshǔ de māo bù jiào

鼠（ねずみ）を捕る猫は鳴かない；能ある鷹（たか）は爪を隠す。黙り牛は突く。

活到老，学到老

huó dào lǎo, xué dào lǎo

老いるまで生き, 老いるまで学ぶ；生きている限り学び続ける。学問は死ぬまで続けるもので, これで終わりということはない。

📖類義の成語に"学无止境"（xuéwúzhǐjìng）"学海无涯"（xuéhǎi-wúyá）がある。

例文

人老不算老，心老才算老。"～"，九十九岁学个巧。

肉体の衰えは「老い」とは言えない, 精神の衰えこそが「老い」である。「生涯学び続ける」ことが肝心, 九十九になっても何かを学ばなくては。

货比三家不吃亏

huò bǐ sān jiā bù chīkuī

買い物をするには何軒もの店に当たって比較すれば損をすることはない。

例文

"～。"买东西时至少要到三处比较质量和价格。

「三軒当たれば損はない」。買い物は少なくとも三軒の店で品質と値段を比べるべきだ。

祸不单行，福无双至

huòbùdānxíng, fúwúshuāngzhì

禍（わざわい）は単独ではやって来ない，好運は重なっ
てはやって来ない。不運には不運が重なるということの
たとえ。泣き面に蜂。弱り目に祟（たた）り目。

例文

"～。"倒霉、烦恼的事或灾祸往往同时降临；好事或好运却不会同时来到。

「弱り目に祟り目」，運の悪い事，煩わしい事，あるいは災難は同時に降りかかるが，めで
たい事や運の良い事は同時に訪れはしない。

饥不择食，寒不择衣

jībùzéshí, hánbùzéyī

飢えている時は食を択（えら）ばず，寒い時は衣を択ばない；本当に困
っている時はどんな物でもありがたく思う。すきっ腹にまずい物なし。

例文

"～"，无论多么卑微的工作，他都愿意尝试。

「飢えては食を択ばず」で，取るに足らないほどの小さな仕事であっても，彼はやってみ
ようとする。

机不可失，时不再来

jībùkěshī, shíbùzàilái

好機逸すべからず，時は再び巡って来ない；思い立ったが吉日（きちじつ）。

鸡急上房，狗急跳墙

jī jí shàng fáng, gǒu jí tiào qiáng

鶏は追い詰められると屋根に跳び上がる，犬は追い詰められる
と塀を跳び越える。人はせっぱ詰まると捨てばちな行動に出る
ということのたとえ。窮鼠（きゅうそ）猫をかむ。

例文

常说 "～"，人被逼到无奈时，就会不顾一切去冒险。

「窮鼠猫をかむ」というが，人は追い詰められて逃げ場を失うと，なりふりかまわず捨て
鉢の行動に出る。

疾风知劲草

jífēng zhī jìngcǎo

疾風に勁草（けいそう）を知る；激しい風が吹いて初めて強い草の存在が
知られるように，厳しい試練に遭って初めて人の節操の固さが知られる。
📖成語"疾风劲草"に同じ。

例文

只有在关键时刻才能考验一个人，所谓"～"，正是这个意思。

肝心かなめの時に初めて人は真価を試される。「疾風に勁草を知る」とは，まさにこの事だ。

家丑不可外扬

jiāchǒu bùkě wài yáng

家の恥は外に漏らしてはならない；身内（みうち）のいざこざ
は人前にさらしてはならない。内部のもめ事は外に出してはな
らない。臭い物には蓋をする。

例文

"～。"自己家里的事，傻呵呵地告诉外人，那是什么意思呢？

「身内の恥は外に漏らしてはならない」というのに，自分の家の事をバカみたいに他人に
話すとは，いったいどういうつもりなの？

家家有本难念的经

jiājiā yǒu běn nán niàn de jīng

（外見には幸せそうに見えても）どこの家にもそれぞ
れの困り事があるものである。"难念的经"は「難しい
お経」。転じて，困難な事。

例文

"～。"依我看，他可能有为难的地方。

どこの家にも言えない悩みがある。どうやら，彼は人に言えない悩み事を抱えているようだ。

见树不见林

jiàn shù bù jiàn lín

木を見て森を見ず；細かい点にばかりこだわって，全体をつかまないことのたとえ。
〖英〗Cannot see the wood for the trees.

姜是老的辣

jiāng shì lǎo de là

生姜（しょうが）はひねたものの方が辛い；年長者
の人生経験は尊ぶべきであるということのたとえ。
亀の甲より年の劫（こう）。

例文

"～"，"酒是陈的香"，"辣椒是老的红"，都比喻老
年人见多识广，办事老练。

「生姜はひねたものの方が辛い」、「酒は年数を経たものの方がうまい」、「唐辛子はひねた
ものの方が赤い」、これらはいずれも老人は経験が豊かで知識が多く、する事が物慣れてい
るということをたとえている。

解铃还须系铃人

jiě líng hái xū xì líng rén

鈴を結んだ者が鈴を解かなければならない；問題を引き起こ
した者が問題を解決しなければならない。蒔（ま）いた種は
自らの手で刈らなければならない。

📖成语"解铃系铃"（jiělíng-xìlíng）とも。

例文

他生气是因为你错怪了他，"～"，还是你去向他赔礼道歉吧。

彼が腹を立てているのはきみが彼を誤解しているからだ。「蒔いた種は刈らねばならぬ」、
やはりきみが行って彼に謝ってきなさい。

今朝有酒今朝醉

jīnzhāo yǒu jiǔ jīnzhāo zuì

今日（きょう）酒があれば今日酔う；明日（あした）は明日の風
が吹く。

📖よく"～，明日愁来明日愁"（～，明日愁いが来れば明日愁
えればいい）と続けて使われる。

例文

别那么愁眉苦脸的！把世事看开了。老话不是说："～"吗？

何を浮かぬ顔をしているのか。世間の事など気にしなさんな。「明日は明日の風が吹く」と
いうではないか。

金窝银窝，不如自己的草窝

jīnwō yínwō, bùrú zìjǐ de cǎowō

金銀造りの屋敷よりも，我がぼろ家が一番；住めば都。

金无足赤，人无完人

jīn wú zúchì, rén wú wánrén

純金もなければ，完璧な人間もいない；混じり物のない黄金がない
のと同じように，完全無欠な人など存在しない。人は誰でも多少の
欠点はあるものである。叩（たた）けば埃（ほこり）が出る。"足
赤"は純金，＝"足金"（zújīn）。

例文

"～。"每个人都会有自己的缺点，要学会宽容。

完全無欠な人など，どこにも存在しない。誰にでも欠点はあるものだ。寛大な心を持たな
くてはいけない。

近朱者赤，近墨者黑

jìn zhū zhě chì, jìn mò zhě hēi

朱に近づく者は赤くなり，墨に近づく者は黒くなる；朱に交われ
ば赤くなる。人は付き合う友により善悪いずれにも感化される。

例文

"～。"你跟勤奋好学的人在一起，才能进步。

「人は友達しだい」。勤勉で勉強好きな人と付き合えば，きみもきっと進歩できる。

酒后吐真言

jiǔ hòu tǔ zhēnyán

酒は本心を現す；酒に酔うと気が緩んで本音が出る。酒は腹の中
の言葉を出させる。

📖 "酒后出真言""酒醉吐真言"などとも。

例文

常言说："～"，醉酒后人的思想失去控制，容易说出平时不会说的话。

「酒を飲むと本性が出る」というが，酒を飲むと気持ちを抑えられなくなり，ふだん言う
はずのないことを口にしてしまう。

旧的不去，新的不来

jiù de bù qù, xīn de bù lái

古い物を捨てなければ新しい物は生まれない；古い制度や習慣を改めないかぎり，新しいものは打ち立てられない。日常の器物についても用いる。

例文

你干脆把它卖掉吧。"～"嘛！

いっそそれを売り払ってしまってはどうか。「古い物を捨てなければ新しい物は生まれない」というではないか。

救人救到底

jiù rén jiù dàodǐ

人を助けるからには，どこまでも助けなければならない。

君子动口，小人动手

jūnzǐ dòngkǒu, xiǎorén dòngshǒu

君子は口を動かし，小人は手を動かす；君子（優れた人格の備わった人）は道理で争うが，小人（器量が小さい人）は腕力を用いて争う。

📖 "君子动口不动手"（君子は口を動かし手を動かさない）とも。

例文

～！说不过就打，你没理！

君子は暴力に訴えないものだ。口でかなわないからといって，暴力を振るうなんて。

君子一言，驷马难追

jūnzǐ yī yán, sìmǎ nán zhuī

君子の一言，驷馬（しば）も追い難し；いったん口にした以上は取り返しがつかない。"驷马"は四頭立ての馬車。

例文

"～"，哪有食言爽约之理？

「君子に二言なし」だ，前言を翻して約束を破ってよいわけはないだろう。

看菜吃饭，量体裁衣

kàn cài chī fàn, liáng tǐ cái yī

おかずに合わせて飯を食い，体に合わせて服を裁つ；具体的状況
に応じて事を行う。対象にかなった処置をとる。

例文

俗话说："到什么山上唱什么歌"，又说："～。"我们无论做什么事
都要看情形办理，文章和演说也是这样。

ことわざにも「あの山に登ればあの歌，この山に登ればこの歌」
といい，「おかずに合わせて飯を食い，体に合わせて服を裁つ」と
いう。何事をするにもその状況に応じて処理する必要があり，文
章や演説もそうである。毛沢東《反対党八股》1942 年

靠山吃山，靠水吃水

kào shān chī shān, kào shuǐ chī shuǐ

山に近ければ山で暮らしを立てる，水辺に近ければ水辺
で暮らしを立てる；与えられた有利な条件をうまく利用
して生活する。

📖 "靠山吃山，靠海吃海" とも。

例文

俗话说："～"，真是一点不假。这里的人们一天到晚同山打交道，就连说话也离不开"山"字。

「山の人は山で暮らす」というが，まさにそのとおりだ。ここの人々は朝から晩まで山と
付き合っていて，話すことも「山」の話ばかりだ。

口说无凭，眼见为实

kǒu shuō wú píng, yǎn jiàn wéi shí

親しく見たものは確かであるが，口で言うことはあてにならな
い；軽々しくうわさ話を信じてはならず，自分の目でしっかり
確かめるべきである。

📖 "口说无凭，眼看是实" とも。

例文

真的，大伯！～。你明天一看就明白了。

ほんとだよ，おじさん。信じられないなら，自分の目で確かめてごらん。おじさんが行っ
て，見てみるとはっきりするよ。

快马一鞭，君子一言

kuàimǎ yī biān, jūnzǐ yī yán

駿馬（しゅんめ）の一鞭，君子の一言；君子の一言は，（早馬に鞭をくれたように後戻りができないので）金鉄のごとく重々しい。

📖 "好汉一言，快马一鞭" とも。

腊月冻，来年丰

làyuè dòng, láinián fēng

臘月（ろうげつ）が寒ければ，翌年は豊作である。
"腊月" は旧暦 12 月の異称。気候が寒ければ地中の害虫が死滅するからである。

例文

这雪是下得不错啊！"～。" この雪はよい時に降ってくれた。臘月が寒いと，翌年は豊作だ。

来而不往非礼也

lái ér bù wǎng fēi lǐ yě

来たりて往かざるは礼に非ざるなり；相手から訪問を受けていながらこちらから答礼をしないのは，礼に反することである。相手から受けた行為に対しては，同等の行為をもって返すべきである。礼は往来を尚（たっと）ぶ。

例文

谢谢，谢谢！中国有句古话道是，"～"。那我也送你一点薄礼。
どうもありがとう。中国には「礼は往来を尚ぶ」という古い言葉があります。わたしからもあなたに心ばかりのお礼をしましょう。

浪子回头金不换

làngzǐ huítóu jīn bù huàn

放蕩（ほうとう）息子が心を改めて立ち直るのは金にも換え難い。

例文

"～"，只要你现在不赌了，好好工作，就算我死了也能闭上眼睛。
心を入れ替えるのだ。おまえが賭け事をやめてくれさえすれば，わたしは安心して目を閉じることができるというものだ。

老天不负苦心人

lǎotiān bù fù kǔxīnrén

天は懸命に努力する人に背かない；天は自ら助くるものを助ける。

📖 "苦心人" は "有心人" "有志人" とも。

例文

"～。"在与狂风的激烈搏斗中，他们终于取得了胜利。

天の助けがあって，吹き荒れる風との激しい闘いの末，彼らはついに勝利を獲得した。

乐极生悲，否极泰来

lèjí-shēngbēi, pǐjí-tàilái

楽しみが頂点に達すると悲しみが起こり，不運が極みに達すると
幸運が巡ってくる；楽あれば苦あり，苦あれば楽あり。"否""泰"
は共に易の卦（か）。"否" は悪い卦，"泰" は善い卦。

例文

常言道："～"，好事坏事是互相转化的。

よく「楽（らく）極まれば悲（ひ）生じ，否（ひ）極まれば泰（たい）来る」というが，善
い事と悪い事とは交互に巡ってくる。

良禽择木而栖

liángqín zé mù ér qī

良禽（りょうきん）は木を択（えら）んで棲（す）む；賢い鳥は木のある場所や枝ぶりを
よく見てから巣を作る。賢い人は良い主君を選んで仕えるということのたとえ。

📖 よく "～，贤臣择主而事"（～，賢臣は主を択んで事〔つか〕える）と続けて使われる。

良药苦口而利于病

liángyào-kǔkǒu ér lìyú bìng

よく効く薬はのみにくいが，病気を治すには役立つ；良薬は口
に苦し。人からの忠告は受け入れにくいものだが，身のために
なる。忠言耳に逆らう。

例文

俗话说："～。"不客气地批评别人的人，才是好人。

「良薬は口に苦し」というとおり，遠慮なく人を批判してくれる人こそ良い人である。

留得青山在，不怕没柴烧
liúde qīngshān zài, bù pà méi chái shāo

青々とした山さえ残っていれば，薪がなくなる心配は
ない；大元を押さえておきさえすれば，将来の心配は
要らない。命あっての物種。

例文

十年河东，十年河西，～。
世情人心の移り変わりは激しいが，大元さえ押さえていれば心配は要らない。

流水不腐，户枢不蠹
liúshuǐ-bùfǔ, hùshū-bùdù

流水腐らず，戸枢（とぼそ）むしばまれず；いつも動いているものは，侵蝕を受けにくい
ということのたとえ。"户枢"はとぼそ，開き戸を開閉する時の軸を差し入れる穴。

路遥知马力，日久见人心
lù yáo zhī mǎlì, rì jiǔ jiàn rénxīn

道のりが遠ければ馬の力が知れ，日がたてば人の心が
わかる；物事は実際に経験してみないとわからない。
馬には乗ってみよ，人には添うてみよ。

📖 "路遥知马力，事久见人心"とも。

例文

"～"嘛！你们总会知道我这个人的。
「人には添うてみよ」だ。そのうちにきみたちはこのわたしがどんな人間かわかるだろう。

麻雀虽小，五脏俱全
máquè suī xiǎo, wǔzàng jù quán

雀は体は小さいが，五つの臓はすべて備わっている；規模は小さい
が何もかもそろっていることのたとえ。一寸の虫にも五分の魂。

📖 "麻雀虽小，肝胆俱全"とも。

例文

你别看我们那个办公室不大，"～。"
われわれのあの事務室は狭いけれど，それなりに何もかもそろっている。

马善被人骑，人善被人欺

mǎ shàn bèi rén qí, rén shàn bèi rén qī

おとなしい馬は人に乗られ，お人よしは人に欺かれる。

例 文

"～"，你不能过于忍让，要为自己争取公正的待遇。

お人よしはほどほどに。我慢してばかりいないで，まともな待遇を獲得しなければ。

蚂蚁不入无缝砖

mǎyǐ bù rù wú fèng zhuān

煉瓦（れんが）に隙間がなければアリは入り込まない；自身に弱
みや隙がなければ相手に付け込まれることはない。

例 文

"～"，如果自己没有弱点，那么"蚂蚁"就不会钻进去。

隙があるから「アリ」が入り込むのだ。付け入られる弱みがなければ入り込んでこない。

卖瓜的说瓜甜

mài guā de shuō guā tián

瓜売りは自分の瓜は甘いと言う；自分の物を誇る。手前みそを
並べる。

📖 "卖瓜的谁肯说瓜苦"（瓜が苦いと言う瓜売りはいない）とも。

例 文

"～。"做买卖的人都是这样。一条干枝也能说成是一枝花。

商売人はみな口が上手で，一本の枯れ枝さえも一枝の美しい花に言いくるめてしまう。

慢工出巧匠

màngōng chū qiǎojiàng

じっくり念入りに仕事をする人の中から名人上手が生まれる。

📖 "慢工出细活"（手間ひまかけてこそ精巧な仕事ができる）とも。

例 文

写文章不能快，反复推敲，才能出佳作。"～"嘛！

文章を書くには急いではならず，繰り返し推敲を重ねてこそ，よい作品が生まれる。「急(せ)
いては事を仕損じる」だ。

忙中多有错

mángzhōng duō yǒu cuò

あまり忙しいと失敗を招きやすい；急（せ）いては事を仕損じる。

📖 "忙中出错" "忙中有失" "忙中多错事" "忙中有乱，乱中生错" などとも。

 例文

你等我慢慢地去想，别催我，"〜" 嘛!

そう急（せ）かさないで，ゆっくり考えさせてくれ。「急いては事を仕損じる」というではないか。

猫儿都吃腥

māor dōu chī xīng

猫はみな腥（なまぐさ）が好きである；（欲張りや悪人の）習性は改め難いものである。

📖 "没有不吃腥的猫" "猫儿吃腥，狗吃屎" などとも。

例文

"〜"，哪有遇见腥鱼不馋的猫儿。

猫はみな腥が好きだ。生臭い魚を目にしてよだれを流さない猫などいない。

没有不散的筵席

méiyǒu bù sàn de yánxí

果てない宴（うたげ）はない；どんな楽しい集いもいつかは終わるものである。逢えば必ず別れがある。逢うは別れの始め。

📖 "没个不散的筵席" とも。

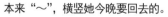 例文

"〜。" 二位，一路保重。我们就此拜别了!

会うは別れの始めとか。おふた方，どうかお気を付けて。わたしたちはここでお別れします。

本来 "〜"，横竖她今晚要回去的。

楽しい宴もいつかは果てるものです。いずれにしても彼女は今晩帰らなければならないのです。

没有不透风的墙

méiyǒu bù tòu fēng de qiáng

風を通さぬ垣根はない；秘密は必ずばれるものだ。悪事は必ず
露見する。

📖 "没有不透风的篱笆" とも。"篱笆"（líba）は垣根，まがき。

例文

"～。"他们之间的秘密，终于被人识破了。

悪事は隠しおおせない。彼らの秘密は，ついに見破られてしまった。

没有规矩不成方圆

méiyǒu guīju bù chéng fāngyuán

コンパスと定規がなければ四角も円も描けない；一定の標準と規則が
なければ何事も成就できない。

📖 『孟子』離婁・上 "不以规矩，不能成方圆"（規矩をもってせざれ
ば，方円をなすあたわず）から。

例文

国有国法，家有家规，～。

国には国のおきてがあり，家には家のおきてがある。おきてがなければ何事もうまく運ば
ない。

没有过不去的河，没有爬不上的坡

méiyǒu guòbuqù de hé, méiyǒu pábushàng de pō

渡れない川はないし，上れない坂もない；いかなる困難も努力しだいで克服することがで
きるというたとえ。

男不跟女斗

nán bù gēn nǚ dòu

（弱い者いじめをして笑われないために）男子は女子と争わない。

📖 "男不和女斗" "男不与女斗" とも。

例文

～，真不像样，让人家笑话。

女の子をいじめたりして，なんてざまだ。みんなに笑われるぞ。

男大当婚，女大当嫁

nán dà dāng hūn, nǚ dà dāng jià

男は成人すれば嫁をとり，女は成人すれば嫁に行くべきである。

📖成語 "男婚女嫁"（nánhūn-nǚjià）に同じ。

"男大须婚，女大须嫁" "女大出嫁，男大分家" などとも。

例 文

"～"，你们俩就成个家吧。おふたりとも年頃，ご結婚なさいよ。

年纪不饶人

niánjì bù ráo rén

年には勝てない；気持ちはまだ若いつもりでも，肉体的な衰えは
明らかである。年は争えない。

📖 "年纪" は "年龄" "年岁" "年数" "岁月" などとも。

例 文

这几年，我腿脚有点儿毛病，行走不太方便，～啊！

ここ何年か，わたしは足腰が弱ってきて，出歩くのがだいぶ不便だ，年は争えないものだ。

宁为鸡口，无为牛后

nìng wéi jīkǒu, wú wéi niúhòu

鶏口となるも牛後となるなかれ；大きな集団の中で尻についているよ
りも，小さい集団であってもその頭（かしら）でいるほうがよい。

📖『史記』蘇秦伝ほかに見える。

後半は "不为牛后" "勿为牛后" "莫为牛后" などとも。

例 文

在别人手下当个二等角色，难啊！俗语说："～。"这真是至理名言！

他人の部下として脇役を務めるなんて，御免だ。「鶏口となるも牛後となるなかれ」という
が，まことに名言だ。

宁走十步远，不走一步险

nìng zǒu shí bù yuǎn, bù zǒu yī bù xiǎn

危険な一歩より，安全な一歩；危険な道を行くよりも，たとえ遠回りをしても安全な道を
行く。急がば回れ。君子危うきに近寄らず。

爬得高，跌得重

páde gāo, diēde zhòng

高く登れば登るほど落ち方がひどい；地位が高ければ高いほど失
敗した時の痛手は大きい。

📖 "爬得越高，摔得越疼" とも。

例文

我不是那个意思，我是担心 "～"。

そういうつもりで言ったのではありません，しくじった時の痛手
を心配したまでです。

怕鬼就有鬼

pà guǐ jiù yǒu guǐ

幽霊を怖がっているとありもしない幽霊が現れる；恐怖心を
懐いて物を見ると，何でもない物までも恐ろしく見えてくる
ということのたとえ。疑心暗鬼を生ず。

📖 "怕什么有什么" とも。

例文

"～。" 事情总是这样的，你担心发生的事，偏就发生了！

「疑心暗鬼を生ず」。何事もすべてこうで，起こると嫌だと思った事が，えてして起こる
ものだ。

怕虎不在山上住

pà hǔ bù zài shānshang zhù

虎が恐ろしければ山には住まない；大事を成すには危険を覚悟しなければならない。

刨树要搜根儿

páo shù yào sōu gēnr

樹を掘り起こすには根こそぎ掘り起こさなければならない。

例文

"～"，解决问题要找出根源在哪儿。

「樹は根こそぎ掘り起こす」。問題を解決するには根源がどこにあるか探り出さなければ
ならない。

跑了和尚跑不了庙

pǎole héshang pǎobuliǎo miào

坊主は逃げても寺までは逃げることはできない；人は逃げられても家や財産は後に残る。証拠が存在するかぎり責任は免れない。

📖 "跑了和尚跑不了寺""走了和尚走不了庙"とも。

例文

他跑了？他一家子在这儿，他的房子也在这儿，"～"。

彼が逃げたって？彼の家族はここにおり、彼の家はここにある。逃げても逃げ切れるものではない。

便宜无好货

piányi wú hǎo huò

値段の安い物はそれだけ質も劣る；安物買いの銭失い。安かろう悪かろう。安物は高物（たかもの）。

📖 "便宜没好货"とも。多く"～，好货不便宜"と続けて使われる。

例文

"～，好货不便宜。"这真是货真价实、打着灯笼也找不到的好东西。

「安物買いの銭失い」というが、これは本当に品が良くて値も安く、そうやすやすと見つからないものである。

平时不烧香，临时抱佛脚

píngshí bù shāoxiāng, línshí bào fójiǎo

普段は焼香せずに、困った時には仏様の足にしがみつく；神仏を信じる心をもたない者が、苦しい時だけ神仏の加護を請う。苦しい時の神頼み。

📖 "烧香"は"念经"(niànjīng)"敬佛"(jìngfó)とも、"临时"は"急来"(jílái)"急时"(jíshí)とも。

例文

千万不要"～"，你应该平时和人家多走动走动。

「苦しい時の神頼み」では絶対にいけません。普段からしっかり周りと行き来しておくべきです。

破巢之下，安有完卵

pò cháo zhī xià, ān yǒu wán luǎn

壊れた巣の下に無事な卵があるはずはない；全体が破滅している時に一部が難を逃れられることはありえない。"**安有**"は"**焉有**"（yān yǒu）とも。いずくにかあらん，どこにもない。

📖 孔融（後漢の儒者）が捕らえられた時に息子が発した言葉。『三国演義』第40回

例文

"～。"鸟窝破了，鸟蛋也会随之破碎。

「巣が壊されれば卵も割れる」。鳥の巣が破壊されると鳥の卵も割れてしまう。

公司破产了，"～"，员工也不会幸免。

会社が倒産したら，「巣が壊されれば卵も割れる」で，従業員も道連れを免れえない。

七岁八岁讨狗嫌

qī suì bā suì tǎo gǒu xián

七、八歳の子どもはいたずらばかりするので犬にさえ嫌われる；七つ八つは憎まれ盛り。

📖 "七岁八岁狗也嫌""七岁八岁鸡狗都嫌"などとも。

例文

这孩子正是"～"的年龄，在妈妈的眼里，他倒是怪机灵的。

この子はちょうど「憎まれ盛り」で手に負えないが，母親の目には，かえって元気なお利口さんに見える。

妻贤夫祸少

qī xián fū huò shǎo

妻賢ければ夫禍（わざわい）少なし；賢い女房がいれば亭主は災難に遭わないで済む。

📖 よく"～，子孝父心宽"（～，息子が孝行であれば父親は心安らかでいられる）と続けて用いられる。

例文

真是"～"，要不是妻子及时提醒我，我把那么重要的事都给忘了。

まったく賢い女房のお陰だ。もし彼女が気を利かして注意してくれなかったら，わたしはあの大切な事を忘れてしまうところだった。

千里之堤，溃于蚁穴

qiān lǐ zhī dī, kuì yú yí xué

千里の堤（つつみ）も蟻（あり）の穴から崩れる；ごく
わずかな油断から大きな災いを招く。蟻の穴から堤も崩
れる。蟻の一穴（いっけつ）。

"～。"凡事都要注意防患于未然。

「千里の堤も蟻の穴から崩れる」。何事も災害を未然に防ぐよう注意すべきだ。

千里之行，始于足下

qiān lǐ zhī xíng, shǐ yú zú xià

千里の行（こう）も足下に始まる；千里もの遠くへ行
く旅も足下の一歩から始まる。遠大な事業もすべて一
足飛びにできるものではないというたとえ。

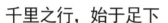

"～。"我们必须一步一步地走下去。

「千里の行も足下に始まる」。われわれは一歩一歩前へ進んでゆかなければならない。

前车之覆，后车之鉴

qiánchē zhī fù, hòuchē zhī jiàn

前車の覆るは後者の戒め；先人の失敗は後人の教訓となる。

成語"前车之鉴"（qiánchēzhījiàn）に同じ。

前人栽树，后人乘凉

qiánrén zāi shù, hòurén chéngliáng

前人樹（き）を栽（う）えて後人涼を得；前の世の人の努
力が実って、後の世の人がその恩恵を受けて楽をするこ
とができるということのたとえ。

"～。"修桥施路，与人方便，这是功德无量的好事情。

前の人の努力が後の人に幸いをもたらす。橋を架けたり道路を造ったりして人の便宜を図
るのは，計り知れない利益をもたらす立派な行いだ。

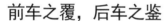

枪打出头鸟

qiāng dǎ chūtóuniǎo

鉄砲が先頭に立つ鳥を撃つ；ほかの人より目立つ人はしばしば
周りから憎まれたり攻撃されたりするということのたとえ。
出る杭（くい）は打たれる。高木は風に折らる。

例文

常言说："～"，他们自然不愿意打先头阵。

よく「出る杭は打たれる」というが，そのとおりで，彼らは当然ながら先陣を切ろうとは
しない。

青出于蓝而胜于蓝

qīng chū yú lán ér shèng yú lán

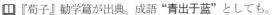

青は藍（あい）より出でて藍より青し。藍から採った青
色は，藍よりも青い。弟子が師よりもすぐれていること
のたとえ。出藍の誉れ。

📖 『荀子』勧学篇が出典。成語 "青出于蓝" としても。

学不可以已。青取之于蓝，而青于蓝；冰水为之，而寒于水。

学問は中途でやめるべきではない。青色の染料は藍を原料とするが，その藍よりもさらに
青い。氷は水から出来るが，水よりもさらに冷たいものだ。

例文

"～"，十五年来，他的成就已经超过老师。

まさに「出藍の誉れ」で，この 15 年の間に，彼の業績はすでに恩師を追い抜いている。

人比人，气死人

rén bǐ rén, qìsǐ rén

人と比べてばかりいると腹が立ってやっていけない；上を
見ればきりがない。

📖 "人比人，活不成""人比人，会气死""人比人，比死人"
などとも。

例文

"～"，我就从来不跟别人比。

人は人，「上を見ればきりがない」から，わたしはいまだかつて人と比べようとしたことが
ない。

人不可貌相

rén bùkě màoxiàng

人の性質や能力は外見だけでは判断できない；人は
見かけによらぬもの。

📖 "人不可以貌相""人不可以貌取" とも。
よく "～，海水不可斗量"（～，海の水は升では量
れない）と続けて使われる。

例 文

他相貌平常，棋艺却超群，真是 "～，海水不可斗量"。

彼は見かけはぱっとしないが，碁の腕は抜群だ。「人は見かけによらぬもの」とはよく言っ
たものだ。

人多好办事

rén duō hǎo bànshì

人数が多ければ仕事はやりやすい；人手が多いと仕事は
はかどる。

📖 "人多好干活""人多好作活" などとも。よく "～，
人少好吃饭"（～，人数が少ないと暮らしが楽だ）と続
けて使われる。

例 文

那太好了！～，咱们一块儿去。

それはけっこうだ。人手が多いと助かる，みんなで一緒に行こう。

人非草木，谁能无情

rén fēi cǎomù, shéi néng wúqíng

人は草や木と違い，ものに感ずる心や喜怒哀楽の情をもっ
ている；人，木石にあらず。

📖 前半は "人非木石"（rén féi mùshí），後半は "孰能无情"
（shú néng wúqíng）"岂能无情"（qí néng wúqíng）などとも。

例 文

"～。"人谁都有情感，不同于无知无觉的草木。

「人は木石にあらず」。人は誰でもみな情感を有していて，なんら感情を持たない草や木とは
異なる。

250

人挪活，树挪死

rén nuó huó, shù nuó sǐ

人は環境を変えることによって新生面が開けるが，樹木は動かすと枯れてしまう。

人怕出名，猪怕壮

rén pà chūmíng, zhū pà zhuàng

人は有名になるのを恐れ，豚は肥え太るのを恐れる；出る杭
（くい）は打たれる。

📖 "人怕出名，猪怕肥""人怕出名，羊怕壮"などとも。

例文

"～。"人出了名，就会带来极大的麻烦。

「出る杭は打たれる」。人は有名になると，大きな面倒を背負い込むことになりかねない。

人是铁，饭是钢

rén shì tiě, fàn shì gāng

人が鉄なら飯は鋼（はがね）；鉄には鋼が欠かせないように，人
には食が欠かせない。腹が減っては戦ができぬ。

📖 よく"～，一顿不吃饿得慌"（～，一食欠けるとひもじくてた
まらない）"～，一顿不吃没力量"（～，一食欠けると力が出ない）
などと続けて使われる。

例文

"～。"的确如此，饮食是生命的重要物质基础。

「人には食が欠かせない」。まさにそのとおりで，飲食は生命の重要な物質的基礎である。

人往高处走，鸟往亮处飞

rén wǎng gāochù zǒu, niǎo wǎng liàngchù fēi

人は高い所を目指し，鳥は高い枝に止まる；人は誰でもよい
地位，よい境遇を求めようとする。

📖 "人往高处走，鸟奔高枝飞"とも。

例文

"～。"我不能错过这个宝贵的机会。

「人は常に向上を目指す」。わたしはこの貴重な機会を逃すわけにはいかない。

人为财死，鸟为食亡

rén wèi cái sǐ, niǎo wèi shí wáng

人は財物のために命を落とし，鳥は食う物のために捕殺される；物欲ばかり追求していると，我が身を滅ぼすことになるということ。欲は身を滅ぼす。欲は身を失う。

仁者见仁，智者见智

rénzhě jiàn rén, zhìzhě jiàn zhì

仁者は仁と見，智者は智と見る；仁者は仁と判断し，智者は智と判断する。同じ事柄や問題に対してでも，見方によって異なる見解が得られるものである。

📖 一阴一阳之谓道。……仁者见之谓之仁，智者见之谓之智。
一陰一陽（あるいは陰となりあるいは陽となって限りのない変化を繰り返すはたらき），これが道とよばれる。
……仁者はこの道のはたらきの一面を見て仁と言い，智者はこの道の他の一面を見て智と言う。『易経』繋辞伝・上

日有所思，夜有所梦

rì yǒu suǒ sī, yè yǒu suǒ mèng

昼間にあれこれ考えていると，夜中にその夢を見る。

📖 "日有所思，夜有所想" とも。

【 例 文 】

这几天夜里总是梦见大家给我过生日，可能就是 "～" 吧。

この何日か，みんながわたしのために誕生日の祝いをしてくれる夢ばかり見ている。これはきっと昼間その事ばかり考えているからに違いない。

柔能制刚，弱能制强

róu néng zhì gāng, ruò néng zhì qiáng

柔能（よ）く剛を制し，弱能く強を制す：温柔な者がかえって剛強な者を制し，弱い者がかえって強い者に勝つ。柳に雪折れなし。

📖 "柔弱胜刚强"（róuruò shèng gāngqiáng）とも。

入境问禁，入国问俗

rù jìng wèn jìn, rù guó wèn sú

境に入らば禁を問い，国に入らば俗を問う；よその土地に行
ったら，その土地の風俗や習慣に従うのがよい。郷（ごう）
に入りては郷に従え。

📖 前半と後半は，それぞれ独立した成語としても使われる。
"入国问禁，入里问俗"とも。

入竟（境）而问禁，入国而问俗，入门而问讳。

国境を越えたらその地の制制を尋ね，他国に入ったら，その国
の風習を尋ね，よその家に行ったら，その家の禁忌を尋ねる。
『礼記』曲礼・上

软不吃，硬不吃

ruǎn bù chī, yìng bù chī

下手に出ても聞かず，強く出ても怖がらない；どうにも
手がつけられない。箸にも棒にもかからない。煮ても焼
いても食えない。

📖 "软的不吃，硬的不吃"とも。また成語"软硬不吃"
（ruǎnyìng-bùchī）としても。

例 文

你这个家伙，～，真拿你没办法。

おまえさんときたら，強く出ても弱く出ても言うことを聞かない。まったくもって手を焼
かされる。

瑞雪兆丰年

ruìxuě zhào fēngnián

瑞雪（ずいせつ）は豊年の兆し。"瑞雪"はほどよい雪。冬から
春先にかけての雪は大地を湿らせ害虫を退治するので五穀豊穣
が期待される。

例 文

古人云："～。"雪可以冻死越冬的害虫，冬雪大则来年虫害小。

昔の人は「瑞雪は豊年の兆し」と言っている。雪は冬を越す害虫を凍え死にさせてくれる
ので，大雪が降ると翌年の虫害は少なくて済む。

塞翁失马，焉知非福

sàiwēng-shīmǎ, yān zhī fēi fú

人間万事塞翁（さいおう）が馬；人生における吉凶・禍福
の転変は予測し難いということのたとえ。

📖 "塞翁失马" のみで成語としても。『淮南子』人間訓に
見える故事から。

塞（とりで）の近くに住む翁（おきな）が馬に逃げられたが，数か月後にその馬が，もう
一匹の駿馬（しゅんめ）を率いて戻ってきた。喜んでその馬に乗った息子が落馬して足を
折ったが，ために兵士にならずにすんで命長らえた。

三个臭皮匠，赛过诸葛亮

sān ge chòu píjiàng, sàiguò Zhūgě Liàng

特別に頭のよい人でなくても三人が協力すれば，諸葛孔明に
も勝るよい知恵が出るものだ；三人寄れば文殊（もんじゅ）
の知恵。

📖 "三个臭皮匠，顶个诸葛亮" とも。

〖英〗 Two eyes can see more than one.

例文

俗话说得好："〜。" 咱们好好商量一下，未必就想不出办法来。

「三人寄れば文殊の知恵」とはよく言ったものだ。みんなでよく相談すれば，何か方法が
見つかるかもしれない。

三十六计，走为上策

sānshiliù jì, zǒu wéi shàngcè

三十六策，走（に）ぐるを上策と為す；数多くある策
のうち，逃げるべき時には逃げて，身の安全を図るの
が最上の策である。三十六計逃げるに如かず。逃げる
が勝ち。

📖 "三十六计" は中国古代の兵法で 36 種の謀り事を
いう。数多くの計略。

例文

事已至此，"〜"! 今天的退，正是为了明天的进啊！

かくなるうえは，「三十六計逃げるに如かず」だ。きょうの退却はあしたの前進のためだ。

杀鸡焉用牛刀

shā jī yān yòng niúdāo

鶏を割くに焉（いずく）んぞ牛刀を用いん；鶏を料理するの
に牛の解体に使うような大きな包丁は要らない。ちょっとし
た事を処理するのに大人物や大がかりな手段を用いる必要
はないということのたとえ。

📖 『論語』陽貨篇に見える孔子の言葉から。

子之武城，闻弦歌之声，夫子莞尔而笑曰："割鸡焉用牛刀？"

子，武城に之（ゆ）きて，弦歌（琴の音と歌声）を聞く。夫子莞爾（かんじ）として笑いて
曰く，「鶏を割くにいずくんぞ牛刀を用いん」と。

山中无老虎，猴子称大王

shānzhōng wú lǎohǔ, hóuzi chēng dàwáng

虎がいない山の中で猿が大威張りしている；強い者や優れた者の
いない所で弱い者やつまらない者が威張っていることのたとえ。
鳥なき里のこうもり。

📖 "山上无老虎，猴子称大王" とも。

> 例 文

总经理刚生病住院，他就"～"，把大权都揽到自己手里。

社長が病気で入院すると，彼は「鳥なき里のこうもり」で，大きな権限をすべて自分の手
中に収めてしまった。

上有天堂，下有苏杭

shàng yǒu tiāntáng, xià yǒu Sū-Háng

天には極楽浄土があり，地には蘇州・杭州がある。物
産が豊かで景勝に恵まれた蘇州と杭州が地上の楽園で
あることをいう。

📖 "苏杭" は蘇州（江蘇省）と杭州（浙江省）。共に地
味豊かで，古来風光明媚（めいび）な地として知られる。

> 例 文

人人都说："～"，苏州、杭州的秀丽景色真是名不虚传啊！

人はみな「上に天堂あり，下に蘇杭あり」と言うが，蘇州と杭州の美しい景色は果たして
そのとおりだ。

射人先射马，擒贼先擒王
shè rén xiān shè mǎ, qín zéi xiān qín wáng

人を射んと欲すれば先ず馬を射よ，賊を擒（とりこ）
にせんと欲すれば先ず王を擒にせよ；目的を達成す
るには，まず相手が頼みとするところから攻めるの
がよい。

📖 杜甫『前出塞』其六中の詩句に基づく。

正所谓 "～"，如果把他们领头的给控制住，这帮人
就不战自败了。

これこそ「将を射んと欲すれば先ず馬を射よ」だ。もし，やつらの親玉をとっ捕まえられ
れば，連中は戦わずして自滅してしまうはずだ。

身教重于言教
shēnjiào zhòngyú yánjiào

実践は訓戒にまさる；言葉で教えるよりも行動でもって手本を示
すほうがよい。率先垂範。

📖 "身教胜于言教""言教不如身教" とも。

"～。"当父母的对孩子不但要严加管教，而且要以身作则，处处
做孩子的楷模。

「実践は訓戒にまさる」。親が子に対するには厳しくしつけるだけでなく，身をもって範を
示し，あらゆる場面で子どものお手本にならなければいけない。

身正不怕影子斜
shēn zhèng bù pà yǐngzi xié

身正しければ影を恐れず；己（おのれ）にやましいところがなけ
れば他人のとかくのうわさを気にすることはない。

📖 "身子立得正，不怕影子斜" とも。

常言道："～。"只要自己行为端正，就不怕别人的闲言碎语。

よく「身正しければ影を恐れず」というが，自分の行いさえ正し
ければ，他人がとやかく言うのを気にする必要はない。

什么钥匙开什么锁

shénme yàoshi kāi shénme suǒ

一つの鍵は一つの錠しか開けられない；それぞれの問題や人に対して
それぞれの対処の仕方が必要である。

📖 "一把钥匙开一把锁" とも。

例文

要本着 "～" 的原则去工作，千万不要马虎从事、简单粗暴。

「的を絞った対処のしかたを」の原則に基づいて仕事をすべきで，事をいいかげんにあし
らい，粗略に扱ってはならない。

十个指头不一般齐

shí ge zhǐtou bù yībān qí

十本の指にも長い短いがある；人の能力や性質にはそれぞ
れ違いがある。同じ兄弟でもいろいろある。十人十色。

📖 "十个指头有长短" とも。

例文

"～"，一母生九子，九子各不同。

「人それぞれ」で，同じ母親から生まれた子どもでも，それぞれに異なる。

十年河东，十年河西

shí nián hé dōng, shí nián hé xī

（河の流れが変わりやすく）十年前は河の東にあった場所
が，十年後には河の西になってしまう；世情人心の変わり
が激しいことのたとえ。十年一昔（ひとむかし）。

例文

"～"，咱们穷苦人兴许真能盼到出头的日子！

世の中の移り変わりは激しいから，貧困にあえいでいるわれわれにも日の当たる日が本当
に来るかもしれない。

十年树木，百年树人

shí nián shù mù, bǎi nián shù rén

木を植えるには十年，人を育てるには百年；人材を育成するには長い年月を必要とする。

事实胜于雄辩
shìshí shèngyú xióngbiàn

事実は雄弁に勝る；物事は議論よりも証拠によって明らかになる。論より証拠。

瘦死的骆驼比马大
shòusǐ de luòtuo bǐ mǎ dà

痩せて死んだ駱駝（らくだ）でも馬より大きい；本当に優れたものはたとえ価値が下がっても，なおそれなりの価値があるということのたとえ。
腐っても鯛（たい）。

例 文

别看他现在落魄了，还是 "～"！
彼はいま落ちぶれてはいるが，それでも「腐っても鯛」で，並の人よりましだ。

树欲静而风不止
shù yù jìng ér fēng bù zhǐ

樹（き），静かならんと欲すれども風やまず；物事は人の意のままにならないということのたとえ。

例 文

人们饱尝了动乱的苦，渴望生活安宁，但是 "～"，总是有人要兴妖作怪。
人々が動乱の苦しみをなめつくし，落ち着いて暮らせる日を待ち望んでいるところへ，「樹，静かならんと欲すれども風やまず」で，決まって騒ぎを起こす人がいる。

贪多嚼不烂
tān duō jiáobulàn

欲張って食べ過ぎても消化し切れない。欲深くたくさん取り込んでもこなし切れない。何もかも学ぼうとしても身につかない。

例 文

你先复习一下，再学新的。～，学多了记不住。
復習してから新しいことを学びなさい。欲張ってたくさん学ぼうとしても消化不良になり覚え切れません。

贪小便宜吃大亏
tān xiǎo piányi chī dà kuī

小利に欲を出して大損をする；わずかなうまい事をしようとして大損をする。小さな事にこだわりすぎて大切な事をしくじる。一文惜しみの百知らず。一文惜しみの百失い。

📖 "占小便宜吃大亏" とも。

[例 文]

以自己的人格和未来作代价，换取眼前的小利，太不值得，真是 "～"！

自身の人格と未来を捨てて目の前の小さな利益を得るのは，何とも割りに合わない。まさしく「小利を貪って大損をする」だ。

螳螂捕蝉，黄雀在后
tángláng bǔ chán, huángquè zài hòu

蟬（せみ）を捕えようとする螳螂（とうろう；カマキリ）の後ろに黄雀（こうじゃく；スズメの一種）が迫っている。目先の利益のために心を奪われていて，危険が迫っていることに気が付かないことのたとえ。

📖 『荘子』山木，『説苑』正諫ほかに見える寓話から。

庭の木に蝉が止まって鳴きながら露を飲んでいる。その蝉を螳螂が狙い，その螳螂を黄雀が狙っている。さらにその黄雀を人間の弾丸（はじきだま）が狙っている。みな目前の事に夢中になって背後の危険に気づかないでいる。

桃李不言，下自成蹊
táolǐ-bùyán, xiàzìchéngxī

桃李（とうり）言わざれども，下自（おの）ずから蹊（けい）を成す；桃や李（すもも）は何も言わないが，その美しい花や実にひかれて人が集まってきて，自然と木の下に小道が出来る。徳のある人の所には，自ら求めなくても自然と人が慕い集まってくるものだ。

📖 『史記』李将軍（李広，前漢武帝時代の人，匈奴を撃破して名を挙げた）列伝の「賛」に "谚曰：'桃李不言，下自成蹊。' 此言虽小，可以喻大也。"（ことわざに「桃李言わざれども，下自ずから蹊を成す」という。この言葉は小さな事を言っているようであるが，大きな事にもたとえることができる）とある。

天网恢恢，疏而不漏
tiānwǎng-huīhuī, shū'érbùlòu

天網恢々（かいかい），疏（そ）にして漏らさず；天の網は広大で，おおまかなようであるが，どんな小さな悪事も見逃さない。お天道さまはお見通し。

天无绝人之路
tiān wú jué rén zhī lù

天道人を殺さず；天は人の生きていく道を閉ざさない。捨てる神あれば拾う神あり。

📖 "天不生无路之人""天下没有绝路"とも。

例 文

"～。"只要想办法，总会找到出路的。

「天道人を殺さず」。手だてを考えさえすれば，必ず出口は見つかるはずだ。

天下乌鸦一般黑
tiānxià wūyā yībān hēi

世の中のカラスはみな黒い；悪いやつはどこでも同じように悪い。悪人や反動派に対して幻想を抱いてはいけないという戒め。

📖 "天下老鸹一般黑"とも。

例 文

"～。"不管哪个地方的剥削者压迫者都是一样地坏。

「世の中のカラスはみな黒い」。どこであろうと，搾取者，圧迫者は悪いに決まっている。

天下无难事，只怕有心人
tiānxià wú nánshì, zhǐ pà yǒuxīnrén

世の中にはできない事は存在しない，やる気さえあれば何事も成し遂げることができる。"只怕"は，ただ…だけを恐れる，怖いのは…だけだ。

例 文

"～"，一点儿小挫折是难不倒我们的。

「要はやる気があるかどうかだ」。ちょっとした挫折ぐらいでわれわれはくじけはしない。

天有不测风云

tiān yǒu bùcè fēngyún

天には気まぐれな風と雲が起こる；禍（わざわい）は
予期せぬ時にやってくる。一寸先は闇（やみ）。

📖 よく "〜，人有旦夕祸福"（〜，人には思いも寄ら
ない禍と福が訪れる）と続けて使われる。

例文

"〜"，他可爱的女儿突然因车祸而死去了。

思いもかけず，彼のまな娘は突然の自動車事故で命を落とした。

天助自助者

tiān zhù zìzhùzhě

天は自ら助くる者を助く；天は他人に頼らず自ら努力して自立する人を助ける。

〖英〗God helps those who help themselves.

兔子不吃窝边草

tùzi bù chī wōbiāncǎo

兎（うさぎ）は巣のそばの草を食べない；盗賊も地元では悪事
をはたらかない。すぐばれるような事はしない。

例文

要干离远点儿，干吗在自己的眼皮子底下干，"〜"！

やるなら遠い所でやれ，どうして自分の目と鼻の先でやるのか。「兎は巣のそばの草を食べ
ない」というではないか。

陀螺不抽不转

tuóluó bù chōu bù zhuàn

独楽（こま）は叩（たた）かなければ回らない；自覚の足りない者
に対しては厳しく励まさなければならない。

例文

"〜"，只有不断鞭策自己，才能走向成功。

「独楽は叩かなければ回らない」。絶え間なく己（おのれ）をむち打ち続けて，はじめて成
功を目指すことができる。

乌鸦叫，没好兆

wūyā jiào, méi hǎozhào

カラスが鳴けば，よくない出来事が起こる。

📖迷信でカラスは凶事をもたらすとされる。

例文

今天下午，两只乌鸦在屋顶上叫了好一会。俗话说："～"，会不会又有什么灾星临头？

きょうの午後，2羽のカラスが屋根の上で長いこと鳴いていた。「カラスが鳴くと縁起が悪い」というが，また何かよくない事が起こるのだろうか。

乌云遮不住太阳

wūyún zhēbuzhù tàiyang

黒雲も日光を遮ることはできない；真理はいつまでも覆い隠すことはできない。悪事は必ず露見するものである。

无风不起浪

wú fēng bù qǐ làng

風無ければ波立たず；火の無い所に煙は立たぬ。

例文

"～。"这件事肯定跟他有关。

火の無い所に煙は立たぬ。この件はきっと彼と関わりがある。

五十步笑百步

wǔshí bù xiào bǎi bù

五十歩百歩を笑う；戦場で五十歩逃げた者が百歩逃げた者を笑う。大した違いはないこと。

📖『孟子』梁恵王・上に見える故事から。"～ ── 彼此彼此"（～ ── どっちもどっち）と続く歇後語（しゃれ言葉）としても。

物以类聚，人以群分

wùyǐlèijù, rényǐqúnfēn

物は類をもって集まる，人は群をもって分かる；似通った者，特に悪人どうしが自然に集まることをいう。類は友を呼ぶ。

稀泥泥不上墙

xī ní níbushàng qiáng

どろどろした土は壁を塗ることができない；素質の欠ける人間，意気地の無い人物は支えようがない。"稀泥"の"泥"は名詞，泥，壁土。"泥不上"の"泥"は動詞，泥を塗る。
📖 "稀泥巴糊不上墙"とも。"泥巴"（níba）は方言，泥。

例文

你不要学那些软骨头、〜的干部。
あなたはあの腰抜けの，意気地の無い役人たちを見習ってはいけません。

习惯成自然

xíguàn chéng zìrán

習慣は身に付くと生まれつきの天性のようになる。習い性（せい）となる。

例文

"〜。"习惯一旦养成，便不容易改变。
「習い性となる」。習慣はいったん身に付くと容易に改まらない。

喜鹊叫，好事到；乌鸦叫，坏事到

xǐquè jiào, hǎoshì dào; wūyā jiào, huàishì dào

カササギが鳴けばめでたい事が起こり，カラスが鳴けば不吉な事が起こる。
📖 "喜鹊"はカササギ（鵲）。カラスよりやや小さく，尾の長い鳥。カラス科。"乌鸦"はカラス，迷信で縁起のよくない鳥とされる。

瞎猫碰到死老鼠

xiāmāo pèngdào sǐ lǎoshǔ

目が見えない猫が死んだ鼠に出くわす；何もしないでいても，時には思わぬ好運に出会うことがあるというたとえ。犬も歩けば棒に当たる。棚から牡丹餅（ぼたもち）。

例文

我有什么本事！这不过是"〜"，凑巧的事罢了！
わたしに腕前なんか。これは犬も歩けば棒に当たるで，運がよかっただけのことですよ。

下坡容易上坡难

xiàpō róngyì shàngpō nán

坂を下るのは容易であるが，上るのは困難である；下るは易
（やす）く，上るは難（かた）し。物事が悪化するのは速い
が，回復するのは難しい。

"～"，一个企业由盛到衰容易，但是要由衰转盛却要付出巨大
的努力。

「下るは易し，上るは難し」で，栄えていた企業が衰退に向かうのはわけないが，衰退か
ら隆盛に向かうには大きな努力を払わなけれなならない。

下棋也要看三步

xiàqí yě yào kàn sān bù

碁を打つ（或いは将棋を指す）には三手（何手も）先を読
まなければならない；事を行うには遠い見通しをもたなけ
ればならない。

📖 "下棋看三步""下棋看五步"とも。

～嘛！终身大事应该谨慎对待。

碁でさえも三手先を読まなければならないのだ。まして結婚という生涯の大事は慎重を期
すべきである。

夏练三伏，冬练三九

xiàliàn sānfú, dōngliàn sānjiǔ

夏の「三伏」，冬の「三九」にこそ体を鍛えるべきだ。"三伏"
は夏至の後の第三と第四の庚（かのえ）の日と，立秋の後の最
初の庚の日で，夏の暑さの最も激しい時期，"三九"は旧暦の
冬至から9日間ずつ数えて3番目の9日間で，冬の寒さの最も
厳しい時期。

武术界主张："～"，这是有一定道理的。

武術の世界では，よく「夏の暑い盛りと冬の寒い盛りに体を鍛えよ」というが，これには
一定の道理がある。

夏至雨，值千金
xiàzhì yǔ, zhí qiānjīn

夏至（げし）の雨は値（あたい）千金；日照時間が長く，気温の
高い夏至の頃に降る雨は豊作の兆しである。

📖 "夏至有雨豆子肥"（夏至に雨が降れば豆が実る）とも。

例文

农谚说："～。"夏至这个节气，与农事关系很大。

農事に関することわざに「夏至の雨は値千金」という。夏至は農事と深い関わりがある。

先下手为强，后下手遭殃
xiān xiàshǒu wéi qiáng, hòu xiàshǒu zāoyāng

先に手を下した方が有利で，後で手を下した方は損をする；先んずれば人を制す。早い者
勝ち。先手必勝。

先小人，后君子
xiān xiǎorén, hòu jūnzǐ

先には小人，後には君子；（後でいざこざを起こさないよう
に）煩わしい事は先に話しをつけておくべきだ。"小人"は
人格の備わっていない人；"君子"に対して。

例文

我们先把房钱讲定吧。"～"！

先に家賃の話をはっきりさせておこう。「先には小人，後には君子」だ。

先学会走才能学跑
xiān xuéhuì zǒu cái néng xué pǎo

まず歩き方を覚えたうえで走り方を覚える；何事も基礎が大切で，
成果を急ぎ過ぎず一歩一歩進めていかなければならない。急（せ）
いては事を仕損ずる。

例文

恰如幼儿学步，"～"，学语言也是一样，要耐心地打好基础，欲速则不达。

幼児が歩き方を覚えるのに，歩き方を覚えたうえで走り方を覚えるのと同じで，語学の学
習も，辛抱強く基礎を固めるべきで，急いてはかえってしくじってしまう。

响鼓不用重槌
xiǎnggǔ bùyòng zhòng chuí

よく鳴る太鼓は強く打たなくても響く；聡明な人はあれこれくだくだしく言われなくても，指摘されればすぐに気が付く。

例文

可不要说得太露骨，他是个机灵人，"～"。

なにもそうあからさまに言わなくても，彼は物分かりがよい男だから，言われなくても気が付くさ。

小不忍则乱大谋
xiǎo bù rěn zé luàn dàmóu

小を忍びざれば，大謀を乱る；小さな事に我慢できなければ，遠大な計画がうまく進まない。短気は損気。

📖『論語』衛霊公篇に見える孔子の言葉から。

笑一笑，十年少；愁一愁，白了头
xiào yī xiào, shí nián shào; chóu yī chóu, báile tóu

笑いを絶やさなければ十年若返り，愁えてばかりいれば白髪（しらが）が増える；笑う門には福来る。

例文

俗话说："～"，最能笑者最健康，最乐观者最长寿。

俗に「笑う門には福来る」というが，よく笑う人は病気をせず，楽観的な人は長生きできる。

心急吃不了热豆腐
xīnjí chībuliǎo rè dòufu

熱い豆腐を急いで食べようとするとやけどをする；急（せ）いては事を仕損ずる。

📖 "吃不了" は "吃不得" とも。"热豆腐" は "热烧饼" "热馒头" とも。

例文

遇见事呢，要好好琢磨琢磨，～啊！

大事を前にしたら，よくよく考えなければなりません。急いては事を仕損じます。

266

新官上任三把火

xīnguān shàngrèn sān bǎ huǒ

新任の役人は着任早々二、三の目立った仕事をしようとする。

📖 "三把火" は三本のたいまつ。諸葛孔明が三つの火攻めの策を用いた故事に基づくとも。

例文

俗话说："～"，新上任的干部，总得揪点苗头出来，表现一下自己。

俗に「新任の役人は目立ちたがる」というが，着任したばかりの役人は，何か目立った仕事をして，己（おのれ）の手腕をひけらかそうとするものだ。

行要好伴，住要好邻

xíng yào hǎobàn, zhù yào hǎolín

旅行にはよい連れが，住むにはよい隣が要る；旅は道連れ，世は情け。

秀才不出门，能知天下事

xiùcai bù chūmén, néng zhī tiānxià shì

秀才は居ながらにして天下の事を知る；書を読んでいる人は外出しなくても世の中の事を知っている。"秀才"は，もと科挙に応募するために勉強中の人。

例文

"～"，这句话不无道理。秀才之所以能知天下事，就在于他手中有书。

「秀才は居ながらにして天下の事を知る」というが，この言葉には確かに道理がある。秀才が天下の事を知ることができるのは，常に本を手にしているからだ。

烟酒不分家

yān jiǔ bù fēnjiā

たばこと酒は分け隔てしない。人に酒やたばこを勧める時に用いる。わたしのだとかあなたのだとか堅苦しいことはぬきに遠慮なくやろうということ。

例文

你别见外啦！～，抽根香烟算啥？

他人行儀はよしてくれ。水臭いことを言うもんじゃない，たかがたばこ一本ではないか。

严是爱，宠是害

yán shì ài, chǒng shì hài

（親が子を）厳しく育てるのは愛すればこそで，甘やかせば害になる。
子どもは厳しく育てるべきで，甘やかし過ぎると将来を過つ。

例文

有一句话："～，不管不教要变坏"，一点儿也不假。

「愛すればこそ厳しく育てる，ほったらかしておけば悪くなる」というが，まさにそのとおりだ。

言教不如身教

yánjiào bùrú shēnjiào

言葉で教えるよりも行動でもって手本を示したほうがよい；あれ
これ言い聞かせるよりも身をもって範を示したほうがよい。

📖 "身教重于言教" とも。

例文

您的话说得很对。我们中国有句古话，叫 "～"。

おっしゃるとおりです。わたしたちの国には，「身をもって範を
示すのが何より」ということわざがあります。

眼睛是心灵的窗户

yǎnjing shì xīnlíng de chuānghu

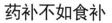

目は心の窓である。

例文

"～"，只要看一下他的那对眼睛，就能猜透他的心思。

「目は心の窓」，彼の目を見さえすれば，彼の心のうちを見て取れる。

药补不如食补

yào bǔ bùrú shí bǔ

薬で栄養を補うよりも食べ物で栄養を摂ったほうがよい。

例文

"～"，虽然是人人皆知的常谈，实有至理。

「薬より栄養」とは，言い古されたことわざだが，言い得て妙である。

一分耕耘，一分收获

yī fēn gēngyún, yī fēn shōuhuò

努力を重ねれば重ねた分だけ報われる。"耕耘"は耕して雑草を除くこと。

例文

"～"，只要你付出了努力就会有收获。

「何事も努力が肝心」，努力しさえすれば成果が得られる。

一个巴掌拍不响

yī ge bāzhang pāibuxiǎng

片方の手のひらだけでは拍手はできない；争いやもめ事は一方だけでは起こらない。いざこざの責任は必ず双方にある。

📖 "一只手拍不响"とも。

例文

我看今天打架，两个人都不对，～。

きょうの喧嘩（けんか）は，ふたりともよくない，責任はどちらにもある。

一个老鼠坏一锅汤

yī ge lǎoshǔ huài yī guō tāng

一匹の鼠が一鍋のスープをダメにしてしまう。一人の不心得者（ふこころえもの）が集団全体の名誉を傷つけたり利益を損なったりするということのたとえ。

📖 "一粒老鼠屎坏一锅汤"とも。"鼠屎"は鼠のふん。

例文

都是他一个人搞坏的，～。

すべてあいつのせいだ，一人の不心得者のせいですべてがおじゃんだ。

一龙生九种，种种有别

yī lóng shēng jiǔ zhǒng, zhǒngzhǒng yǒu bié

竜は九匹の子を生むが，それぞれ違った形をしている；同じ親から生まれた子であっても，それぞれに性格が異なる。広く，好みや考えは人によってそれぞれ違うことをいう。十人十色（じゅうにんといろ）。

一年之计在于春
yī nián zhī jì zài yú chūn

一年の計は元旦にあり；一年間の計画は元旦に決めておくのがよい。よく“〜，一日之计在于晨”（〜，一日の計は早朝にあり）と続けて使われる。

例文

“〜。”在这一年开始的时候，对于生活和学习要有一个好计划。

「一年の計は元旦にあり」。この一年が始まるに当たって，生活と学習について，しっかりと計画を立てなければならない。

一山还有一山高
yī shān hái yǒu yī shān gāo

高い山にはもっと高い山がある；世の中にはこれが最上だと思っても，必ずそれ以上のものがある。上には上がある。

📖 類義のことわざに“天外有天，人外有人”がある。

一笑解百烦
yī xiào jiě bǎi fán

明るい笑い声はくさぐさの悩みを消し去ってくれる；元気よく笑えばいかなる愁いも忘れてしまうことができる。

📖 “一笑解千愁”とも。

艺高人胆大
yì gāo rén dǎn dà

腕があれば大胆になれる；技術が優れていれば自信をもって事に当たることができる。

📖 “艺高人胆大，胆大艺更高”とも。

例文

她是著名舞蹈专家，〜，自己办了一个舞蹈剧团，到世界许多国家演出。

彼女は有名なダンサーで，自信満々，自ら舞踊団を設立して，世界の国々を駆け巡っている。

饮水不忘挖井人

yǐn shuǐ bù wàng wā jǐng rén

水を飲む時には井戸を掘ってくれた人の恩を忘れない；幸福
な時にもその幸福のよってきたるところを忘れない。"**饮水**"
は"**吃水**""**喝水**"，"**挖井**"は"**掘井**"とも。
📖同義の成語に"**饮水思源**"（yǐnshuǐ-sīyuán）がある。

例文

"～。"我们今天的幸福生活是无数革命先烈用鲜血和生命换来的啊！
「水を飲む時は源を忘れない」。わたしたちの今の幸せな生活は無数の革命烈士の鮮血と生
命を犠牲にしてもたらされたものなのだ。

有志者事竟成

yǒu zhì zhě shì jìng chéng

志さえあればいかなる事も成し遂げることができる；精神一到
何事か成らざらん。一心岩をも通す。一念天に通ず。
📖成語"**有志竟成**"（yǒuzhì-jìngchéng）に同じ。

例文

山高也有人走的路，水深也有过渡的人。"～。"
高い山にも人の足跡があり，深い川も渡った人がいる。志さえあれば何事も成就できる。

远水救不了近火

yuǎnshuǐ jiùbuliǎo jìnhuǒ

遠くの水は近くの火事を消せない；遠くの親戚より近くの他人。
📖"**远水解不了近渴**"（遠くの水は近くの渇きを癒せない）とも。

宰相肚里能撑船

zǎixiàng dùli néng chēng chuán

宰相の腹はその中で船が漕げるほど大きい。；修養の出来た人は度量
が大きく寛容である。多く，人に自制するように勧める場合に用いる。

例文

他～。从来不把这些小事放在心上。
彼は太っ腹でよく出来た人だ。これしきの事を気にかけはしない。

在家靠父母，出外靠朋友
zàijiā kào fùmǔ, chūwài kào péngyou

家では父母に頼り，外では友人に頼る；何と言っても，両親と
友達がいちばん頼りになる。"靠父母"は"靠爹娘"（kào
diēniáng），"出外"は"出门"（chūmén）とも。

例文

"～"，多一个朋友多一条路嘛！您说对不对？
「家では両親，外では友達」。友達は多いに越したことはない。そうだろう？

早吃好，午吃饱，晚吃少
zǎo chīhǎo, wǔ chībǎo, wǎn chīshǎo

朝はご馳走を，昼は腹一杯，夜は少なめに食べるのがよい。
よく"～，身体好"と続けて使われる。

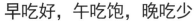

📖"早餐吃得好，午餐吃得饱，晚餐吃得少"とも。

早起三光，晚起三慌
zǎoqǐ sān guāng, wǎnqǐ sān huāng

早起きすれば多くの事ができ，寝ぼうをすれば慌てるだけ。"三"は数が多いことをいう。

早睡早起身体好
zǎo shuì zǎo qǐ shēntǐ hǎo

早寝早起きは健康によい。

例文

晚睡晚起的坏习惯一定要改掉。不要忘记"～"。
夜更かし朝寝ぼうの悪い習慣は必ず改めなさい。「早寝早
起きは健康のもと」ですよ。

赠人玫瑰，手留余香
zèng rén méikui, shǒu liú yúxiāng

人によい贈り物をすれば，自分もよい気分でいられる。人に親
切にしておけば，必ずよい報いがある。情けは人の為ならず。

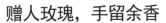

赠人千金，莫如教人一技

zèng rén qiānjīn, mòrú jiāo rén yī jì

千金を贈るよりも技術を教えるほうがよい；困窮している人を助けるのに金銭で援助してやるよりも技術を身に付けさせてやるほうがよい。

例文

"～。"从今天起我教你寿司的做法，三年以后你就可以靠这个技能生活了。

「手に職が何より」。今からきみに寿司の握り方を教えてあげよう。3年後にはこれを頼りに暮らしていけるだろう。

站得高，看得远

zhànde gāo, kànde yuǎn

高い所に立てば遠い所が見える；高い眼識を有している人は遠い先を見通すことができる。大所高所から問題を判断すれば良い結果が得られる。

站如松，坐如钟，行如风，卧如弓

zhàn rú sōng, zuò rú zhōng, xíng rú fēng, wò rú gōng

松の木のようにまっすぐに立ち，釣り鐘のようにどっしりと座り，風のように速やかに行動し，弓なりの姿勢で寝る。

📖 単に"站如松，坐如钟""站如松，行如风"とも。

例文

"～"是男人的最佳形象。

男子たる者，常住坐臥，正しい姿勢を保ちたいものだ。

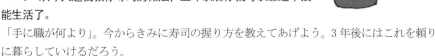

这山望着那山高

zhè shān wàngzhe nà shān gāo

この山から見ればあの山は高い；他人のものは何でもよく見える。隣の芝生は青い。よその花は良く見える。

📖 類義のことわざに"家花不如野花香"（家の花は野の花ほど匂わない）がある。

知己知彼，百战百胜

zhījǐ-zhībǐ, bǎizhàn-bǎishèng

己（おのれ）を知り彼を知らば，百戦危うからず；敵を知り己を知っていれば，何回戦っても負けることはない。『孫子』謀攻に見える語。

只许州官放火，不许百姓点灯

zhǐ xǔ zhōuguān fànghuǒ, bù xǔ bǎixìng diǎndēng

役人は放火（ちょうちんに灯を入れること）を許されるのに，人民は明かりをつけることを許されない；権力者は自分はしたい放題の事をするのに，他人には正当な権利さえも認めない。🕮陸游『老学庵筆記』巻五に見える故事に基づく。田登は州の長官になった時，自分の名前の"登"を忌み，触れることを許さなかったので，この州では同音の"灯"を"火"と言い替えた。そこで元宵節に"**本州依例放火三日**"（本州では恒例により三日間放火する）と掲示したという。

只要功夫深，铁杵磨成针

zhǐyào gōngfu shēn, tiěchǔ móchéng zhēn

ひたすら努力しさえすれば，鉄の棒も研いで針にすることができる；うまずたゆまず努力を重ねれば何事もいつかは成就する。🕮成語"**铁杵磨针**"（tiěchǔ-mózhēn）に同じ。少年時代の李白が，途中で出会った老婆が，鉄の棒を磨いて針にすると言うのを聞いて感動したという故事から。宋・祝穆『方輿勝覧』

纸里包不住火

zhǐli bāobuzhù huǒ

紙に火を包み込むことはできない；真相はいつまでも隠し通すことができないということをたとえる。事実は人の目を欺くことはできない。隠し事は必ず暴露される日が来る。

例 文

"〜。"谁办了什么坏事，也瞒不住众人的眼睛。

隠し事は必ず暴露される。誰であろうと悪事をはたらけば，多くの人の目をごまかすことはできない。

众人拾柴火焰高

zhòngrén shí chái huǒyàn gāo

大勢で薪を拾って燃やせば炎は高くなる；みんなが力を合わせれば大きな仕事を成し遂げることができる。

📖 "众人捡柴火焰高" "众人搂柴火焰高" "众人捧柴火焰高" とも。

> **例 文**

真是 "〜" 哇! 只要大家一条心一股劲, 什么困难也对付得了。

「力を合わせれば何でもできる」というではないか。みんなが心を一つにして頑張れば, どんな困難にも対処することができる。

种瓜得瓜, 种豆得豆

zhòngguā-déguā, zhòngdòu-dédòu

瓜（うり）を植えると瓜がなり, 豆を植えると豆がなる；ある事をしたら, それに相応しい結果が得られる。多く, 人に善行を勧める時に用いる。悪事をはたらけば, 相応のむくいがある。因果応報である。

手遅れ？　まだ間に合う？

"亡羊补牢"　と　"临阵磨枪"

　入門期の教室で"亡羊补牢"という成語が出てきた時に，まず「羊が逃げてから檻を修理する」と文字を追って訳したしたうえで，「もっと簡潔な言い方はないかな？」と「誘導」すると，決まってこちらの期待どうりに「泥縄」「手遅れ」「後の祭り」といった答えが返ってくる。「うーん，確かにどれも上手い訳だけどね」と一応は持ち上げておいたうえで，「でも中国ではね」と講釈を始める。

　言うまでもなく，この成語はしばしば後に"犹未为晚"（遅すぎることはない）と続けて使われることからわかるように，「事が起こってから慌てて対策を考える」とはだいぶニュアンスが違う。日本語の場合，それでは「手遅れ」であるとネガティブな方向に解されるのが普通であるのに対して，中国語では，それでも「まだ間に合う」とポジティブに受け止められるのである。諦めて引き下がるか，しぶとく次善の策を考えるかの違いである。

　この成語にはれっきとした出典があって，戦国時代の遊説家が諸侯に説いた策略を集めた『戦国策』という本の楚策・四に"见兔而顾犬，未为晚也；亡羊而补牢，未为迟也"（兎を見て犬を顧みるもいまだ晩しとなさず，羊を亡いて牢を補うもいまだ遅しとなさず）とある。恐らく当時すでにことわざのように使われていたのであろう，他書にも類似の表現が見られる。

　「手遅れ」「泥縄」で思い出す成語にもう一つ"临阵磨枪"がある。陣に臨みて槍を磨く。つまり事態が急迫してから慌てて準備をすることをいう。こちらは確かに"临阵磨枪式的学习是绝不会考上的"（泥縄式の勉強では合格できるはずがない）のように，日本語と同じように使われるし，後に"赶不上"（追いつかない，間に合わない）と続く歇後語も存在する。

　ただしこの語も，しばしば後に"不快也光"（切れ味はともかく光る）とか"不快也亮"（同上）と続いて，何もしないよりはましだ，多少は役に立つと肯定的に使われることも多く，やはり諦めムードの強い日本語とは微妙に違うように思われる。

　わずかふたつの例から日本語と中国語の発想の違いだの，日本人と中国人の民族性がどうのと大きく構えるつもりはないが，類似の成語やことわざを置き換えるとき，微妙な意味の差やニュアンスの違いに注意を払うことが大切である。

過去問に学ぶ！

練習問題

30回

2級・準1級・1級の実際の試験で出題された問題を集めています。
それぞれに級を記載しておりますが，級にはこだわらず取り組んで
みましょう。

空欄を埋めるのに最も適当なものを，①〜④の中から1つ選びなさい。

⑴ 他回来后立刻（　　）地把事情的经过详细地报告给了上司。
　①九死一生　　　②七上八下　　　③三心二意　　　④一五一十

⑵ 搞学术研究，探求真理，就应该有（　　）的精神。
　①不计其数　　　②不耻下问　　　③不求甚解　　　④不由自主

⑶ 中日两国是（　　）的邻邦，有着两千多年文化交流的历史。
　①一席之地　　　②一视同仁　　　③一衣带水　　　④一举两得

⑷ 前年来非洲的时候，他对阿拉伯语（　　），现在日常会话都会说了。
　①一差二错　　　②一言不发　　　③一无是处　　　④一窍不通

⑸ 年轻人做事情要专一，不能总是（　　）。
　①朝三暮四　　　②早出晚归　　　③一举两得　　　④东奔西走

⑹ 工作太忙，没有时间收拾，房间里（　　）的。
　①三长两短　　　②乱七八糟　　　③五花八门　　　④七上八下

⑺ 这两个排球队的实力（　　），比赛打成了5比5。
　①不可开交　　　②不相上下　　　③不约而同　　　④不谋而合

⑻ 试题内容并不难，没考及格是自己（　　）的结果。
　①粗心大意　　　②大手大脚　　　③胆大心细　　　④粗中有细

⑼ 强台风要来了，村民们聚在一起（　　）地商量着对策。
　①说三道四　　　②五花八门　　　③七嘴八舌　　　④多嘴多舌

⑽ 接连几天熬夜，你的身体（　　）了吧？
　①吃不起　　　②吃不动　　　③吃不开　　　④吃不消

空欄を埋めるのに最も適当なものを，①～④の中から１つ選びなさい。

⑴ 这次鲜花展备受瞩目，吸引了（　　）的游客。
　　①成千上万　　　　　　②千方百计　　　　　　③千山万水　　　　　　④万紫千红

⑵ 这篇（　　）的文章刚一发表，就受到广泛的关注。
　　①发扬光大　　　　　　②发人深省　　　　　　③奋发图强　　　　　　④精神焕发

⑶ 我也觉得他的话有些（　　），但是又不可不信。
　　①言过其实　　　　　　②有名无实　　　　　　③名副其实　　　　　　④名存实亡

⑷ 那些天，广州的迎春花市人山人海，热闹非凡，市民们（　　）地迎接春节的到来。
　　①欢蹦乱跳　　　　　　②花天酒地　　　　　　③欢天喜地　　　　　　④天花乱坠

⑸ 那个人的思想十分陈旧，跟今天的社会（　　）。
　　①格格不入　　　　　　②依依不舍　　　　　　③惴惴不安　　　　　　④喋喋不休

⑹ 新交通法刚刚实施，就（　　），交通事故明显减少了。
　　①捕风捉影　　　　　　②潜移默化　　　　　　③法网恢恢　　　　　　④立竿见影

⑺ 我们俩小时候（　　），多么快乐，长大了反而生疏了。
　　①两小无猜　　　　　　②两全其美　　　　　　③两厢情愿　　　　　　④两袖清风

⑻ 他好不容易才找到这个工作，所以干起活儿来特别（　　）。
　　①卖力气　　　　　　　②打折扣　　　　　　　③走后门　　　　　　　④吃老本

⑼ 见他们俩说着说着就要打起来了，我急忙过去（　　）。
　　①跑龙套　　　　　　　②打圆场　　　　　　　③拍马屁　　　　　　　④敲边鼓

⑽ 这部电视连续剧剧情引人入胜，每一集都很（　　）。
　　①倒胃口　　　　　　　②吊胃口　　　　　　　③寻开心　　　　　　　④开玩笑

空欄を埋めるのに最も適当なものを，①～④の中から1つ選びなさい。

(1) 要想做好一件事，没有（　　）的精神是不行的。
①络绎不绝　　　　②锲而不舍　　　　③欲罢不能　　　　④华而不实

(2) 我初来乍到，（　　），还请大家多多关照。
①人地生疏　　　　②人财两空　　　　③耸人听闻　　　　④人言可畏

(3)《西游记》里的那些当时（　　）的虚构，现在都变成了现实。
①痴心妄想　　　　②冥思苦想　　　　③浮想联翩　　　　④异想天开

(4) 近年来他发表的论文无论数量还是质量都让我（　　）。
①望尘莫及　　　　②望眼欲穿　　　　③望梅止渴　　　　④望风而逃

(5) 有什么话你就直接说吧。不要这么（　　）的。
①转弯抹角　　　　②问心无愧　　　　③横冲直撞　　　　④言外之意

(6) 我跟你（　　）地说了那么多遍，你怎么忘记了呢？
①三番五次　　　　②三言两语　　　　③三三两两　　　　④三长两短

(7) 处理实际问题，生搬硬套书本知识，往往会（　　）。
①闹肚子　　　　　②闹笑话　　　　　③闹别扭　　　　　④闹情绪

(8) 你是我们中间唯一会弹钢琴的人，给大家（　　）吧！
①出风头　　　　　②讲排场　　　　　③耍把戏　　　　　④露一手

(9) 我正在算账，忙得要命，哪有工夫和你聊天儿，你就别来（　　）了。
①凑热闹　　　　　②凑份子　　　　　③凑数儿　　　　　④凑整儿

(10) 几个年轻人（　　）就把这间旧房子收拾得干干净净的。
①不管三七二十一　②一退六二五　　　③二一添作五　　　④三下五除二

空欄を埋めるのに最も適当なものを，①〜④の中から1つ選びなさい。

⑴ 原来是这么回事儿，我理解错了。听了老师的解释，才（　　　）。
　①一目了然　　　　　②大惑不解　　　　　③异想天开　　　　　④恍然大悟

⑵ 刚和女朋友分手那几天，他总也放不下那件事儿，上课时常常（　　　）。
　①耍花招儿　　　　　②做手脚　　　　　③开小差儿　　　　　④打埋伏

⑶ 《三国演义》是一本（　　　）的小说。
　①有目共睹　　　　　②家喻户晓　　　　　③显而易见　　　　　④一览无余

⑷ 两个人（　　　）地谈了半天，终于消除了误会，和好如初了。
　①信口开河　　　　　②推心置腹　　　　　③不知所云　　　　　④连篇累牍

⑸ 他正在（　　　）地向大家说明自己的意见。
　①侃侃而谈　　　　　②窃窃私语　　　　　③念念不忘　　　　　④谆谆教导

⑹ 他们俩（　　　），刚认识两个月就结婚了。
　①洞房花烛　　　　　②藕断丝连　　　　　③一见钟情　　　　　④青梅竹马

⑺ 在首场比赛中，我校足球队以3比1的比分战胜对手，取得了（　　　）。
　①开门红　　　　　　②开场白　　　　　③开绿灯　　　　　④开后门

⑻ 现在下结论还为时过早，究竟谁是赢家，咱们（　　　）。
　①看气候　　　　　　②瞧热闹　　　　　③饱眼福　　　　　④走着瞧

⑼ 这项工程一定要按计划在年底前完成，不能（　　　）。
　①留余地　　　　　　②留后路　　　　　③留一手　　　　　④留尾巴

⑽ 张师傅做菜的时候，总需要两三个人给他（　　　）。
　①打算盘　　　　　　②打下手　　　　　③打掩护　　　　　④打圆场

空欄を埋めるのに最も適当なものを、①～④の中から1つ選びなさい。

(1) 他这个人没有常性，做起事来总是（　　）。
　　①龙盘虎踞　　　　②虎头虎脑　　　　③虎头蛇尾　　　　④龙争虎斗

(2) 导游一边介绍这座古寺的历史，一边回答游客们的问题，忙得（　　）。
　　①不在话下　　　　②不动声色　　　　③不亦乐乎　　　　④不由分说

(3) 这孩子不懂事，说话（　　）的，您别见怪。
　　①没事找事　　　　②有声有色　　　　③有板有眼　　　　④没大没小

(4) 建筑工地上，大家干得（　　）。
　　①雷厉风行　　　　②门庭若市　　　　③川流不息　　　　④热火朝天

(5) 治理大气污染，我们必须要有（　　）的决心。
　　①拔苗助长　　　　②破釜沉舟　　　　③水落石出　　　　④自吹自擂

(6) 他对这个问题有不同于别人的独到见解，在会上（　　）地说出了自己的意见。
　　①一刀两断　　　　②出类拔萃　　　　③直截了当　　　　④说一不二

(7) 会计工作常年和人、财、物（　　），时时处处都要十分小心谨慎。
　　①打交道　　　　　②拉关系　　　　　③套近乎　　　　　④费口舌

(8) 你再这样继续下去，早晚会在这件事上（　　）。
　　①栽跟头　　　　　②炒鱿鱼　　　　　③绕圈子　　　　　④打水漂

(9) 你所说的那些技巧，在我看来都是（　　）。
　　①小字辈　　　　　②小圈子　　　　　③小儿科　　　　　④小算盘

(10) 做到（　　），是对一个教师的基本要求。
　　①一言以蔽之　　　②一问三不知　　　③一碗水端平　　　④一物降一物

空欄を埋めるのに最も適当なものを，①〜④の中から1つ選びなさい。

⑴ 这篇文章写得很好，（　　），主题突出。
①开门见山　　　　②光天化日　　　　③口无遮拦　　　　④明目张胆

⑵ 她走后，我心里一直（　　），忐忑不安地等待着消息。
①三心二意　　　　②四分五裂　　　　③七上八下　　　　④千言万语

⑶ 竟敢在国画大师面前高谈国画，你这不是（　　）吗?
①班门弄斧　　　　②毛遂自荐　　　　③叶公好龙　　　　④愚公移山

⑷ 工商局检查得非常仔细，想（　　），把冒牌货伪装成正牌货出售，是不可能的。
①趁火打劫　　　　②混淆黑白　　　　③浑水摸鱼　　　　④混为一谈

⑸ 在这次奥运会上，他们表现得很出色，获得奖牌的消息（　　）地传来。
①再三再四　　　　②三番五次　　　　③三令五申　　　　④接二连三

⑹ 那家伙能言善辩，很多人都被他的（　　）迷惑住了。
①花言巧语　　　　②头头是道　　　　③张口结舌　　　　④口口声声

⑺ 别看他平时默默无闻的，可到了关键时刻还真有（　　）。
①一把手　　　　　②老资格　　　　　③小算盘　　　　　④两下子

⑻ 处理问题应该实事求是，针对不同的情况采取不同的措施，不能（　　）。
①一刀切　　　　　②一窝蜂　　　　　③一边倒　　　　　④一风吹

⑼ 运动会正在进行，突然下起了大雨，操场上乱成了（　　）。
①一锅粥　　　　　②一锅端　　　　　③一锅煮　　　　　④一锅烩

⑽ 我相信不论犯罪分子多么狡猾，总有一天会（　　）的。
①马后炮　　　　　②露一手　　　　　③抱佛脚　　　　　④露马脚

空欄を埋めるのに最も適当なものを，①〜④の中から1つ選びなさい。

⑴ 公司上层推出这项新制度的目的是 （　　） 的。
　①不知所措　　　　②不以为然　　　　③不言而喻　　　　④不择手段

⑵ 有什么困难你尽管说，我们绝不会 （　　） 的。
　①坐井观天　　　　②袖手旁观　　　　③洞若观火　　　　④叹为观止

⑶ 我小的时候，家里长时间过的是 （　　） 的生活。
　①捕风捉影　　　　②贼喊捉贼　　　　③捉襟见肘　　　　④不可捉摸

⑷ 由于刚刚开始创业，他们只好一切 （　　），以节省开支。
　①因陋就简　　　　②随心所欲　　　　③假公济私　　　　④轻举妄动

⑸ 既然人家已经道歉了，你也就别再 （　　） 了。
　①不偏不倚　　　　②不三不四　　　　③不屈不挠　　　　④不依不饶

⑹ 这部小说把所有人物的形象都刻画得 （　　）。
　①琳琅满目　　　　②淋漓尽致　　　　③面面相觑　　　　④绘声绘色

⑺ 关键时刻他不得不使出了自己的 （　　）。
　①二把刀　　　　②撒手锏　　　　③定心丸　　　　④当头炮

⑻ 这几年日子过得好了，像以前那样四处 （　　） 的人也越来越少了。
　①打哈欠　　　　②打秋风　　　　③打平手　　　　④打秋千

⑼ 看到老李这么恳求自己，我也只好 （　　） 答应下来了。
　①生拉硬扯　　　　②硬着头皮　　　　③软硬兼施　　　　④死记硬背

⑽ 我跟你说过多少回了，以后别买这些 （　　） 的东西了。
　①礼多人不怪　　　　②一问三不知　　　　③吃软不吃硬　　　　④中看不中用

練習問題 8

空欄を埋めるのに最も適当なものを，①〜④の中から1つ選びなさい。

⑴ 已是（　　）的两个老朋友，时隔五十年又见面了。
①风华正茂　　　②风烛残年　　　③风雨飘摇　　　④风卷残云

⑵ 日常生活中存在着许多我们（　　）的浪费现象。
①一望无际　　　②熟能生巧　　　③熟视无睹　　　④一诺千金

⑶ 在座的各位都是这方面的专家，我不过是（　　）而已。
①鹤立鸡群　　　②滥竽充数　　　③汗牛充栋　　　④欲盖弥彰

⑷ 面对记者们（　　）的提问，发言人从容不迫地一一予以回答。
①孜孜不倦　　　②耿耿于怀　　　③楚楚动人　　　④咄咄逼人

⑸ 由老李接替经理的职务也是（　　）的事儿。
①顺水推舟　　　②顺藤摸瓜　　　③顺手牵羊　　　④顺理成章

⑹ 当年选择学习法律专业，我不过是（　　）而已，并没考虑太多。
①冤大头　　　②傍大款　　　③随大溜　　　④挑大梁

⑺ 看了自己的考试成绩，他顿时感到自己比别人矮了（　　）。
①半截儿　　　②半拉儿　　　③半晌儿　　　④半点儿

⑻ 老张特别善于跟人（　　），见面不到几分钟就熟得像老朋友似的。
①套近乎　　　②翻老账　　　③讲排场　　　④卖关子

⑼ 他们绝对不会就这样吃（　　）的，肯定得找机会狠狠报复对方。
①后悔药　　　②现成饭　　　③窝边草　　　④哑巴亏

⑽ 这部电影总体上还是说得过去的，只是结尾部分有点让人（　　）。
①栽跟头　　　②倒胃口　　　③费周折　　　④煞风景

空欄を埋めるのに最も適当なものを，①～④の中から1つ選びなさい。

⑴ 我们看到的实际情况与宣传资料上的内容（　　）。
　　①大言不惭　　　　②大饱眼福　　　　③大展宏图　　　　④大相径庭

⑵ 整套动作她完成得（　　），所以当之无愧地获得了冠军。
　　①无微不至　　　　②无懈可击　　　　③无孔不入　　　　④无可奈何

⑶ 他们始终坚持（　　）、开拓创新的原则，不断研制出新产品。
　　①与日俱增　　　　②好高骛远　　　　③墨守成规　　　　④与时俱进

⑷ 民主制度的建立需要一个循序渐进的过程，不可能（　　）。
　　①一触即发　　　　②一蹴而就　　　　③一如既往　　　　④一应俱全

⑸ 尽管美国经济复苏（　　），但其无疑仍是当前主导全球经济的中坚力量。
　　①步步为营　　　　②寸步不让　　　　③步履维艰　　　　④安步当车

⑹ 即使是从事鉴定工作多年的专家，也有（　　）的时候。
　　①看走眼　　　　　②瞧不起　　　　　③打交道　　　　　④识大体

⑺ 那个人最喜欢给别人（　　），其实很少真正兑现。
　　①使性子　　　　　②随大流　　　　　③打包票　　　　　④钻空子

⑻ 为了充分发挥自己的潜能，他做事从不给自己（　　）。
　　①留一手　　　　　②露马脚　　　　　③留后路　　　　　④露头角

⑼ 那个孩子在外边经常（　　），没少让父母操心。
　　①亮红灯　　　　　②捅娄子　　　　　③伤和气　　　　　④跳火坑

⑽ 没想到老刘突然（　　），这项工作只好暂停了。
　　①下台阶　　　　　②碰钉子　　　　　③敲边鼓　　　　　④撂挑子

空欄を埋めるのに最も適当なものを，①〜④の中から1つ選びなさい。

⑴ 作为一个业余作家，他取得了许多专业作家也难以（　　）的成就。
　①望洋兴叹　　　　②望其项背　　　　③望眼欲穿　　　　④望而生畏

⑵ 最近很少能听到什么令人感到（　　）的好消息。
　①龙飞凤舞　　　　②眉飞色舞　　　　③欢欣鼓舞　　　　④载歌载舞

⑶ 他不但不听医生让他戒烟的劝告，反而（　　），越抽越多了。
　①再接再厉　　　　②变本加厉　　　　③添油加醋　　　　④锦上添花

⑷ 实验已经进入到了最后阶段，但没想到一个小小的失误使我们（　　）。
　①功亏一篑　　　　②功成名就　　　　③功成不居　　　　④功德无量

⑸ 我们的对手虽然算不上劲旅，但我们也绝不能（　　）。
　①触目惊心　　　　②煞费苦心　　　　③掉以轻心　　　　④别有用心

⑹ 他这个人就是爱（　　），就两个人吃饭，竟点了一大桌子菜。
　①摆架子　　　　　②摆擂台　　　　　③摆谱儿　　　　　④摆龙门阵

⑺ 只要你能找到工作，我这当爹的也就（　　）了。
　①烧高香　　　　　②戴高帽　　　　　③攀高枝　　　　　④唱高调

⑻ 现在像这种（　　）的玩意儿还真是不好找了。
　①没眼光　　　　　②老掉牙　　　　　③夸海口　　　　　④留一手

⑼ 电视台的记者几次去采访他，结果都吃了（　　）。
　①老本儿　　　　　②回头草　　　　　③小灶儿　　　　　④闭门羹

⑽ 我可不想让自己一辈子的积蓄就这么（　　）了。
　①打马虎眼　　　　②打照面儿　　　　③打退堂鼓　　　　④打水漂儿

下線部の説明として最も適当なものを，①～④の中から1つ選びなさい。

⑴ 大家都知道小孙是个守口如瓶的人。
　①乱说话　　　　②说话直　　　　③饭量小　　　　④嘴巴紧

⑵ 你总这么大手大脚的，什么时候才能买上房子啊？
　①做事马马虎虎　②生活没有规律　③工作拖拖拉拉　④花钱没有节制

⑶ 老师刚说完"下课"，李明就迫不及待地跑出教室去了。
　①特别急切　　　②十分不满　　　③非常高兴　　　④很不礼貌

⑷ 我们当前采取的措施就是想方设法阻止对手的快速增长势头。
　①千方百计　　　②四面八方　　　③五花八门　　　④三心二意

⑸ 大家都看得出来，他这样做是别有用心。
　①另有与众不同的特点　　　　②另有不可告人的企图
　③另有独一无二的构思　　　　④另有周到细致的考虑

⑹ 我没想到自己会被炒鱿鱼，一点儿思想准备也没有。
　①解雇　　　　　②提拔　　　　③加薪　　　　　④录用

⑺ 他没什么本事，除了喜欢吹牛皮，什么正事儿都不做。
　①说谎话　　　　②说大话　　　　③说好话　　　　④说脏话

⑻ 越优秀的人越没架子，越容易合作。
　①平白无故　　　②平起平坐　　　③平易近人　　　④平淡无奇

⑼ 他总是喜欢给别人戴高帽儿。
　①过度地讽刺人　②说恭维人的话　③向人施加压力　④对人过分热情

⑽ 跟他做了这么久的朋友，竟然不知道他是个旱鸭子。
　①喜欢说大话的人　②不务正业的人　③不会游泳的人　④做事很慢的人

下線部の説明として最も適当なものを，①〜④の中から１つ選びなさい。

⑴ 他这个人能说会道，很擅长与人打交道。
①能说谎　　②能讲理　　③会说话　　④会办事

⑵ 老板说话算数，从第二个月开始，真给她长了工资。
①讲信用　　②有希望　　③讲道理　　④有用处

⑶ 谁也没想到，这个几年前默默无闻的大学生成了节目主持人。
①无人不知　　②不爱讲话　　③没人知道　　④善于思考

⑷ 在这件事上，我们两个人想法南辕北辙，根本无法合作。
①相向而行　　②背道而驰　　③并驾齐驱　　④东奔西走

⑸ 对我来说，夜里一、两点钟睡觉简直就是家常便饭。
①方便的事　　②特殊的事　　③极平常的事　　④了不起的事

⑹ 我是第一次参加这样的考试，能不能及格，自己也吃不准。
①没有把握　　②缺乏经验　　③想不出来　　④不敢正视

⑺ 这种事情必须坚持原则，不能随便开绿灯。
①禁止　　②同意　　③拒绝　　④推荐

⑻ 别相信小刘的话，他说的外星人的故事是没影儿的事儿。
①不在乎　　②无价值　　③不像话　　④无根据

⑼ 他是个喜欢鸡蛋里挑骨头的人。
①挑战高难度　　②专门做坏事　　③做事很仔细　　④故意挑毛病

⑽ 他虽然不是有名的摄影师，但是很爱摆架子。
①做出优美的姿势
②显出高傲的态度
③拍出漂亮的画面
④露出冷淡的表情

下線部の説明として最も適当なものを，①〜④の中から1つ選びなさい。

⑴ 你别跟那些<u>不三不四</u>的人来往。
　　①不正派　　　　②不认真　　　　③没礼貌　　　　④没水平

⑵ 教室里，同学们正在<u>聚精会神</u>地听老师讲课。
　　①漫不经心　　　②专心致志　　　③精神焕发　　　④斗志昂扬

⑶ 昨天的比赛，乙队不是甲队的对手，被打得<u>落花流水</u>。
　　①一无所有　　　②一言难尽　　　③一败涂地　　　④一无是处

⑷ 生老病死是自然规律，人免不了要生病，这是<u>无可奈何</u>的事。
　　①不知道是什么　②没有能力　　　③不能自制　　　④没有办法

⑸ 孩子的教育问题是最让父母<u>伤脑筋</u>的事情。
　　①丢面子　　　　②费心思　　　　③耍心眼　　　　④发脾气

⑹ 像他这样的技术人员在我们公司里一定会<u>吃得开</u>的。
　　①被排斥　　　　②守信用　　　　③受欢迎　　　　④讲义气

⑺ 你当着这么多人的面追着我还钱，这不是要<u>我的好看</u>吗？
　　①让我害怕　　　②让我认输　　　③让我难堪　　　④让我后悔

⑻ 从来没见过这么<u>不要脸</u>的人，我都替他害臊。
　　①不想见人　　　②不喜欢照相　　③不顾羞耻　　　④不愿意化妆

⑼ 他是我们公司有名的<u>铁公鸡</u>。
　　①非常小气的人　②非常无情的人　③非常守时的人　④非常顽固的人

⑽ 他这件事做得太<u>离谱儿</u>了，让朋友们都很吃惊。
　　①不合公认的准则
　　②辜负人们的期待
　　③超出一般人的推测
　　④违反法律法规

下線部の説明として最も適当なものを，①〜④の中から１つ選びなさい。

⑴ 别看张大婶儿这个街道居委会主任的官儿不大，她还净操心别人的终身大事呢。
　　①结婚。　　　　　　②就业。　　　　　　③生孩子。　　　　　　④葬礼。

⑵ 现在商业诈骗事件频频发生，防不胜防，搞得大家草木皆兵。
　　①形容人焦虑时惊恐万状。　　　　　②形容人惊慌时疑神疑鬼。
　　③形容人受骗时火冒三丈。　　　　　④形容人消沉时沉默寡言。

⑶ 在工作上他总是任劳任怨，从来不讨价还价。
　　①比喻接受任务时提出各种条件。　　②比喻对劳动报酬的要求不太高。
　　③比喻擅自改动商品的销售价格。　　④比喻经常从事商品交易等活动。

⑷ 她怕碰一鼻子灰，话到了嘴边，又吞了下去。
　　①比喻言语激烈，不管别人的面子。　②比喻遭到拒绝或斥责，落个没趣。
　　③比喻说话粗鲁无礼，伤害别人。　　④比喻说话谨慎小心，不敢放言。

⑸ 事已如此，生米煮成熟饭，我不同意又有什么用呢？
　　①比喻事情结果很好，不能反对。　　②比喻事情进展顺利，不用担心。
　　③比喻事情进展不顺，但毫无办法。　④比喻事情已经做成，不能再改变。

⑹ 我跟你说过多少次了，可你总是把我的话当耳边风。
　　①比喻听了以后就会生气的话。　　　②比喻听了以后会受到刺激的话。
　　③比喻听了以后心情很愉快的话。　　④比喻听了以后不放在心上的话。

⑺ 这件事大家都得全力以赴地干，谁也别想吃现成饭！
　　①比喻自己不出力而享受别人的劳动果实。
　　②比喻自己出了力而不能享受应得的劳动果实。
　　③比喻自己不想出力也不想吃别人做的饭。
　　④比喻自己做的饭不想白白地让别人吃。

⑻ 在这墙倒众人推的时候，只有你为我说话，真够朋友！
　　①比喻人众势强，再厚的墙也能推倒。　②比喻人不到万不得已的时候不说真话。
　　③比喻坏事做得太多，引起众人的愤怒。　④比喻在失势或倒霉时，备受欺负。

成語　慣用語　ことわざ　練習問題　練習問題解答　索引

下線部の説明として最も適当なものを，①～④の中から1つ選びなさい。

⑴ 这篇小说对当前的社会现象和人们的心理状态做了<u>入木三分</u>的刻画。
　　①形容描写全面。　　②形容见解深刻。　　③形容描写粗略。　　④形容见解肤浅。

⑵ 我们应该尊重个人隐私，不能像审讯犯人似的<u>刨根问底</u>。
　　①说明事情的来龙去脉。　　　　　　　②说明事情的进展程度。
　　③盘问事情的缘故详情。　　　　　　　④盘问事情的发展趋势。

⑶ 在我看来，他就是一个典型的<u>绣花枕头</u>。
　　①比喻外表好看，但没有实际能力的人。　　②比喻不仅长相好，内心也很温柔的人。
　　③比喻看似冷漠，但实际上很热情的人。　　④比喻挣钱不多，花钱却大手大脚的人。

⑷ 你这样做，真可以说是"<u>太岁头上动土</u>"啊！
　　①比喻做事的地点不合适。　　　　　　②比喻做事的时机不合适。
　　③比喻触犯有权有势的人。　　　　　　④比喻结交有权有势的人。

⑸ 男子足球队再次<u>交白卷</u>的结果一点儿都不令人意外。
　　①比喻根本没有完成预定的任务。　　　②比喻将对手打得没有还手之力。
　　③比喻因某种原因没有坚持到底。　　　④比喻取得了令人很满意的成绩。

⑹ 他这么做其实是在<u>打肿脸充胖子</u>。
　　①比喻勇于对自己的错误做自我批评。　　②比喻为了达到某种目的而不择手段。
　　③比喻对批评自己的人进行打击报复。　　④比喻为撑面子，做力不能及的事情。

⑺ 说老实话，我不太赞成你这种<u>各打五十大板</u>的做法。
　　①比喻遇到问题时，寻找借口推卸自己的责任。
　　②比喻不分是非，给予当事者双方同样的惩处。
　　③比喻在没有必要的情况下动用武力解决问题。
　　④比喻不了解情况，全凭主观想象来处理问题。

⑻ 遇到困难不能灰心丧气，先要有<u>车到山前必有路</u>的乐观精神。
　　①比喻事到临头，总会有解决的办法。　　②比喻事到临头，总会有良好的结果。
　　③比喻事到临头，就应该顺其自然。　　　④比喻事到临头，就只能听天由命。

練習問題 16

下線部の説明として最も適当なものを，①〜④の中から1つ選びなさい。

⑴ 像这样的重大问题，必须事先请示领导，不许<u>先斩后奏</u>。
　①先自行处理完毕，再向上级报告。　②先强迫对方同意，再解释事情原委。
　③先清除前进的障碍，再开始行动。　④先与对方谈判交涉，再动用武力。

⑵ 他那个驴脾气真强，我<u>好说歹说</u>，他就是不听。
　①比喻说话时喜欢使用美丽的形容词。　②比喻非常擅长使用言辞赞美他人。
　③用各种理由或方式反复请求或劝说。　④编造各种理由使对方充分相信自己。

⑶ 小陈夫妇在涨价的前一天挤上了<u>末班车</u>，用原来的定价买了一辆一直想买的吉普车。
　①剩下的一台汽车。　②后面的一辆汽车。　③最后的机会。　　④唯一的机会。

⑷ 我的男朋友是个<u>书呆子</u>，没有什么别的爱好。
　①在图书馆工作的人。　　　　　　　②光读书，不懂得联系实际的人。
　③喜欢收藏各类书籍的人。　　　　　④光买书，不认真读的人。

⑸ 早听说要涨工资了，可就是<u>干打雷不下雨</u>，迟迟不见动静。
　①比喻只有名誉，没有实际的利益。　②比喻只有名誉，没有具体的恩惠。
　③比喻只有声势，没有实际行动。　　④比喻只有声势，没有现实可能。

⑹ 张明发是个<u>万金油</u>式的干部，几乎在公司的所有部门都工作过。
　①不光年龄大，也有丰富的经验。　　②不但什么都能做，而且什么都擅长。
　③尽管年龄小，但是跟谁都处得来。　④虽然什么都能做，但什么都不擅长。

⑺ 咱们应该拿出一点儿高姿态来，不要<u>得理不饶人</u>。
　①指在争执中只要有理，就强迫对方接受自己的主张。
　②指在争执中应该讲理，让对方主动承认错误。
　③指在争执中只要有理，就不肯放过别人的过失。
　④指在争执中应该讲理，不祈求对方的宽恕。

⑻ 俗话说："<u>宰相肚里能撑船</u>"，别为这点小事生这么大的气。
　①形容人心底善良，对别人亲切、和善。　②形容人心胸宽广，能容忍、原谅别人。
　③形容人官位越高越是不容易原谅别人。　④形容人官位虽高，但是决不随便生气。

下線部の説明として最も適当なものを，①〜④の中から１つ選びなさい。

⑴ 我们在海南岛相遇，<u>一见如故</u>，结为了生死不渝的朋友。
　①表示一辈子只见到一次就死去的人。　　②表示初次见面就像老朋友一样。
　③表示一见面就产生了男女间的爱情。　　④表示见到了多年不见的好朋友。

⑵ 小王和他们那帮人在一起，真是<u>鹤立鸡群</u>啊。
　①比喻一个人虽然地位显赫，但却一点儿也不脱离群众。
　②比喻一个人的才能或仪表在一群人里头显得很突出。
　③比喻一个人错误地走入了和自己身份地位不符的地方。
　④比喻一个人自以为有才华在人群里显得非常高傲、自满。

⑶ 这是一部描写<u>啃老族</u>的电视剧，引起了各个年龄层的兴趣，收视率很高。
　①靠子女养活的老年人。　　　　　　　②靠父母养活的儿童。
　③靠中年人养活的老年人。　　　　　　④靠父母养活的成年人。

⑷ 几年不见，没想到他也<u>成气候</u>了。
　①比喻取得成就，有发展前途。　　　　②比喻做事大气，办事情利落。
　③比喻脾气很大，非常暴躁。　　　　　④比喻变化无常，不可捉摸。

⑸ 你们这种作法就是<u>换汤不换药</u>，我的话没错吧？
　①比喻由内到外均无改变。　　　　　　②比喻形式变而内容不变。
　③比喻由内到外彻底改变。　　　　　　④比喻内容变而形式不变。

⑹ 听到母鹿的叫声，几只小鹿<u>一溜烟</u>地跑进了深山里。
　①形容跑的时候没有声音。　　　　　　②形容跑的时候步调一致。
　③形容跑的速度很快。　　　　　　　　④形容跑的时候扬起灰尘的样子。

⑺ 她献身教育事业几十年，如今已是<u>桃李满天下</u>。
　①比喻培养出来的优秀学生遍布各地。　②比喻进入到事业的全盛时期。
　③比喻涉及的领域十分广泛。　　　　　④比喻取得的成果举世瞩目。

⑻ 不论干什么工作，都应该安下心来，努力干好，不能总是<u>这山望着那山高</u>。
　①比喻见异思迁。　　②比喻见利忘义。　　③比喻见景生情。　　④比喻见机行事。

練習問題 18

下線部の説明として最も適当なものを，①〜④の中から１つ選びなさい。

(1) 听了记者提出的问题，这家公司的经理<u>不假思索</u>地做了回答。
　①形容回答的不是问的内容。　　　　②形容说话做事迅速。
　③形容回答问题简单明了。　　　　　④形容说话做事慌忙。

(2) 小李常说自己就是一只<u>井底之蛙</u>，希望大家多多帮助。
　①比喻精力旺盛，活泼好动的人。　　②比喻意志坚强，不屈不挠的人。
　③比喻平淡无奇，不值一提的人。　　④比喻孤陋寡闻，见识不多的人。

(3) 他看着那些忙乱的人，心想，你们瞎忙吧，我自有我的<u>小九九</u>。
　①表示信得过的人。　②表示贴心的团体。　③表示心中的算计。　④表示可靠的情报。

(4) 他是个热心肠，很愿意帮助人，可总是<u>帮倒忙</u>。
　①帮忙不看对象，费力不讨好。　　　②帮忙能帮到点子上。
　③帮忙不得要领，反倒给人添麻烦。　④帮忙帮得恰到好处。

(5) 她这个人总是这样，<u>刀子嘴</u>，<u>豆腐心</u>，你别在意。
　①比喻说话刻薄，但心地善良。　　　②比喻口头强硬，但内心软弱。
　③比喻口是心非，欺软怕硬。　　　　④比喻出尔反尔，前后不一。

(6) 我昨天根本没有去，她却说见到了我，这不是<u>睁着眼说瞎话</u>吗?
　①比喻光线黑暗看不清楚说话的人。　②比喻没看清楚就草率地做出判断。
　③比喻明知事实真相却故意说谎话。　④比喻不了解事实真相就发表意见。

(7) 重要决策，都应进行充分的民主讨论，不能由任何人<u>定调子</u>。
　①指事先确定意向或基本说法、做法。②指事先听取来自各方面的意见和建议。
　③指重要决策都必须事先做调查研究。④指重要决策都要事先有周密的计划。

(8) 俗话说得好，"<u>靠山吃山，靠水吃水</u>"，我们农民种好庄稼才是本分。
　①比喻为了实现某种目的，充分利用自然山水的有利条件。
　②比喻为了种好农作物，农民必须多开垦周围的土地资源。
　③比喻为了实现某种目的，充分利用周围现成的有利条件。
　④比喻为了种好农作物，农民必须尽量利用周围的水资源。

下線部の説明として最も適当なものを，①〜④の中から１つ選びなさい。

⑴ 发生脱轨事故之后，铁路局分析原因，<u>举一反三</u>，采取措施，避免了类似事故的发生。
　　①列举一个例子说明三件事。　　　　　②通过三件事说明一件事。
　　③列举异类的例子类推一件事。　　　　④从一件事类推更多的事。

⑵ 他之所以会走到今天这一步，可以说完全是<u>咎由自取</u>。
　　①指取得成绩完全是靠自己的努力。　　②指说话或办事只考虑自己的利益。
　　③指遭受灾祸或惩处是自己的责任。　　④指完全按照自己的意愿做任何事。

⑶ 他说得有<u>鼻子有眼儿</u>的，大家都信以为真了，谁也没想到是他编的。
　　①比喻具体详细。　　②比喻条理清楚。　　③比喻逼真生动。　　④比喻逻辑严密。

⑷ 咱们是多年的朋友了，有话直说，没必要跟我<u>打官腔</u>。
　　①冒充公务人员来发号施令。　　　　　②用官方的套话来推托敷衍。
　　③借大人物的力量来达到目的。　　　　④以工作为理由来推卸责任。

⑸ 她刚出点儿名就<u>耍大牌</u>，遭到网友的猛烈批评。
　　①指名人穿戴名牌，攀比豪华。　　　　②指名人摆架子，盛气凌人。
　　③指倚仗名人声望，欺压他人。　　　　④指名人有钱有势，铺张浪费。

⑹ 仔细想想他也真不容易，这么多年一直在<u>跑龙套</u>。
　　①比喻做事有名无实，得不偿失。　　　②比喻在人手下做无关紧要的事。
　　③比喻和有势力的人拉关系、套近乎。　④比喻打着漂亮的旗号到处推销自己。

⑺ 这些年来，海水养殖的试验总是<u>一波未平，一波又起</u>，进行得不太顺利。
　　①比喻旧问题还没解决，又出现新问题。　②比喻一个接一个地解决问题。
　　③比喻刚解决了旧问题，又出现新问题。　④比喻没解决旧问题，解决了新问题。

⑻ 我们要找到问题的关键所在，不能<u>头痛医头，脚痛医脚</u>。
　　①比喻对问题不从根本上解决，只在表面上应付。
　　②比喻对问题积极应对，解决得很彻底。
　　③比喻对问题对症下药，逐一加以解决。
　　④比喻对问题的解决信心不足，延误时机。

下線部の説明として最も適当なものを，①～④の中から１つ選びなさい。

⑴ 这部小说的特点是人物关系盘根错节，故事情节<u>扑朔迷离</u>。
　　①事情错综复杂，很难看清真相。　　②彻底脱离现实，令人难以置信。
　　③十分精彩迷人，让人难舍难离。　　④古老而又神秘，使人非常难忘。

⑵ 治理河流污染，要制定长远规划，逐步落实，<u>水到渠成</u>，不能急功近利。
　　①比喻只要坚持到最后，事情就会成功。
　　②比喻只有修好水渠，才能治理污染。
　　③比喻条件成熟，事情自然会成功。
　　④比喻如果能抓住关键，就能从根本上解决问题。

⑶ 我觉得这件事有些<u>蹊跷</u>，肯定有人做手脚了。
　　①比喻手脚俐落。　　②比喻手忙脚乱。　　③比喻主动帮忙。　　④比喻背后捣鬼。

⑷ 父亲是他的<u>主心骨</u>，大事小事他都听父亲的。
　　①形容坚固无比的血缘关系。　　②形容最为亲近的血缘关系。
　　③形容可以依靠的核心力量。　　④形容不可藐视的强大力量。

⑸ 您尽管放心，我们绝对不做<u>掉链子</u>的事。
　　①比喻落入别人事先设的圈套。　　②比喻突然失去与外界的联系。
　　③比喻关键时刻不能发挥作用。　　④比喻使用不正当的手段牟利。

⑹ 我觉得这部电视剧中男女主角的演技都<u>可圈可点</u>。
　　①形容演技比以前有了很大提高。　　②形容表现不佳，应当受到批评。
　　③形容表现上佳，应当予以肯定。　　④形容某个人的行为很值得商榷。

⑺ 必要时要做一些妥协，以避免<u>高不成，低不就</u>的情况出现。
　　①比喻夫妻双方的关系不够和谐。　　②比喻人们选择时陷于两难境地。
　　③比喻上下级之间的关系很紧张。　　④比喻亲子间产生了严重的对立。

⑻ <u>好汉不吃眼前亏</u>，现在不跟他计较，以后再做打算。
　　①比喻情况不利时，应该暂时忍让。　　②比喻好男人不能忍受自己吃亏。
　　③比喻有危险时，应该勇往直前。　　④比喻好男人应该确保万无一失。

下線部の説明として最も適当なものを，①〜④の中から1つ選びなさい。

⑴ 他的<u>如意算盘</u>没打好，希望全落空了。
　①形容只从好的一方面着想的打算。　　②形容打算盘的技能非常高超。
　③形容自己想怎么干就怎么干。　　　　④形容自己的意愿可以左右一切。

⑵ 这几年，他的生意做得<u>风生水起</u>，令人刮目相看。
　①比喻很多人跟风模仿做某件事。　　②比喻事业遭遇意想不到的困难。
　③比喻事情做得很好且发展很快。　　④比喻跟普通人完全不同的风格。

⑶ 退休以后，爷爷开始喜欢<u>串门儿</u>了。
　①自己逛街买东西。　②去别人家聊天儿。　③全家去饭店吃饭。　④和朋友一起打门球。

⑷ <u>无巧不成书</u>，今天来讲演的专家竟然是我的小学同学。
　①比喻说话十分巧妙。　　②比喻事情非常凑巧。
　③比喻做事要靠技巧。　　④比喻阅读要有窍门。

⑸ 谁让你给他乱出主意的？这下你可要<u>吃不了兜着走</u>了！
　①出了问题，要承担一切后果。　　②万一有问题，就全部隐瞒起来。
　③吃不了的饭菜全部打包带回家。　④不能随随便便给人出主意。

⑹ 你说，老王这次是不是给别人当了<u>垫脚石</u>？！
　①比喻牺牲自己帮助别人进步的人。　②比喻被其他人利用来向上爬的人。
　③比喻被人踩在脚下受人欺负的人。　④比喻给别人制造困难和障碍的人。

⑺ 别看她年轻文弱，在我们公司可是<u>挑大梁</u>的。
　①比喻按照严格的标准选择有用的材料。　②比喻挑选合适的、有工作能力的人物。
　③比喻承担重要的、起支柱作用的工作。　④比喻积极地参与大大小小的各类活动。

⑻ 常言道："<u>好马不吃回头草</u>"，你可得想明白啊。
　①比喻事业成功的人回忆过去美好的时光。
　②比喻有志气的人不重复以前做过的事情。
　③比喻做事情失败后总结经验是很重要的。
　④比喻做事情小心谨慎是取得成功的条件。

下線部の説明として最も適当なものを，①〜④の中から１つ選びなさい。

(1) 平时工作很忙的他，<u>见缝插针</u>地自学了日语。
　　①比喻做事情有很强的针对性。　　　　②比喻做事情追求完美的结果。
　　③比喻利用最佳的时机做事情。　　　　④比喻利用一切可利用的时间。

(2) 他在我们公司最会<u>投机取巧</u>了，谁也比不了。
　　①表示利用时机和不正当的手段谋取私利。　②表示头脑灵活善于抓住机会和把握时机。
　　③表示善于用最小的投资获取最大的利益。　④表示善于观察并能及时发现并解决问题。

(3) 由于质量总出问题，那家食品公司<u>倒牌子</u>了。
　　①失去信誉。　　　②更换商标。　　　③改变名称。　　　④破产关门。

(4) 为了实现目标，他们不怕牺牲，就是<u>上刀山下火海</u>也决不后退半步。
　　①比喻承受意外不幸之事。　　　　②比喻面对各种复杂情况。
　　③比喻经受极大的艰险。　　　　　④比喻通过崎岖曲折的道路。

(5) 咱们是老朋友，你就没必要跟我<u>兜圈子</u>了。
　　①比喻做事讲原则，不照顾人情。　　②比喻做事左右摇摆，犹豫不定。
　　③比喻说话拐弯抹角，不照直说。　　④比喻说话直截了当，毫不客气。

(6) 他没想到这样做的结果是<u>赔了夫人又折兵</u>。
　　①本想占便宜，却遭受了双重损失。　　②意外得到了比预想大得多的收获。
　　③尽管有些损失，但也有不少收获。　　④不该泄露的秘密被所有人知道了。

(7) 敌对双方为夺取那座城市展开了<u>拉锯战</u>。
　　①比喻战斗双方的实力相差很悬殊。　　②比喻战斗的结果出乎人们的预料。
　　③比喻你争我夺，僵持不下的局面。　　④比喻那种速战速决的小规模战役。

(8) 所谓<u>浪子回头金不换</u>！只要能洗心革面，重新做人，就是好样的。
　　①指做了坏事的人即使改过自新也不值钱了。
　　②指不走正道的人改邪归正后极其可贵。
　　③指做了坏事的人要用金子救赎自己的罪过。
　　④指做了坏事的人金子也赎不了自己的罪过。

成語

慣用語

ことわざ

練習問題

練習問題解答

索引

下線部の説明として最も適当なものを，①〜④の中から１つ選びなさい。

⑴ 你别啰唆了，他对这件事已经<u>了如指掌</u>了。
①形容亲自动手处理事情。　　②形容对事情处理得很快。
③形容对事情非常了解。　　④形容完全控制了局面。

⑵ 会场里桌椅摆成圆形，每个代表团的座席都靠近一个出口，有一种<u>平起平坐</u>的气氛。
①同时入场，不区别先后。　　②地位一样，不分高低。
③平均负担费用，没有主客之分。　　④发言自由，不限制时间长短。

⑶ 有你老哥<u>拍胸脯</u>，兄弟我还有什么不放心的。
①表示愤怒、反抗。　②表示负责、担保。　③表示勇敢、强大。　④表示诚实、真情。

⑷ 就目前的形势看，我们只好<u>拆东墙补西墙</u>了。
①比喻要完成某项工作非常艰难。　　②比喻从事两项完全不同的工作。
③比喻处境困难，临时勉强应付。　　④比喻完成任务需付出巨大代价。

⑸ 在紧要关头，<u>说时迟，那时快</u>，他一个箭步冲了上去。
①表示事情发生的速度非常快。　　②表示事情或早或晚一定会发生。
③表示说完话后马上付诸行动。　　④表示事前预测到危险会发生。

⑹ 政府承诺现有土地承包制度长久不变，给农民吃了<u>定心丸</u>。
①比喻能使人情绪亢奋高扬的言论或行动。　②比喻能使人情绪安定下来的言论或行动。
③比喻能给人的言论或行动以一定的自由。　④比喻能约束人的言论或行动的方针。

⑺ 明明是你的过错，怎能<u>倒打一耙</u>，把责任推给别人呢？
①比喻不仅拒绝对方的指摘，反而指摘对方。
②比喻发生严重事故后，双方相互推卸责任。
③比喻指出对方的错误后，再出手帮他一把。
④比喻因为推卸责任而造成不可挽回的事故。

⑻ "<u>君子一言驷马难追</u>"，这句话用在他身上最恰当不过了。
①比喻说话算话，决不反悔。　　②比喻不兑现答应别人的事。
③比喻经常说让人费解的话。　　④比喻刚说完的话就忘记了。

練習問題 ㉔

下線部の説明として最も適当なものを，①〜④の中から１つ選びなさい。

(1) 哥哥是个足球迷，谈起世界各国的足球明星如数家珍。
　①形容相当崇拜。　②形容非常亲切。　③形容十分熟悉。　④形容特别重视。

(2) 真没想到，有人居然认为这是天经地义的事儿。
　①形容难度极大，无法实现。　　②形容理应如此，不容置疑。
　③形容气势豪放，无拘无束。　　④形容差别巨大，不可类比。

(3) 地方政府对违规企业睁只眼，闭只眼，显然是为了保护自身利益。
　①表示有时看有时不看。　　②表示看问题不够全面。
　③表示看见装作没看见。　　④表示时时刻刻都在看。

(4) 老张的话让在场的所有人都摸不着头脑了。
　①比喻看不到胜利的希望。　　②比喻弄不清是怎么回事。
　③比喻觉得自己非常无知。　　④比喻忽然发现被人骗了。

(5) 困难就像石头，对于弱者它是绊脚石，对于强者它是垫脚石。
　①比喻登山途中的巨型石块。　　②比喻让弱者变得更弱的事物。
　③比喻阻碍前进的人或事物。　　④比喻让强者变得更强的事物。

(6) 家长恨铁不成钢的心情可以理解，但孩子还小，切不可操之过急。
　①比喻怨恨所期待的人意志不坚定。
　②比喻怨恨所期待的人做事不果断。
　③比喻因寄予希望的人身体虚弱而焦急不安。
　④比喻因寄予希望的人不成材而焦急不满。

(7) 你输给他并不奇怪，姜还是老的辣，你怎么能斗得过他呢？
　①比喻年纪大的人卧薪尝胆。　　②比喻年纪大的人心狠手辣。
　③比喻年纪大的人老当益壮。　　④比喻年纪大的人成熟老练。

(8) 看来人不可貌相啊，没想到他能当上那家大企业的老板。
　①不能只靠外表判断一个人。　　②不能只看相貌而忽略身份。
　③人不必过于在乎自己的相貌。　　④人不可以让真心表露于外表。

下線部の説明として最も適当なものを，①〜④の中から１つ選びなさい。

⑴ 小说《围城》描写了一些<u>不学无术</u>的知识分子的生活和想法。
　　①对没有实用价值的学问不感兴趣。　　②没有学问，没有能力。
　　③没学习过技术性的专业。　　　　　　④不学习，也没有技术。

⑵ 在我看来，这不过是一张<u>空头支票</u>罢了。
　　①比喻不可能实现的承诺。　　　　　　②比喻数额非常大的开支。
　　③比喻本可以避免的浪费。　　　　　　④比喻极容易实现的愿望。

⑶ 上个月面试的两家公司都没有消息，她在家里像<u>热锅上的蚂蚁</u>似的。
　　①左右为难。　　　②手足无措。　　　③脸红心跳。　　　④坐立不安。

⑷ 有些人对于新生事物总是采取<u>横挑鼻子竖挑眼</u>的态度。
　　①比喻对人或事物高度赞赏。　　　　　②比喻敢于向极限发起挑战。
　　③比喻对人或事物百般挑剔。　　　　　④比喻对人或事物极力回避。

⑸ 每次遇到这样的情况，他的做法就是<u>和稀泥</u>。
　　①比喻没有原则地进行调解。　　　　　②比喻非常武断地处理问题。
　　③比喻固执己见地做出判断。　　　　　④比喻不懂变通地考虑问题。

⑹ 推销员凭着他的<u>三寸不烂之舌</u>，不到两个小时就把所有的产品卖光了。
　　①形容能说会道，善于应付。　　　　　②形容舌头特别长而善于活动。
　　③形容说话声音洪亮而有感染力。　　　④形容说话实事求是，有说服力。

⑺ <u>无风不起浪</u>，大家这么猜测也不是没有道理的。
　　①比喻事情的发生总是有原因的。　　　②比喻事情的变化是非常偶然的。
　　③比喻事情的发展完全出乎意料。　　　④比喻事情的进展既平稳又顺利。

⑻ "<u>一个巴掌拍不响</u>"，你也有不对的地方。
　　①比喻个人的力量是有限的、集体的力量是巨大的。
　　②比喻要想成功就离不开其他人的帮助。
　　③比喻矛盾和纠纷不是由单方面引起的。
　　④比喻做事情不能盲目，要认清方向。

成語　慣用語　ことわざ　練習問題　練習問題解答　索引

下線部の説明として最も適当なものを，①～④の中から1つ選びなさい。

⑴ 李部长的一番话令同事们<u>茅塞顿开</u>。
　①比喻让人很难堪。
　②比喻很不好理解。
　③比喻让人很生气。
　④比喻忽然明白了。

⑵ 我从来没见过像他这么<u>冥顽不灵</u>的人。
　①形容善于思考且非常勤奋。
　②形容昏庸愚钝且非常固执。
　③形容不善思考且非常懒惰。
　④形容充满智慧且非常坚定。

⑶ 这点儿小事对老李来说根本<u>不在话下</u>，你就放心吧。
　①表示不会泄露别人的秘密。
　②表示不愿意说起某件事情。
　③表示在背后说人的坏话。
　④表示事情轻微，不值一提。

⑷ 以前，相关的几个部门经常在这个问题上<u>踢皮球</u>。
　①比喻互相争抢，都想获得利益。
　②比喻互相推诿，谁都不想负责。
　③比喻互相协助，共同取得成功。
　④比喻互相欺骗，避免自己吃亏。

⑸ 让小李去完成这项任务，你这不是<u>赶鸭子上架</u>吗？
　①比喻强迫人做力不能及的事情。
　②比喻强迫人做羞于启齿的事情。
　③比喻强迫人做得心应手的事情。
　④比喻强迫人做不屑一顾的事情。

⑹ 改革最好稳中求进，<u>摸着石头过河</u>，避免出现不必要的问题。
　①比喻做事瞻前顾后，前怕狼后怕虎。
　②比喻作风踏实，做事一步一个脚印。
　③比喻小心谨慎，摸索着做事情。
　④比喻办事大胆，没有任何思想包袱。

⑺ 这些年来，我可是做过不少<u>吃力不讨好</u>的事儿。
　①比喻努力做了某事，却得不到承认。
　②比喻某项工作非常艰巨，很难成功。
　③比喻往往让多数人无法理解或接受。
　④比喻使自己的工作和生活更进一步。

⑻ 你这个<u>听风就是雨</u>的毛病为什么总是改不掉呢？
　①比喻喜欢到处乱说别人的隐私。
　②比喻听到一点不确切的消息就信以为真。
　③比喻还不明事情的真相就大吵大闹。
　④比喻总是牵挂一些不足挂齿的事情。

練習問題 27

練習問題 **27**

練習問題 27

練習問題　**27**

練習問題　27

（残り）

練習問題 27

練習問題 27

練習問題 27

練習問題 27

下線部の説明として最も適当なものを，①～④の中から1つ選びなさい。

(1) 像他这样的学者，在学术界可谓是<u>凤毛麟角</u>。
　　①比喻很有威信。　　②比喻特别优秀。　　③比喻稀少可贵。　　④比喻性格怪异。

(2) 姐姐<u>旁敲侧击</u>地挖苦了一通午夜回家的弟弟。
　　①比喻不正面表达意见。　　　　　　　②比喻用武力表达意见。
　　③比喻不善于表达意见。　　　　　　　④比喻勉强地表达意见。

(3) 经过各种尝试后，他已经是<u>黔驴技穷</u>了。
　　①比喻用尽了所有的办法。　　　　　　②比喻积累了丰富的经验。
　　③比喻花光了全部的积蓄。　　　　　　④比喻取得了最好的结果。

(4) 我觉得他一定是被人<u>灌迷魂汤</u>了。
　　①比喻强迫他人相信自己说的话。　　　②比喻用错了药物，使病人昏迷。
　　③比喻采取紧急的手段救治病人。　　　④比喻用花言巧语使人失去理智。

(5) 你刚才说的那些理由根本<u>站不住脚</u>。
　　①比喻曾经多次被别人激烈反对。　　　②比喻某观点经不起推敲与反驳。
　　③比喻跟大多数人的观点不一致。　　　④比喻迎合一部分人的特殊要求。

(6) 他这个人就是这样，无论做什么，都<u>不管三七二十一</u>。
　　①形容不顾一切，不问是非情由。　　　②形容为人心直口快，性格开朗。
　　③形容做事敏捷迅速，不拖泥带水。　　④形容做事大公无私，不斤斤计较。

(7) 在一些关键的问题上，他总是<u>顾左右而言他</u>。
　　①比喻看着周围的人说出自己的想法。　②比喻回避正题，说些没有关系的话。
　　③比喻说话办事能照顾其他人的情绪。　④比喻说话的时候先征求别人的意见。

(8) 这个也不行，那个也不行，我看她是有点儿<u>挑花眼</u>了。
　　①比喻由于视力不佳，看不清人或物的真面貌。
　　②比喻可供选择的人或物太多，难以决定取舍。
　　③比喻在选择人或物的时候，专门发现其缺点。
　　④比喻用比较陈旧的想法来衡量现在的人或物。

下線部の説明として最も適当なものを，①〜④の中から１つ選びなさい。

⑴ 家长们<u>趋之若鹜</u>地将孩子送进这所学费昂贵的私立小学。
　①比喻极不情愿做某事情。　　　　　②比喻争相追逐某项事物。
　③比喻趁年轻时做某事情。　　　　　④比喻非常痴迷某项事物。

⑵ 这种<u>寅吃卯粮</u>的做法，坚持不了多长时间。
　①比喻吃了属于别人的食物。　　　　②比喻老虎把兔子当作食物。
　③比喻预先支用以后的收入。　　　　④比喻收入多的人吃得不多。

⑶ <u>巧言令色</u>的她在选举中，战胜了对手，当上了议员。
　①形容语言表达能力强，衣着很鲜艳。　②形容词汇丰富，说出的话有说服力。
　③形容说话声音洪亮，感情非常饱满。　④形容用甜言蜜语来迷惑、取悦他人。

⑷ 我非常喜欢看似寂寞的<u>爬格子</u>的工作。
　①比喻土木建筑。　　②比喻服装设计。　　③比喻软件开发。　　④比喻文字创作。

⑸ 不管是谁，遇到这种情况也只能是<u>干瞪眼</u>。
　①形容很着急，但是没有办法。　　　②形容没有预料到而很吃惊。
　③形容很渴望得到某种结果。　　　　④形容让人特别生气的样子。

⑹ 他只讲自己过五关斩六将的辉煌，却不提自己<u>走麦城</u>的历史。
　①比喻遭遇非常惨痛的失败。　　　　②比喻被迫逃亡到异国他乡。
　③比喻被流放到很远的地方。　　　　④比喻去很艰苦的地方工作。

⑺ 听说小张有与小王<u>结秦晋之好</u>的念头。
　①比喻两个人成为同事关系。　　　　②比喻两个人结为朋友关系。
　③比喻两个人结成夫妻关系。　　　　④比喻两个人成为邻居关系。

⑻ 他点头哈腰地说："在<u>下有眼不识泰山</u>，冲撞了大驾，请您饶恕。"
　①比喻胆大妄为，无论什么人都不放在眼里。
　②比喻胆小怕事，做任何事都谨小慎微。
　③比喻孤陋寡闻，连泰山这样的名山也没听说过。
　④比喻见闻浅陋，认不出地位高或本领大的人。

下線部の説明として最も適当なものを，①～④の中から1つ選びなさい。

(1) 李先生的书法已经到了<u>炉火纯青</u>的地步。
　　①比喻某个艺术品的价格十分昂贵。　　②比喻将别人的作品模仿得很逼真。
　　③比喻某艺术品在市场上很受欢迎。　　④比喻学问或技艺达到极高的水平。

(2) 他说起话来很少长篇大论，往往是<u>一语破的</u>。
　　①表示平时很少写论文，也不当众讲话。　　②表示说出来的话非常有趣，令人愉悦。
　　③表示说出来的话非常深奥，难以理解。　　④表示用简洁的语言说出最核心的内容。

(3) 我觉得这个人有点儿<u>不靠谱儿</u>，你说呢？
　　①比喻让人不高兴。　　②比喻让人不服气。
　　③比喻让人不得已。　　④比喻让人不信任。

(4) 我们公司现在是<u>一个萝卜一个坑</u>，你还是另想办法吧。
　　①比喻担任重要工作的人很多。　　②比喻岗位很多而工作人员少。
　　③比喻每个岗位都有固定的人。　　④比喻不少人没什么工作可做。

(5) 当着他的面说这件事，你这不是<u>哪壶不开提哪壶</u>吗？
　　①比喻提及对方不知晓的事。　　②比喻提及对方最忌讳的事。
　　③比喻说让对方瞧不起的话。　　④比喻故意说奉承对方的话。

(6) 这件事还<u>八字没一撇</u>呢，谁也不知道结果会怎样。
　　①比喻十分陌生不便动手。　　②比喻比较复杂不易进行。
　　③比喻一切还都没有眉目。　　④比喻非常重要必须保密。

(7) 你可真是<u>狮子大开口</u>啊，也不看看对方是什么人。
　　①比喻壮大自己的声势，以恐吓对方。　　②比喻不能正确评估商品的实际价值。
　　③比喻不根据实际价值，随便要高价。　　④比喻高估自己的实力，向强者挑战。

(8) 在这件事情上，我跟他可以说是<u>道不同，不相为谋</u>。
　　①比喻理想不一样，无法共事。　　②比喻目的地不同，不能同行。
　　③比喻不同的人，信仰也不同。　　④比喻还没有取得对方的信任。

下線部の説明として最も適当なものを，①～④の中から１つ選びなさい。

⑴ 他们俩可谓是莫逆之交，别人的几句话根本无法改变两人的关系。
　　①彼此情投意合，非常相好。　　　　　②彼此水火不容，相互仇恨。
　　③双方从未谋面，互不相识。　　　　　④二人接触很少，交情不深。

⑵ 经过数次通宵达旦的谈判，双方终于达成了协议。
　　①形容时间过得非常缓慢。　　　　　　②形容一直持续没有间断。
　　③形容整整一夜无休无眠。　　　　　　④形容断断续续不甚顺利。

⑶ 别看他夸夸其谈，其实在国际问题的研究上只是个半瓶醋。
　　①比喻一般见识。　　②比喻一己之见。　　③比喻一鳞半爪。　　④比喻一知半解。

⑷ 别看他就是个芝麻官，架子可大得不得了。
　　①比喻事情多、工作忙的人。　　　　　②比喻大家都非常喜欢的人。
　　③比喻职位低、权力小的人。　　　　　④比喻总也得不到重用的人。

⑸ 他是一个遇到事儿就爱钻牛角尖的人。
　　①比喻固执己见，不知变通。　　　　　②比喻只看眼前，不计后果。
　　③比喻针锋相对，不肯让步。　　　　　④比喻争强好胜，不甘落后。

⑹ 大家都知道，他就是这种得便宜卖乖的人。
　　①因为占小便宜却吃了大亏。　　　　　②明明得了好处却装作吃亏。
　　③因为很乖巧而经常占便宜。　　　　　④常常低价买入再高价卖出。

⑺ 这种慷他人之慨的事儿，也只有你才做得出来。
　　①比喻利用银行贷款进行高额消费。　　②比喻跟别人交往的时候非常大方。
　　③比喻大方地用别人的财物送人情。　　④比喻向熟人借钱来偿还银行贷款。

⑻ 俗话说："丑媳妇总要见公婆"，你躲过了今天，躲不过明天。
　　①比喻犯罪行为迟早是会被人发现的。
　　②比喻媳妇和公婆的关系终究要破裂的。
　　③比喻隐瞒是不会持久的，总要真相大白。
　　④比喻该办的事情就应当及早处理。

練習問題 解答番号一覧

	(1)	(2)	(3)	(4)	(5)	(6)	(7)	(8)	(9)	(10)
1	④	②	③	④	①	②	②	①	③	④
2	①	②	①	③	①	④	①	①	②	②
3	②	①	④	①	①	①	②	④	①	④
4	④	③	②	②	①	③	①	④	④	②
5	③	③	④	④	②	③	①	①	③	③
6	①	③	①	③	④	①	④	①	①	④
7	③	②	③	①	④	②	②	②	②	④
8	②	③	②	④	④	③	①	①	④	②
9	④	②	④	②	③	①	③	③	②	④
10	②	③	②	①	③	③	①	②	④	④
11	④	④	①	①	②	①	②	③	②	③
12	③	①	③	②	③	①	②	④	④	②
13	①	②	③	④	②	③	③	③	①	①
14	①	②	①	②	④	④	①	④	—	—
15	②	③	①	③	①	④	②	①	—	—
16	①	③	③	②	③	④	③	②	—	—
17	②	②	④	①	②	③	①	①	—	—
18	②	④	③	③	①	③	①	③	—	—
19	④	③	③	②	②	②	①	①	—	—
20	①	③	④	③	③	③	②	①	—	—
21	①	③	②	②	①	②	③	②	—	—
22	④	①	①	③	③	①	③	②	—	—
23	③	②	②	③	①	②	①	①	—	—
24	③	②	③	②	③	④	④	①	—	—
25	②	①	④	③	①	①	①	③	—	—
26	④	②	④	②	①	③	①	②	—	—
27	③	①	①	④	②	①	②	②	—	—
28	②	③	④	④	①	①	③	④	—	—
29	④	④	④	③	②	③	③	①	—	—
30	①	③	④	③	①	②	③	③	—	—

練習問題 解答訳例

1

(1) 彼は戻るとすぐに事のいきさつを一部始終詳細に上司に報告した。
- ①九死に一生　　②心が千々に乱れる　　③あれこれと迷う　　❹一部始終

(2) 学術研究をし，真理を探究するには，下問を恥じない精神がなくてはならない。
- ①数え切れない　　❷下問を恥じない　　③深くは究めない　　④知らず知らず

(3) 中日両国は一衣帯水の隣国であり，2千年余りの文化交流の歴史を有している。
- ①極めて狭い土地　　　　　　　　　②一視同仁，すべての人を平等に扱う
- ❸一衣帯水，極めて距離が近いことのたとえ　　④一挙両得，一石二鳥

(4) 一昨年アフリカに来た頃，彼はアラビア語はチンプンカンプンだったが，現在では日常会話もできるようになった。
- ①不意の出来事　　②ひと言も発しない　　③すべて間違っている　　❹何一つ知らない

(5) 若者は何事にも集中して打ち込まなくてはならず，いつも移り気であってはならない。
- ❶くるくる変わる　　②朝早く出て夜遅く帰る　　③一挙両得，一石二鳥　　④東奔西走する

(6) 仕事が忙しすぎて片づける時間がなく，部屋の中は散らかり放題だ。
- ①万が一の事　　❷めちゃくちゃである　　③種々さまざまである　　④心が千々に乱れる

(7) この2つのバレーボールチームの実力は甲乙をつけがたく，試合は5対5となった。
- ①のっぴきならない　　❷互いに優劣がない　　③期せずして一致する　　④図らずも一致する

(8) 試験問題の内容は別に難しくはなかった。受からなかったのは自分が不注意だったためだ。
- ❶いいかげんである　　　　　　　　　②金遣いが荒い
- ③大胆かつ細心である　　　　　　　　④大まかなようであるが細かい所に気が付く

(9) 大きな台風がやってくるので，村人たちは集まって口々に意見を述べ，対策を相談している。
- ①四の五の言う　　②種々さまざまである　　❸思い思いにしゃべる　　④口数が多い

(10) 連日の徹夜で，あなたの身体はもたないのでは？
- ①（値段が高くて）食べられない　　　②（これ以上は）食べられない
- ③歓迎されない　　　　　　　　　　　❹耐えられない

2

(1) 今回の生花展はたいへん注目されて，おびただしい数の観光客を引き付けた。
- ❶数が極めて多い　　②八方手を尽くす　　③道のりが遠く険しい　　④色とりどりである

(2) この深く考えさせられる文章は発表されるや否や，広く注目された。
- ①いっそう光彩を放つ　　❷深く考えさせられる　　③奮起して向上をはかる　　④元気がみなぎっている

(3) わたしも彼の話はいささか大げさに思われるが，しかし信じないわけにはいかない。
- ❶話が大げさである　　②中身が伴わない　　③名実相伴う　　④有名無実である

(4) あの頃，広州の迎春花市は黒山の人だかりで，大いに賑わい，市民たちは大喜びで春節の到来を迎えた。
- ①元気よく跳ねる　　②酒色にふける　　❸有頂天になる　　④言葉巧みに語る

(5) あの人の思想は古くさすぎて，今の社会とは相容れない。
- ❶しっくりこない　　②名残惜しい　　③怖くてびくびくする　　④べらべらしゃべる

(6) 新交通法が実施されると，たちまち効果が出て，交通事故は明らかに減少した。

①捕らえどころがない　　　　　　　　　②知らず知らず感化を受ける

③法の網は広大で，悪人を取り逃すことはない　　❹効果がすぐに現れる

⑺ わたしたちふたりは幼い頃は無邪気で仲がよく，とても楽しかったけれど，大きくなってからは疎遠になってしまった。

　❶双方とも幼く疑うことを知らない　　　　②双方ともに満足する

　③双方ともに納得している　　　　　　　　④官吏が清廉潔白である

⑻ 彼はやっとのことでこの仕事にありついたので，仕事にとても精を出している。

　❶精一杯やる　　　　　　　　　　　　　②割り引きする

　③コネを使う　　　　　　　　　　　　　④過去の成果や経歴にあぐらをかく

⑼ あのふたりは話しているうちに殴り合いになりそうだったので，わたしは急いでその場を取り持った。

　①雑用係になる　　❷まるく収める　　③こびへつらう　　④脇でけしかける

⑽ この連続テレビドラマはストーリーに人を引き付けるものがあって，毎回気を持たせる。

　①うんざりする　　❷その気にさせる　　③からかって楽しむ　　④冗談を言う

3

⑴ 一つの物事を成し遂げたいと思うなら，粘り強い精神がなくてはだめだ。

　①次々と，続々と　　❷怠ることなく努力する　③やめられない　　④見かけ倒しである

⑵ わたしは当地は来たばかりで，土地不案内ですから，皆さま，よろしくご指導ください。

　❶人にも土地にもなじみがない　　　　　②身内も財産も無くなる

　③人の耳目をそばだたせる　　　　　　　④人の口は恐ろしい

⑶ 『西遊記』の中の当時は奇想天外だった虚構のいくつかは，今ではすべて現実になった。

　①妄想にふける　　②頭をひねって考える　　③次々と考えが浮かぶ　　❹突拍子もない

⑷ 近年彼が発表した論文は量にしろ質にしろ，わたしは遠く足元にも及ばない。

　❶足もとにも及ばない　②ひたすら待ちわびる　③空想で自己を慰める　④風を食らって逃げる

⑸ 話があるなら直接言ってよ。そんなふうに遠回しに言わないで。

　❶遠回しに言う　　②やましいことはない　　③縦横無尽に突き進む　　④言外の意味

⑹ わたしはあなたに何度も言ったのに，あなたはどうして忘れたの？

　❶何度となく　　②二言三言　　③三々五々　　④万が一の事

⑺ 実際の問題を処理するのに，書物の知識をそのまま持ってくると，往々にして笑いの種になる。

　①下痢をする　　❷笑い物になる　　③仲たがいをする　　④気を腐らす

⑻ あなたはわたしたちの中で唯一ピアノが弾ける人です。皆さんに腕前を見せてあげてください。

　①出しゃばる　　②見えを張る　　③インチキをする　　❹腕前を見せる

⑼ わたしはちょうど勘定中で，忙しくてたまらず，あなたと話す暇などないので，じゃまをしないで。

　❶騒いでじゃまをする　②金を出し合う　　③頭数をそろえる　　④端数のない数にする

⑽ 数人の若者がてきぱきとこの古い家をとてもきれいに片づけてくれた。

　①委細かまわず　　②責任を逃れる　　③半分ずつに分ける　　❹てきぱきとやる

4

⑴ そういう事だったのか，わたしの理解が間違っていた。先生の説明を聞いて，はっと悟った。

　①一目瞭然　　②わけが分からない　　③突拍子もない　　❹はっと悟る

⑵ ガールフレンドと別れたばかりの数日の間，彼はどうしてもその事が忘れられず，授業中いつもうわの空だった。

①小細工をする　　　　②こっそり手を回す　　❸気が散る　　　　　　　④待ち伏せする

(3) 『三国演義』は誰もがよく知っている小説である。

　　①誰の目にも明らかだ　❷誰でも知っている　　③明らかに分かる　　　④一望できる

(4) ふたりは腹を割って長い間話し合い，ようやく誤解が解けて，元どおり仲良くなった。

　　①無責任な放言をする　　　　　　　　　　❷誠意をもって人に当たる

　　③何を言っているのか分からない　　　　　④長々と述べ立てる

(5) 彼はちょうど堂々と皆に自分の意見を説明しているところである。

　　❶堂々と話す　　　　②ひそひそとささやく　③片時も忘れられない　④丁寧に教え導く

(6) あのふたりは一目ぼれで，知り合ってたった2か月で結婚してしまった。

　　①華燭の典　　　　　②未練が断ち切れない　❸一目ぼれ　　　　　　④幼なじみ

(7) 初戦で我が校のサッカーチームは3対1で相手を下し，さい先のよいスタートを切った。

　　❶よいスタートを切る　②前口上　　　　　　③ゴーサインを出す　　④コネを使う

(8) いま結論を下すのはまだ時期尚早だ，結局誰が勝者なのか，様子を見るとしよう。

　　①情勢や動向を見る　　②にぎわいを見物する　③目の保養をする　　　❹様子を見る

(9) このプロジェクトは必ず計画どおりに年末までに完成させなければならず，中途半端に終わらせては
いけない。

　　①余地を残す　　　　②逃げ道を残す　　　　③奥の手を残す　　　　❹未解決部分を残す

(10) 張シェフが料理を作る時は，いつも2、3人の助手が必要である。

　　①損得勘定をする　　❷下働きをする　　　　③悪人や悪事をかばう　④まるく収める

5

(1) 彼という奴は気まぐれで根気がなく，何をさせてもいつも尻すぼみだ。

　　①険要の地の形容　　②丈夫で元気である　　❸頭でっかち尻すぼまり　④竜虎相打つ

(2) ガイドはこの古寺の歴史を紹介し，また旅行客の問いにも答えて，極めて忙しい。

　　①言うまでもない　　②ものごとに動じない　❸程度が甚だしい　　　④うむを言わせない

(3) この子は分からず屋で，年上を年上とも思わない言葉遣いですが，気を悪くなさらないでください。

　　①波風を立てる　　　②精彩がある　　　　　③言動に筋が通っている　❹年長者を無視する

(4) 建築現場では，みな激しい意気込みで働いている。

　　①厳格迅速に執行する　②門前市をなす　　　③絶え間なく続く　　　❹活気にあふれている

(5) 大気汚染をなくすには，われわれは不退転の決意を持たなければならない。

　　①助長する　　　　　❷背水の陣を敷く　　　③真相が明らかになる　④自画自賛する

(6) 彼はこの問題に他の人とは異なる独自の見方を持っていて，会議では単刀直入に自分の意見を述べた。

　　①きっぱり関係を断つ　②衆にぬきんでる　　❸単刀直入である　　　④二言はない

(7) 経理の仕事は年じゅう人，金，物を相手にしているので，常に十分に慎重でなければならない。

　　❶付き合う　　　　　②コネをつける　　　　③うまく取り入る　　　④口数を費やす

(8) これ以上そんなふうにし続けたら，遅かれ早かれこの件でしくじるだろう。

　　❶しくじる　　　　　②クビにする，なる　　③回りくどく言う　　　④浪費する

(9) あなたの言うテクニックとは，わたしからすれば取るに足らないことである。

　　①経験の浅い若者　　②小さなグループ　　　❸容易なこと　　　　　④ケチな算段

(10) えこひいきせずに公平に扱うことは，教師たる者に対する基本的な要求である。

　　①ひと言で言えば　　②しらをきる　　　　　❸公平に扱う　　　　　④上には上がある

6

(1) この文章はとてもよく書けており，単刀直入でテーマがはっきりしている。

　❶単刀直入に話す　　②白昼堂々，白日の下　　③何でも口にする　　④おおっぴらに

(2) 彼女が去った後，わたしの心はずっと乱れっぱなしで，落ち着かないまま知らせを待っている。

　①あれこれと迷う　　②四分五裂する　　❸心が千々に乱れる　　④非常に多くの言葉

(3) 中国画の大御所の前で中国画のことをあれこれ論じるとは，きみは身の程知らずもいいとこじゃないか。

　❶身の程知らず　　　　　　　　　　②自ら名乗り出る

　③見かけだけの愛好　　　　　　　　④愚直に努力を重ねて成し遂げる

(4) 工商局の検査は非常に厳しいので，どさくさに紛れて偽物をブランド品に偽装し売り出すなどは不可能だ。

　①火事場泥棒をはたらく　　　　　　②善悪を混同する

　❸どさくさ紛れにひともうけする　　④一緒くたにする

(5) 今回のオリンピックでは，彼らの成果は飛び抜けており，メダル獲得の知らせが次々に伝えられた。

　①再三再四，しばしば　　②何度となく　　③何度も命令する　　❹つぎつぎと

(6) あいつは口が達者で，多くの人が彼の甘い言葉に惑わされる。

　❶美辞麗句　　②一々もっともである　　③ぐうの音も出ない　　④口々に，しきりに

(7) 彼は普段は名前が埋もれているけれども，ここぞという時には本当に能力を発揮するから。

　①やり手　　②ベテラン　　③ケチな算段　　❹なかなかの腕前

(8) 問題の処理は事実に基づき，異なる状況には異なる対応をとるべきで，画一的に処理してはならない。

　❶画一的に処理する　　②大挙して，どっと　　③一方だけに傾倒する　　④ご破算にする

(9) 運動会の最中に，突然大雨が降り出し，グラウンドは大混乱となった。

　❶ごちゃごちゃである　　②根こそぎにする　　③一緒くたに処理する　　④一緒くたに処理する

(10) 犯罪者がどんなにずる賢くても，いつの日か必ず化けの皮が剥がれる日が来るとわたしは信じている。

　①後の祭り　　②腕前を見せる　　③苦しい時の神頼み　　❹馬脚を現す

(1) 会社の上層部がこの新制度を打ち出す目的は言わなくても明らかである。

　①慌てて度を失う　　②そうとは思わない　　❸言わずとも明らかだ　　④手段を選ばない

(2) 何か困った事があれば遠慮なく言いなさい，わたしたちは絶対に見ているだけなんてしないから。

　①井の中の蛙　　　　　　　　　　　❷何もせず傍観する

　③火を見るより明らか　　　　　　　④素晴らしいものを見て驚嘆する

(3) わたしが小さい頃，家では長らく食うや食わずの生活をしていた。

　①捕らえどころがない　　②盗人猛々しい　　❸やりくりに苦労する　　④予測できない

(4) 創業したばかりなので，彼らは利用できるものはすべて利用して，出費を節約するほかない。

　❶有り合わせのもので間に合わせて節約する　　②思うままにする

　③公にかこつけて私腹を肥やす　　　　　　　④浅はかな行動をする

(5) 人がもう謝ったのだから，あなたもこれ以上しつこく絡まないで。

　①偏らない　　②怪しげである　　③不撓不屈である　　❹しつこく絡む

(6) この小説はすべての人物の姿を余すところなく描写している。

　①素晴らしいものがたくさんある　　❷詳細で徹底している

　③互いに顔を見合わせる　　　　　　④描写が生き生きとして真に迫っている

(7) いざという時には彼は自分の奥の手を繰り出さざるをえない。
①知識や技術が未熟である ❷奥の手
③相手を安心させる言葉や行動 ④面と向かって意見を言う

(8) この数年暮らし向きは良くなり，以前のようにやたらに金品をねだる人もますます少なくなった。
①あくびをする ❷金品をゆすりとる ③引き分けになる ④ブランコに乗る

(9) 李さんがこんなにも懇願しているのを見て，わたしもやむをえず承諾した。
①無理にこじつける ❷やむなく ③硬軟両方の手を使う ④丸暗記する

(10) あなたに何度も言ったように，今後はこんな見かけ倒しで役に立たない物を買わないで。
①礼はいくら多くてもよい ②しらをきる
③下手に出ると折れるが強く出ると反発する ❹見かけ倒し

(1) すでに余命幾ばくもないふたりの旧友が，50年の時を隔てて再会した。
①育ち盛りである ❷余命いくばくもない ③不安定である ④一掃する

(2) 日常生活の中には目にしてはいるものの見過ごしてしまっている多くの無駄遣いがある。
①見渡すかぎり果てしない ②習うより慣れろ
❸よく見ているからこそかえって見落とす ④一諾千金，承諾が千金に値するほど確かなこと

(3) ご出席の皆さんはこの方面の専門家ですが，わたしは単なる数合わせに過ぎません。
①鶏群の一鶴，多くの凡人の中でひとり際立っていること
❷員数を合わせるために資格のない人や粗悪な物を混ぜること
③汗牛充棟，蔵書の非常に多いこと
④悪事が隠そうとすればするほど露呈しやすいこと

(4) 記者たちの容赦ない質問に対して，スポークスマンは落ち着いて一つ一つ応じた。
①捲まずたゆまず ②気にかかって忘れられない
③楚々として心をゆさぶられる ❹気勢激しく人に迫る

(5) 李さんがマネージャーの職務を引き継ぐのも至極当然のことである。
①成り行きに従って事を進める ②手がかりに沿って追究する
③その場にあったものをついでに持ち去る ❹道理にかなっている

(6) 当時わたしが法律を学ぶことを選んだのは，大勢に従ったまでで，多くを考えたわけではない。
①騙されて金を使う人 ②金持ちに取り入る ❸大勢に順応する ④重要な役割を担う

(7) テストの成績を見た瞬間に，彼は自分が他人よりもずいぶん劣っていると感じた。
❶半分 ②2つに分けた片方 ③しばらくして ④ほんの少しの

(8) 張さんはとても人なつっこく，会って数分もたたないうちに古くからの友人のように親しくなれる。
❶うまく取り入る ②昔の事を持ち出す ③見えを張る ④思わせぶりをする

(9) 彼らは絶対にこのまま泣き寝入りをすることはないだろう，きっと機会をみて相手に思い切り仕返しするに違いない。
①後悔の念をいやす薬 ②有り合わせの料理 ③身近な所にある獲物 ❹口には出せない苦しみ

(10) この映画は全体的にはまずまずだと言えるが，ただ結末の部分に少し後味の悪い思いが残る。
①しくじる ❷うんざりする ③骨が折れる ④興冷めする

(1) われわれが見た実際の状況は，宣伝資料の内容とは大きな隔たりがある。
①ぬけぬけとずうずうしいことを言う　　②大いに目の保養をする
③遠大な計画を進める　　❹大いに差がある

(2) すべての動作を彼女は寸分の隙もなくやってのけたので，もののみごとに優勝を勝ち取った。
①至れり尽くせりである　　❷寸分の隙もない
③隙さえあればすぐ乗じる　　④いかんともしがたい

(3) 彼らは常に時代と共に歩み，開拓創造するという原則を堅持し，絶えず新製品を研究製作している。
①日増しに増える　　②高望みをする　　③旧套を墨守する　　❹時代と共に前進する

(4) 民主制度の確立には順を追って一歩々々歩む過程が必要で，一挙に成し遂げることはできない。
①一触即発　　❷一挙に出来上がる　　③すべて今までどおり　　④すべてが揃っている

(5) アメリカ経済の復興は遅々として進まないが，なおも現在の世界経済の中心的な力である。
①用心深く行動する　　　　②一歩も譲らない
❸歩行が困難である　　　　④車に乗らずにゆっくり歩く

(6) たとえ鑑定の仕事に長年従事している専門家であっても，見誤ることがある。
❶品を見誤る　　②ばかにする　　③付き合う　　④全体の状況を知る

(7) あの人は何でも安請け合いしたがるが，その実，本当に約束を実行することはめったにない。
①かんしゃくを起こす　　②大勢に順応する　　❸保証する　　④隙に乗じる

(8) 十分に自分の可能性を発揮するために，彼は事を行うに当たって逃げ道を残しておいたことがない。
①奥の手を残す　　②馬脚を現す　　❸逃げ道を残す　　④頭角を現す

(9) あの子は外でしょっちゅう問題を起こすので，両親の心配は絶えない。
①禁止する　　❷騒動を起こす　　③感情を損なう　　④苦境に陥る

(10) 思いもよらず劉さんが突然投げ出したので，この仕事は一時休止するよりほかない。
①一歩退く　　②障害にぶちあたる　　③脇でけしかける　　❹途中でほったらかす

(1) アマチュア作家として，彼は多くのプロ作家の追随を許さないほどの成功を収めた。
①能力不足を嘆息する　　❷後について行く　　③待ちこがれる　　④見て恐怖心を起こす

(2) 最近はめったにうれしくて小躍りするような良いニュースを耳にしない。
①筆遣いが雄壮である　　②得意満面　　❸喜び勇む　　④歌い踊る

(3) 彼は禁煙せよという医者の忠告を聞くどころか，更にひどくなって，ますます吸うようになった。
①ますます励む　　❷一層ひどくなる　　③話に尾ひれを付ける　　④錦上に花を添える

(4) 実験はすでに最終段階に入ったが，ちょっとしたミスで長年の努力が無駄になるとは思いもしなかった。
❶あと一歩というところで失敗する　　　　②功成り名を遂げる
③功績があっても傲慢にならない　　　　④功徳が計り知れないほど大きい

(5) 相手は強豪チームだとは言えないが，われわれも絶対に気を許してはいけない。
①目にして心を痛める　　②苦心に苦心を重ねる　　❸油断する　　④下心がある

(6) 彼という人は見えっ張りで，2人で食事をするのに，なんとテーブルいっぱいの料理を注文した。
①お高くとまる　　②競争を挑む　　❸見えを張る　　④世間話をする

(7) お前が仕事を見つけてくれさえすれば，父親としては願ってもないことだ。

①願ったりかなったり　②おだてる　　　　　③権勢者に取り入る　❹大口をたたく

(8) 今はこのような時代遅れの物は本当に探しにくくなった。

①眼識がない　　　❷時代遅れである　　　③大ぼらを吹く　　　④奥の手を残す

(9) テレビ局の記者は何度か彼を取材に行ったが，結局は門前払いを食わされた。

①元手の金　　　　②後戻りする　　　　　③特別扱い　　　　　❹門前払い

⑩ わたしは自分が一生蓄えてきたものをこのように無駄にしたくない。

①とぼけてごまかす　②鉢合わせする　　　③尻込みして逃げる　❹浪費する，無駄にする

(1) みんなは孫さんが非常に口の固い人だと知っている。

①でたらめを言う　②話が正直である　　③少食である　　　　❹口が固い

(2) きみはいつもそんなふうに派手に浪費しているが，いったいいつ家を買えるんだい？

①する事がいい加減である　　　　　②生活のリズムが乱れている

③仕事ぶりがだらだらしている　　　❹金遣いが荒い

(3) 先生が「授業を終わります」と言い終わった途端，李明は待ちかねていたかのように教室を飛び出した。

❶とても急いでいる　②とても不満である　③とてもうれしい　　④とても失礼だ

(4) われわれの当面の措置は何とかして相手の急速な勢力の増長を阻止することである。

❶八方手を尽くす　　②四方八方　　　　　③種々さまざまである　④あれこれと迷う

(5) 彼がこのようにするのには下心があってのことだと，みんな見抜いている。

①他とは異なる特徴がある　　　　　　❷人には言えないたくらみがある

③唯一無二の構想がある　　　　　　　④ほかに周到で細やかな考えがある

(6) わたしは自分がクビにされるとは思ってもいなかったので，まったく心の準備をしていなかった。

❶解雇する　　　　②抜擢する　　　　　③賃上げする　　　　④人を採用する

(7) 彼は何の能力もなく，ホラを吹くほかには，何一つまともな事をしない。

①嘘をつく　　　　❷大きい事を言う　　③甘い言葉を口にする④下品な事を言う

(8) 優秀な人ほど偉ぶらず，一緒に仕事をしやすい。

①何の理由もなく　②対等にふるまう　　❸謙虚で親しみやすい④単調で変化に乏しい

(9) 彼はいつも人におべんちゃらを言いたがる。

①過度に人に皮肉る　❷ご機嫌とりの話をする③人に圧力をかける④行き過ぎた親切をする

⑩ 彼と付き合いの長い友達でさえ，彼がかなづちだということを知らなかった。

①よくほらを吹く人　②正業に励まない人　❸泳げない人　　　　④仕事が遅い人

(1) 彼はなかなか話し上手で，人との付き合いがうまい。

①嘘をつくのがうまい　②物分かりがよい　❸口が上手である　　④仕事がよくできる

(2) 社長は約束を守って，2か月目から，本当に彼女の給与を上げた。

❶信用を重んじる　　②見込みがある　　③道理を重んじる　　④使いようがある

(3) 思いがけないことに，数年前は無名だったこの大学生が番組の司会者となった。

①知らない人はいない　②話好きではない　❸誰も知る人がいない④上手に考える

(4) この事については，わたしたちふたりは考え方が正反対なのだから，まったく協力のしようがない。

①相手の方向に向かう　❷逆方向に進む　　③肩を並べる　　　　④東奔西走する

(5) わたしにとって，夜の１時２時に寝るのは少しも珍しくない。
    ①便利な事　　　②特殊な事　　　**❸**ごくありふれた事　　　④大した事
(6) わたしはこのような試験に参加するのは初めてで，合格できるかどうか，自分でも自信がない。
    ❶自信がない　　　②経験不足である　　　③思いつかない　　　④正視できない
(7) こういう事柄は原則を堅く守る必要があり，いい加減に同意してはいけない。
    ①禁止する　　　**❷**同意する　　　③拒絶する　　　④推薦する
(8) 劉さんの話を信じてはいけません，彼が話すエイリアンの物語には何の根拠もありません。
    ①気にかけない　　　②価値がない　　　③話にならない　　　**❹**根拠がない
(9) 彼は他人のあら探しをするのが好きです。
    ①難関に挑戦する　　　②悪い事ばかりする　　　③仕事が細やかである　　　**❹**わざとあらを探す
(10) 彼は有名なカメラマンというわけでもないのに，やたらと威張りたがる。
    ①優美な姿勢をする　　　**❷**高慢な態度を示す　　　③きれいな画面を撮る　　　④冷淡な表情を示す

13

(1) あんなろくでもない人たちと付き合わないように。
    ❶まともでない　　　②真面目でない　　　③礼儀をわきまえない　　　④レベルが低い
(2) 教室では学生たちが一心に先生の講義を聴いている。
    ①無頓着である　　　**❷**一心不乱である　　　③元気にあふれている　　　④闘志が高揚する
(3) きのうの試合で，乙チームは甲チームの敵ではなく，こてんぱんにやられた。
    ①何一つない　　　②一言では尽くせない　　　**❸**一敗地にまみれる　　　④すべて間違っている
(4) 生老病死は自然の法則で，人は病気を避けられない。これはどうしようもない事だ。
    ①なぜか知らない　　　②能力がない　　　③自制できない　　　**❹**仕方がない
(5) 子どもの教育問題はいちばん親を悩ませる事だ。
    ①面目を失う　　　**❷**気を遣う，思い悩む　　　③抜け目なく立ち回る　　　④かんしゃくを起こす
(6) 彼のような技術者は我が社ではきっと喜ばれる。
    ①排斥される　　　②信用を守る　　　**❸**人気がある　　　④義侠心を重んじる
(7) こんな大勢の前で借金の取り立てをするなんて，わたしは面目丸つぶれじゃないか。
    ①怖がらせる　　　②負けを認めさせる　　　**❸**つらい思いをさせる　　　④後悔させる
(8) これまでこんなに恥知らずな人に会ったことがありません，わたしまで恥ずかしくなります。
    ①人に会いたくない　　　②写真嫌いである　　　**❸**恥を気にしない　　　④化粧をしたくない
(9) 彼は我が社で有名なけちん坊だ。
    ❶非常にケチな人　　　②非常に残酷な人　　　③厳格に時間を守る人　　　④非常に頑固な人
(10) 彼のこの件のやり方はあまりにも常軌を逸していて，友人たちはみな驚いた。
    ❶公の規範に合わない　　　②人々の期待を裏切る　　　③常人の推測を超える　　　④法律法規に違反する

14

(1) 町内会長の張おばさんは大した地位ではないけれども，人々の結婚についていつも心配している。
    ❶結婚。　　　②就職。　　　③出産。　　　④葬式。
(2) 現在，ビジネス上の詐欺事件が頻発していて，防ごうにも防ぎようがなく，みな疑心暗鬼になっている。
    ①人が焦ったとき，恐れおののくさまを形容する。
    ❷人が驚き慌てたとき，やたらにあれこれ疑うことを形容する。

316

③人がだまされたとき，かっとなることを形容する。

④人が消沈したとき，沈黙してしまうことを形容する。

(3) 仕事では彼はいつも苦労をいとわず，今まで駆け引きをしたことがない。

　　❶物事を引き受けるときに様々な条件を出すことをたとえる。

　　②労働報酬に対する要求があまり高くないことをたとえる。

　　③勝手に商品の販売価格を変更することをたとえる。

　　④しょっちゅう商品取引などの活動に従事することをたとえる。

(4) 彼女は面目丸つぶれになることを恐れて，喉まで出かかった言葉を呑み込んでしまった。

　　①言葉がきつくて，他人のメンツを気にしないことをたとえる。

　　❷拒絶あるいは叱責されて，メンツを失うことをたとえる。

　　③話し方が粗野かつ無礼で，他人を傷つけることをたとえる。

　　④話し方が慎重で注意深く，放言しないことをたとえる。

(5) すでにこのようになっている以上は，わたしが反対したところでどうしようもない。

　　①事の結果がよいので，反対できないことをたとえる。

　　②事の進展が順調なので，心配しなくてよいことをたとえる。

　　③事の進展は順調ではないが，どうしようもないことをたとえる。

　　❹事は既成事実になっているので，今さら変えようがないことをたとえる。

(6) わたしはあなたに何度も言ったのに，あなたはいつも馬の耳に念仏だった。

　　①聞いた後，すぐに腹を立てる言葉をたとえる。　②聞いた後，ショックを受ける言葉をたとえる。

　　③聞いた後，気分が楽しくなる言葉をたとえる。　❹聞いた後，心に留めない言葉をたとえる。

(7) この事は皆が全力で当たるべきで，労せずして甘い汁を吸おうなどと思ってはなりません。

　　❶自分は力を出さず，他人の労働の成果を享受することをたとえる。

　　②自分で力を出しても，当然得るべき労働の成果を享受できないことをたとえる。

　　③自分は力を出したくないし，他人が作るごはんも食べたくないことをたとえる。

　　④自分が作るごはんを他人にむざむざ食べさせたくないことをたとえる。

(8) 落ち目になって皆がばかにする時に，きみだけがぼくのために弁護してくれた。本当に友達がいがある。

　　①人が多く勢いも盛んで，どんなに厚い壁でも押し倒せることをたとえる。

　　②やむをえない時でなければ本当の事は話さないことをたとえる。

　　③悪事をはたらき過ぎて，皆の怒りを買うことをたとえる。

　　❹権勢を失ったり不運な時に，さんざんいじめられることをたとえる。

（15）

(1) この小説は，現今の社会現象と人々の心理状態に対して深い洞察力を備えた描写を行なっている。

　　①描写が全面的であることを形容する。　　❷見識が深いことを形容する。

　　③描写が粗雑であることを形容する。　　④見識が浅いことを形容する。

(2) われわれは個人のプライバシーを尊重すべきで，犯人を尋問するかのように根掘り葉掘り尋ねてはならない。

　　①事のいきさつを説明する。　　②事の進展の程度を説明する。

　　❸事の詳細な原因を追究する。　　④事の発展方向を追究する。

(3) わたしが思うに，彼は典型的な見かけ倒しの人間だ。

　　❶見かけは立派だが，実力のない人をたとえる。　②容貌が優れるだけでなく，心も優しい人をたとえる。

　　③見たところ冷淡だが，実際は親切な人をたとえる。④稼ぎは多くないのに，金遣いの荒い人をたとえる。

317

(4) こんな事をするなんて，まったく身のほど知らずもいいとこだ。
　　①物事を行う場所がふさわしくないことをたとえる。②物事を行う時機がふさわしくないことをたとえる。
　　❸権力や勢力のある人の怒りに触れることをたとえる。④権力や勢力のある人と付き合うことをたとえる。
(5) 男子サッカーチームがまたも結果を出せなかったことについては，誰も意外に思わなかった。
　　❶予定されていた任務をまったく遂行できなかったことをたとえる。
　　②相手を反撃できないほどに打ち負かしたことをたとえる。
　　③何らかの原因により最後まで持ちこたえられなかったことをたとえる。
　　④満足のゆく成績を収めたことをたとえる。
(6) 彼がこのようにするのは実際のところ虚勢を張っているのだ。
　　①勇気をもって自分の誤りを批判することをたとえる。
　　②何らかの目的を達成するためには手段を選ばないことをたとえる。
　　③自分を批判する人に打撃と報復を加えることをたとえる。
　　❹体面を保つために実力の及ばないことをすることをたとえる。
(7) 率直に言って，わたしはあなたのこういうけんか両成敗的なやり方にはあまり賛成できません。
　　①問題に遭遇したとき，言い訳をして責任逃れをすることをたとえる。
　　❷是非を分かたず，当事者双方に同様の処罰を与えることをたとえる。
　　③必要のない状況下で武力によって問題を解決しようとすることをたとえる。
　　④情況を理解せず，主観的な想像で物事を処理することをたとえる。
(8) 困難に出くわしても意気消沈してはならず，まず窮すれば通ずの楽観的な精神を持たなければならない。
　　❶瀬戸際に追い詰められたときには，必ず解決の方法があることをたとえる。
　　②瀬戸際に追い詰められたときには，必ずよい結果があることをたとえる。
　　③瀬戸際に追い詰められたときには，自然に任せるべきであることをたとえる。
　　④瀬戸際に追い詰められたときには，天に任せるしかないことをたとえる。

16

(1) このように重大な問題は，事前に上司に指示を仰がねばならず，事後承諾であってはならない。
　　❶先に自分で処理を終え，そのあと上層部に報告する。
　　②先に相手に同意を迫り，そのあと事の経緯を説明する。
　　③先に前進の妨げとなる障害を取り除き，そのあと行動を起こす。
　　④先に相手と交渉し，そのあと武力を用いる。
(2) 彼の頑固さときたらひどいもので，わたしがどんなに言い聞かせても，まったく聞こうとしない。
　　①話すときにきれいな形容詞を使いたがることをたとえる。
　　②言葉を用いて他人を褒めるのがとても上手なことをたとえる。
　　❸いろいろな理由や方法で繰り返し頼んだり，勧めたりする。
　　④いろいろな理由を作って相手に自分を十分に信じさせる。
(3) 陳さん夫婦は値上がりする前の日に駆け込み，元の値段でずっと買いたかったジープを購入した。
　　①残りの一台の車。　　②後ろの車。　　　❸最後のチャンス。　　④唯一のチャンス。
(4) わたしの彼氏は本の虫で，ほかにこれといった趣味はない。
　　①図書館で働く人。
　　❷本ばかり読んで，現実と結びつけることを知らない人。
　　③様々な種類の書籍を集めるのが好きな人。

④本を買うだけで，まじめに読まない人。

(5) とっくに給料が上がると聞いているが，掛け声ばかりで，遅々として動きがない。
　　①評判だけで，実際の利益がないことをたとえる。　　②評判だけで，具体的な恩恵がないことをたとえる。
　　❸掛け声だけで，実際の行動がないことをたとえる。④掛け声だけで，現実の可能性がないことをたとえる。

(6) 張明発は何でも屋で，会社のほとんどあらゆる部署で働いたことがある。
　　①年長なだけではなく，経験も豊富である。　　②何でもできるばかりか，すべてに長じている。
　　③若いが，誰ともうまくやれる。　　❹何でもできるが，どれも特に優れてはいない。

(7) われわれはちょっと度量を示すべきで，こちらに理があるからといって相手に譲歩しないのはよくない。
　　①言い争いにおいて，理がありさえすればすぐに相手に自分の主張を受け入れるように強制することを指す。
　　②言い争いにおいては，理を主張し相手に自分から過ちを認めさせるべきであることを指す。
　　❸言い争いにおいて，自分に理があることを盾に取って他人の過ちを許そうとしないことを指す。
　　④言い争いにおいては，理を主張すべきであり他人の許しを求めてはならないことを指す。

(8) ことわざに「宰相の腹は大きくてその中で船が漕げる」と言うではないか，こんなちっぽけな事でそんなに
　　怒るなよ。
　　①心根が善良で，他人に対して親しみ易く，優しいことを形容する。
　　❷心が広く，我慢強く，他人を許すことができることを形容する。
　　③官位が高くなるほど他人を許しがたくなることを形容する。
　　④官位は高いけれども，決してやたらと怒らないことを形容する。

17

(1) わたしたちは海南島で出会い，初対面なのに意気投合し，終生変わることのない友情を結んだ。
　　①生涯でただ1度会っただけで死んでしまった人を表す。
　　❷初めて会ってすぐに古い友人のようになることを表す。
　　③1度会っただけで男女間の愛情が生まれることを表す。
　　④長年会っていない親友に会ったことを表す。

(2) 王さんは彼らのような人と一緒にいると，本当にひときわ引き立っている。
　　①地位は非常に高いのだが，少しも大衆から浮いてないことをたとえる。
　　❷才能や風貌が大勢の人の中で突出していることをたとえる。
　　③間違って自分の身分や地位と合わない場所に入ってしまったことをたとえる。
　　④自分には才能があると思い，人々の中で非常に尊大で，自惚れているように見えることをたとえる。

(3) これは親のすねかじり族を描いたテレビドラマで，各年齢層の興味を引き，視聴率が高い。
　　①子どもに頼って暮らす老人。　　②親に頼って暮らす児童。
　　③中年の人に頼って暮らす老人。　　❹親に頼って暮らす大人。

(4) 何年も会っていないうちに，思いがけず彼も偉くなったものだ。
　　❶成功を収めて，前途洋々であることをたとえる。
　　②行いが堂々としており，物事の処理がてきぱきしていることをたとえる。
　　③かんしゃく持ちで，非常に粗暴であることをたとえる。
　　④変化が絶えず，捉えどころのないことをたとえる。

(5) あなた方のやり方では，うわべだけを変えて中身はそのままだ，違いますか？
　　①内から外まですべて変わっていないことをたとえる。❷形式は変わるが内容は変わらないことをたとえる。
　　③内から外まで徹底して変えることをたとえる。　　④内容は変わるが形式は変わらないことをたとえる。

(6) 母鹿の鳴き声を聞くと，数匹の子鹿はさっと奥山に駆け込んだ。

①足音を立てずに走る様子を形容する。　　　②歩調を合わせて走る様子を形容する。

❸素早く走る様子を形容する。　　　④砂ぼこりを上げて走る様子を形容する。

(7) 彼女は教育事業に数十年身をささげ，今ではもう門下生が至る所にいる。

❶育てた優れた学生が各地にいることをたとえる。

②事業が全盛期に入ったことをたとえる。

③及ぶ分野がとても広いことをたとえる。

④挙げた成果が世間の人みなから注目されることをたとえる。

(8) どんな仕事をするにせよ，落ち着いて一生懸命やるべきで，他人の仕事を羨んでばかりいてはいけない。

❶異なったものを見て気移りがすることをたとえる。②利益に目がくらんで道義を忘れることをたとえる。

③目に触れた情景に心を動かされることをたとえる。④機を見て事を行うことをたとえる。

(1) 記者の出した質問を聞くと，この会社の社長はすぐさま回答した。

①答えがトンチンカンなことを形容する。　　　❷話や行動が迅速なことを形容する。

③答え方が単純明瞭なことを形容する。　　　④話や行動が慌ただしいことを形容する。

(2) 李さんは自分は井の中の蛙なので，皆が大いに助けてくれることを望んでいるとよく言っている。

①精力旺盛で，活発でよく動くことをたとえる。

②意志が堅く，不屈であることをたとえる。

③平凡で面白みがなく，取るに値しないことをたとえる。

❹物事に疎く，見識が狭いことをたとえる。

(3) 彼は慌てふためいている人たちを見て，心の中で，おまえらは勝手にしていろ，俺には俺の算段があるのさと思った。

①信用できる人を表す。　②心の通う集団を表す。　❸心の中の計算を表す。　④確かな情報を表す。

(4) 彼は親切で，人を手助けしたがるが，いつもありがた迷惑だ。

①誰にでも手助けをし，骨を折ったわりには結果が伴わない。

②手助けが的を射ている。

❸手助けが要領を得ず，かえって人に迷惑をかける。

④手助けの具合がちょうどよい。

(5) 彼女という人はいつもこうで，口は悪いが心は優しいのだから，あなたは気にしてはいけません。

❶言うことは辛辣だが，心根は善良であることをたとえる。

②口先では強硬だが，内心は軟弱なことをたとえる。

③口と心が裏腹で，弱い者をいじめ，強い者にこびることをたとえる。

④言動がころころ変わり，前後不一致なことをたとえる。

(6) きのう行ってなんかいないのに，彼女はわたしに会ったと言う。これは見え見えの嘘ではないか。

①光が暗くて話している人がはっきり見えないことをたとえる。

②はっきり分からないのに，いいかげんに判断を下すことをたとえる。

❸事の真相を明らかに知っていながら，わざと嘘をつくことをたとえる。

④事の真相を知らないで意見を発表することをたとえる。

(7) 重要な決定は十分な民主的討論を行うべきで，いかなる人も予め方向性を決めることはできない。

❶意向あるいは基本的な言い方ややり方を事前に確定することを指す。

②各方面からの意見や提案を事前に聴取することを指す。

③重要な決定はみな事前に調査研究しなくてはならないことを指す。

④重要な決定はみな事前に周到な計画を立てる必要があることを指す。

(8) ことわざはうまいことを言っている,「山に近ければ山で暮らし,水辺に近ければ水辺で暮らしを立てる」と。われわれ農民は農作物を育てることこそ本分だ。

①ある目的を実現するために,自然の山水の有利な条件を十分に利用することをたとえる。

②農作物を育てるために,農民は周りの土地資源をたくさん開墾しなければならないことをたとえる。

❸ある目的を実現するために,周りの今ある有利な条件を十分に利用することをたとえる。

④農作物を育てるために,農民は周りの水資源をできるだけ利用しなければならないことをたとえる。

(1) 脱線事故が起きた後,鉄道局は原因を分析し,1つの事から多くの事を類推して,措置を講じ,類似の事故の発生を防止した。

①1つの例を挙げて3つの事を説明する。　　②3つの事を通して1つのことを説明する。

③異なる類の例を挙げて1つの事を類推する。　❹1つの事からより多くの事を類推する。

(2) 彼がきょうこんな目に遭うことになったのは,すべて自業自得であると言える。

①成績を収めることは完全に自分の努力によるということを指す。

②話したり行動したりするときに自分の利益だけを考えることを指す。

❸災難に遭ったり処罰を受けるのは自分の責任であるということを指す。

④完全に自分の願望だけですべての事を行うことを指す。

(3) 彼の話は真に迫っており,みんな真に受け,誰も彼の作り話だとは思わなかった。

①具体的で詳細なことをたとえる。　　　　②筋道がはっきりしていることをたとえる。

❸真に迫っていることをたとえる。　　　　④論理的に厳密なことをたとえる。

(4) 俺たちは長年の友達だ。遠慮なく言ってくれ。お上のような言い方をすることはない。

①公務員をかたって命令を出す。　　　　　❷お役所の決まり文句でいいかげんにあしらう。

③大人物の力を借りて目的を達する。　　　④仕事を理由にして責任を逃れる。

(5) 彼女は少し名が売れるとすぐに大物ぶって,ネット仲間の猛烈な批判に遭った。

①有名人が知名度を振りかざして,見えを張ることを指す。

❷有名人がお高くとまって,威張りちらすことを指す。

③有名人の声望に頼って,他人をいじめることを指す。

④有名人がお金と権勢を持ち,派手に浪費することを指す。

(6) よく考えてみると,彼も本当に大変でした,何年もずっと使い走りをしているのですから。

①行いが有名無実で,引き合わないことをたとえる。

❷人の下で重要ではない仕事をすることをたとえる。

③有力者と関係を作り,なれなれしくふるまうことをたとえる。

④きれいな看板を掲げて,あちこちに自分を売り込むことをたとえる。

(7) ここ数年,海水養殖の試験はいつも次から次へと問題が起こり,あまり順調に進んでいない。

❶問題が片づかないうちに,さらに次の問題が持ち上がることをたとえる。

②一つずつ問題が解決されることをたとえる。

③問題を解決したとたん,新しい問題が現れることをたとえる。

④古い問題が未解決のままで,新しい問題が解決されたことをたとえる。

(8) わたしたちは問題の重点のありかを見つけ出さなくてはならず，その場しのぎの対症療法ではいけない。

❶問題に対して根本的に解決しようとしないで，表面的にだけ対処することをたとえる。

②問題に対して積極的に対処し，徹底的に解決することをたとえる。

③問題に対して事情に応じて対処し，一つずつ解決することをたとえる。

④問題の解決に自信を欠き，時機を失することをたとえる。

(1) この小説の特徴は登場人物の人間関係が複雑で，ストーリーが見えないことである。

❶事柄が複雑に入り組んでおり，真相がはっきり分からない。

②完全に現実から離れており，人を信用させることが難しい。

③素晴らしくて人を夢中にさせ，手離しがたくさせてしまう。

④歴史があり神秘的であるため，非常に忘れがたくさせる。

(2) 河川の汚染を治めるには，長期的な計画を立て，一歩一歩着実に行うべきで，そうすれば自然に成就するので，目先の成功と利益を求めるのを急いではいけない。

①最後まで頑張りさえすれば，物事は成功することをたとえる。

②用水路を修理して，初めて汚染を治めることができることをたとえる。

❸条件が整えば，物事は自然に成功することをたとえる。

④要点を押さえることができれば，根本的に問題を解決できることをたとえる。

(3) わたしはこの事は少しうさんくさいと思う。きっと誰かが陰で糸を引いているに違いない。

①動作がてきぱきしていることをたとえる。　　②慌てふためくことをたとえる。

③自ら進んで助けることをたとえる。　　❹陰で悪巧みをすることをたとえる。

(4) 父親は彼の頼みの綱であり，どんな事でも彼はみな父親の言うことを聞く。

①この上なく固い血縁関係を形容する。　　②最も近い血縁関係を形容する。

❸頼ることができる核心的な力を形容する。　　④軽視することのできない強大な力を形容する。

(5) どうぞ安心してください，わたしたちは絶対に肝心な時にしくじるようなことはしません。

①他人が前もって仕掛けておいたわなに陥ることをたとえる。

②突然外界との連絡を失うことをたとえる。

❸肝心な時に力を発揮できないことをたとえる。

④不正な手段で利益を得ることをたとえる。

(6) わたしは，このテレビドラマの男女の主役の演技はいずれも出色の出来だと思います。

①演技が以前より大きく上達していることを形容する。

②表現が下手で，批判を受けて当然であることを形容する。

❸表現がすばらしく，肯定するに値することを形容する。

④人の行為が，議論を呼ぶに値することを形容する。

(7) どっちつかずの状況が生じないように，必要に応じて妥協をしなくてはならない。

①夫婦関係があまり仲睦まじくないことをたとえる。

❷どちらかを選ぶのが難しい状況に陥ることをたとえる。

③上下関係が緊迫していることをたとえる。

④親子間で深刻な対立が生じていることをたとえる。

(8) 男子たる者は勝ち目のないけんかはしないものだ。今は彼と争わず，また計画を練り直そう。

❶状況が不利な時はしばらく我慢すべきであることをたとえる。

②立派な男子は自分がバカをみることに耐えられないことをたとえる。

③危機に面したときは，勇往邁進すべきであることをたとえる。

④立派な男子は万に一つも失敗しないことを確実に保証すべきであることをたとえる。

(1) 彼の手前勝手な皮算用はうまくゆかず，希望はすべてふいになった。

❶都合のよい面だけから考えた予測を形容する。　　②そろばんの技能がとても優れていることを形容する。

③自分がやりたいようにやることを形容する。　　④自分の意思で一切を左右できることを形容する。

(2) ここ数年，彼の商売は成長目覚ましく，目を見張るものがある。

①多くの人が流行を追い真似をして事を行うことをたとえる。

②事業が思わぬ困難に遭うことをたとえる。

❸事がうまく運び，発展が速いことをたとえる。

④普通の人とはまったく違う様子をたとえる。

(3) 退職後祖父はよく隣近所を訪問するようになりだした。

①自分で街をぶらつき買い物をする。　　　　　　❷よその人の家に行き世間話をする。

③一家でレストランに行き食事をする。　　　　　　④友人とゲートボールをする。

(4) 思いがけない事はあるもので，きょう講演に来た専門家はなんとわたしの小学校の同級生だった。

①話し方がとてもうまいことをたとえる。

❷甚だ偶然であることをたとえる。

③物事をするには技巧に頼る必要があることをたとえる。

④読書にはコツが必要であることをたとえる。

(5) なんで彼にでたらめな知恵をつけたんだ。おまえは自分で後始末をしなければならないぞ。

❶問題が起きたら，すべての結果の責任を負う。　　②万一問題が起きたら，すべてを隠してしまう。

③食べ切れない料理は包んですべて家に持ち帰る。　④いいかげんに人に知恵を授けてはいけない。

(6) ねえ，王さんは今回，人に踏み台にされたと思いませんか。

①自分を犠牲にして，他人の進歩のために手助けする人をたとえる。

❷はい上がるために他人に利用される人をたとえる。

③他人に踏みにじられ，いじめられる人をたとえる。

④他人に困難や障害を与える人をたとえる。

(7) 彼女は若くてひ弱そうだが，あれでもって我が社では実に大黒柱だ。

①厳格な基準に基づいて役に立つ資料を選択することをたとえる。

②適切で仕事の能力がある人物を選ぶことをたとえる。

❸重要で中心的な役割を担う仕事を担当することをたとえる。

④大小のさまざまな活動に積極的に参加することをたとえる。

(8) 俗に「駿馬は後戻りしない」というが，きみはこのことを理解しないといけないよ。

①事業に成功した人が過去の美しい光景を思い出すことをたとえる。

❷立派な人は中途で後戻りしたりしないことをたとえる。

③物事は失敗の後で経験を総括することが重要であることをたとえる。

④成功するには物事を慎重に行うことが不可欠であることをたとえる。

(1) ふだん仕事がとても忙しい彼は，わずかな暇を盗んで日本語を独学した。
　　①物事を行うに当たり的確な目標を有していることをたとえる。
　　②物事を行うに当たり完璧な結果を追求することをたとえる。
　　③最も良い時機を見て物事を行うことをたとえる。
　　❹使える時間はすべて使うことをたとえる。

(2) 彼はわたしたちの会社で機を見てうまく立ち回ることが一番上手で，誰も比べ物にならない。
　　❶機会に乗じて不正な手段で私利を手に入れることを表す。
　　②頭が切れて時期を見逃すことなくチャンスをものにできることを表す。
　　③最小の投資で最大の利益を得ることにたけていることを表す。
　　④観察が上手で，問題を発見し解決する能力にたけていることを表す。

(3) 品質にいつも問題が出るので，あの食品会社は信用をなくした。
　　❶信用と名誉を失う。　　②商標を取り替える。　　③名称を変える。　　④破産して店を閉じる。

(4) 目標の達成のためには，彼らは犠牲をいとわず，たとえ剣の山火の海であろうとも一歩も退かない。
　　①思いがけない不幸に見舞われることをたとえる。
　　②さまざまな複雑な状況に直面することをたとえる。
　　❸極めて大きな困難と危険にさらされることをたとえる。
　　④でこぼこで曲がりくねった道を通ることをたとえる。

(5) 俺たちは古い友達なのだから，回りくどい言い方はよしてくれ。
　　①事を行うのに原則を重んじ，人情を顧みないことをたとえる。
　　②事を行うのにあれこれ迷って，なかなか決められないことをたとえる。
　　❸回りくどい言い方をして，率直に言わないことをたとえる。
　　④話し方が単刀直入で，少しも遠慮しないことをたとえる。

(6) このようにした結果，かえって元も子もなくなるなんて，彼は思いもしなかった。
　　❶もともと得をすると思っていたのに，かえって二重の損失を被ることになった。
　　②思いがけず想像よりはるかに大きな収穫を得た。
　　③多少の損失があったにせよ，多くの収穫を得ることができる。
　　④漏らしてはいけない秘密がすべての人に知られた。

(7) 敵対する双方はその都市を奪い取るために一進一退の戦いを繰り広げている。
　　①戦闘中の双方の実力が非常にかけ離れていることをたとえる。
　　②戦闘の結果が人々の予測に反していることをたとえる。
　　❸双方が譲らず，相対峙する局面をたとえる。
　　④速戦即決の小規模な戦役をたとえる。

(8) ドラ息子が改心して立ち直ったら金にも代えられないというではないか。心から悔い改めて，真人間になってこそ，見どころがある。
　　①悪事を働いた人はたとえ過ちを認めて改心しても価値がないことを指す。
　　❷道を踏み外した人が悪事を改めて正道に立ち返るのはとても貴いことを指す。
　　③悪事を働いた人は金で自分の過ちを償わなければならないことを指す。
　　④悪事を働いた人は金でも自分の過ちを償うことはできないことを指す。

(1) きみはくどくど言いなさんな，彼はこの件についてはすでによく分かっているのだから。

　　①自らの手で物事を処理することを形容する。　　②物事の処理が早いことを形容する。

　　❸物事によく通じていることを形容する。　　④完全に局面を支配したことを形容する。

(2) 会場ではテーブルが円形に並べられ，各代表団の座席はそれぞれ近くに出入り口があり，みな対等の雰囲気だった。

　　①同時に入場し，後先の区別をしない。　　❷地位が同じで，上下の差がない。

　　③費用は平等に負担し，主客の区別はない。　　④発言は自由で，時間の制限がない。

(3) 兄貴が胸を叩いて請け合う以上は，弟分のわたしは心配なんかするものですか。

　　①怒り，反抗することを表す。　　❷責任を取り，保証することを表す。

　　③勇敢で，力強いことを表す。　　④誠実で，真心があることを表す。

(4) 今の形勢から見て，わたしたちは何とか一時しのぎをするしかない。

　　①ある仕事を完成することが非常に難しいことをたとえる。

　　②ふたつの完全に異なる仕事に従事することをたとえる。

　　❸苦境に立たされ，一時的に無理に対処することをたとえる。

　　④任務を達成するには莫大な代価を払わなくてはならないことをたとえる。

(5) 大事な瀬戸際に，あっという間に，彼はさっと突進していった。

　　❶事が起きるスピードが非常に速いことを表す。　　②事が遅かれ早かれ必ず起きることを表す。

　　③話し終わるとすぐに行動に移すことを表す。　　④危険が発生するのを事前に予測することを表す。

(6) 政府は現行の土地の請負制度は長く変わらないことを保証して，農民を安心させた。

　　①人の気持ちを高揚させることができる言論や行動をたとえる。

　　❷人の情緒を安定させることができる言論や行動をたとえる。

　　③人の言論や行動に一定の自由を与えることができることをたとえる。

　　④人の言論や行動の方針を拘束することをたとえる。

(7) 明らかにあなたの過ちなのに，どうして逆ねじを食わせて，責任を他人に押しつけるのですか。

　　❶相手の指摘を拒絶するのみならず，逆に相手を非難することをたとえる。

　　②重大な事故が起きた後，双方が互いに責任をなすりあうことをたとえる。

　　③相手の過ちを指摘したうえで，手を差し伸べて助けてやることをたとえる。

　　④責任逃れをしたがために挽回不可能な事故を招くことをたとえる。

(8) 「君子の一言は四頭立ての馬でも追いつけない」，この言葉は彼のことをたとえるのに最も適当だ。

　　❶口に出したからにはそのとおりにし，決して翻さないことをたとえる。

　　②他人に約束した事を守らないことをたとえる。

　　③しょっちゅう理解に苦しむ事を言うことをたとえる。

　　④いま話したばかりの事をすぐに忘れてしまうことをたとえる。

(1) 兄はサッカーファンで，世界各国のサッカーのスター選手たちのことは知りぬいている。

　　①かなり崇拝していることを形容する。　　②非常に親しみを感じさせることを形容する。

　　❸非常によく知っていることを形容する。　　④特に重視していることを形容する。

(2) これが当たり前のことだと考えている人がいるとは，まったく思いもしなかった。

①難度が非常に高く，実現するすべがないことを形容する。

❷当然そうであるべきで，疑う余地のないことを形容する。

③勢いが盛んで，何の束縛もなく自由であることを形容する。

④差が大きくて，比べようがないことを形容する。

(3)地方政府が違法企業に対して見て見ぬふりをするのは，明らかに自分たちの利益を守るためだ。

　①見たり見なかったりすることを表す。　　　　②問題の見方が全体的でないことを表す。

　❸見て見ぬふりをすることを表す。　　　　　　④四六時中見ていることを表す。

(4)張さんの話はその場にいるすべての人をさっぱりわけが分からなくさせた。

　①勝利の希望が見出せないことをたとえる。

　❷どういうことなのか分からないことをたとえる。

　③自分は非常に無知であると感じていることをたとえる。

　④突然人に騙されたことに気づくことをたとえる。

(5)困難は石のようなものであり，弱者にとってそれは足かせであり，強者にとってそれは足がかりである。

　①登山路にある大きな石をたとえる。　　　　　②弱者をより弱くする事物をたとえる。

　❸前進を妨げる人や事物をたとえる。　　　　　④強者をより強くする事物をたとえる。

(6)早く立派な人間になって欲しいと願う親の気持ちはわかるが，子どもはまだ小さいのだから，決して性急に事を運んではならない。

　①期待する人が意志が強固でないのを恨むことをたとえる。

　②期待する人が物事をするのに決断力がないことを恨むことをたとえる。

　③希望を寄せる人の体が虚弱なので，いらいらして落ち着かないことをたとえる。

　❹期待する人が人材にならないので，気をもみ，不満に思うことをたとえる。

(7)きみが彼に負けても不思議ではない。亀の甲より年の功，きみにどうして彼を負かすことができようか。

　①年のいった人はじっと辛抱強いことをたとえる。

　②年のいった人はやり口があくどいことをたとえる。

　③年のいった人は老いてますます盛んなことをたとえる。

　❹年のいった人は老練であることをたとえる。

(8)「人は見かけによらぬもの」とはよく言ったものだ。彼があの大企業の社長になれるとは思いもかけなかった。

　❶外見だけで人を判断してはならない。　　　　②容貌だけを見て身分を低く見てはいけない。

　③人は自分の容貌を気にしすぎる必要はない。　④人は本当の気持ちを表に出してはならない。

(1)小説『囲城』は数人の学問も才能もない知識分子の生活や考え方を描いている。

　①実用的価値のない学問に興味を持たない。　　❷学問もなく，能力もない。

　③技術的な専門分野を学んだことがない。　　　④学ぼうともせず，技術もない。

(2)わたしが見るところ，これはただの空手形に過ぎません。

　❶実現不可能な約束をたとえる。　　　　　　　②額の非常に大きな支出をたとえる。

　③本来避けることのできる浪費をたとえる。　　④いともたやすく実現できる願望をたとえる。

(3)先月面接を受けた2つの会社から何の連絡もなく，彼女は家でまるで熱いフライパンの上の蟻のように焦ってイライラしていた。

　①進退窮まる。　　　　　　　　　　　　　　　②途方に暮れる。

　③胸がドキドキする。　　　　　　　　　　　　❹居ても立ってもいられない。

⑷ 一部の人は新しい事物に対していつもあれこれと詮索する態度をとる。

　　①人や事物に大きな称賛を送ることをたとえる。

　　②極限状態にあえて挑戦することをたとえる。

　　❸人や事物に対してあれこれとあら探しをすることをたとえる。

　　④人や事物に対してできる限り目をそむけることをたとえる。

⑸ このような状況に陥ったときの彼のやり方は，いつも人を丸め込むことだ。

　　❶無原則に調停することをたとえる。

　　②極めて独断的に問題を処理することをたとえる。

　　③自分の意見に固執して判断を下すことをたとえる。

　　④融通が利かずかたくなに問題を考えることをたとえる。

⑹ セールスマンは三寸の舌で，2 時間もたたないうちにすべての製品を売ってしまった。

　　❶弁が立ち，応対にたけた話しぶりを形容する。

　　②舌がとても長く，よく回ることを形容する。

　　③話し声が大きく，影響力があることを形容する。

　　④話が実際に即しており，説得力があることを形容する。

⑺ 火の無い所に煙は立たない，皆がこのように推測するのも無理なことではない。

　　❶物事の発生には常に原因があることをたとえる。

　　②物事の変化は非常に偶然であることをたとえる。

　　③物事の発展はまったく予想外であることをたとえる。

　　④物事の進展は穏やかでスムーズであることをたとえる。

⑻ 「片手だけでは拍手はできない」と言うではないか，きみにも悪いところがある。

　　①個人の力には限りがあり，集団の力は巨大であることをたとえる。

　　②成功したければ他人の助けなしには済まないことをたとえる。

　　❸矛盾やもめ事は一方だけから引き起こされるのではないことをたとえる。

　　④物事はやみくもに行うのではなく，方向を見極めなくてはいけないことをたとえる。

⑴ 李部長の話で同僚たちは，はたと合点が行った。

　　①人に堪えがたい思いをさせることをたとえる。　　②理解し難いことをたとえる。

　　③人を怒らせることをたとえる。　　　　　　　　　❹はっと悟ることをたとえる。

⑵ わたしはこれまで彼のようにかたくなで無知な人に出会ったことがない。

　　①深く考え，しかも非常に勤勉であることを形容する。

　　❷愚かなうえに非常に頑固であることを形容する。

　　③深く考えず，しかも非常に怠惰であることを形容する。

　　④思慮深く，しかも非常に決意が固いことを形容する。

⑶ こんな小さい事は李さんにはまったく問題にならないので，気にしなくてよい。

　　①他人の秘密を漏らさないことを表す。　　　　②ある事を話したがらないことを表す。

　　③陰で他人の悪口を言うことを表す。　　　　　❹事が軽微で，取り上げるに値しないことを表す。

⑷ 以前，関係するいくつかの部署でしょっちゅうこの問題をたらい回しにしていた。

　　①互いに奪い合い，皆が利益を得たがることをたとえる。

　　❷互いに人のせいにして，誰も責任を負いたがらないことをたとえる。

③互いに協力し，ともに成功を得ることをたとえる。

④互いに騙し合い，自分が損することを避けようとすることをたとえる。

⑸李さんにこの任務を達成せよと言うのは無理な注文ではないか。

❶人に力が及ばない事をするように強いることをたとえる。

②人に口に出すのが恥ずかしい事をするように強いることをたとえる。

③人に思い通りの事をするように強いることをたとえる。

④人に一顧だに値しない事をするように強いることをたとえる。

⑹改革は穏やかに進め，手さぐりしながら行い，不必要な問題が起こるのを避けるほうがよい。

①事を行うに際してあれこれ考え過ぎて，おじけづいて尻込みすることをたとえる。

②やり方が着実で，事を行うに際して一歩一歩着実に進めることをたとえる。

❸注意深く慎重で，模索しながら事を行うことをたとえる。

④事を行うに際して大胆であり，いかなる思考の枷（かせ）にも捉われないことをたとえる。

⑺ここ数年，わたしは多くの骨を折っても報いのない仕事をしてきた。

❶努力してある事をしたが，認められないことをたとえる。

②ある仕事がはなはだ困難で，成功が難しいことをたとえる。

③しばしば多くの人に理解されず，受け入れてももらえないことをたとえる。

④自分の仕事と生活をさらにより良くすることをたとえる。

⑻きみのそのうわさを聞くとすぐに真に受ける癖は，どうしていつまでも直せないのだ。

①他人のプライバシーを至る所で話しまくるのが好きなことをたとえる。

❷不確実な情報を聞きつけて，真に受けてしまうことをたとえる。

③まだ事の真相が明らかでないのに，大騒ぎすることをたとえる。

④歯牙に掛けるに足りない事をいつも気にしていることをたとえる。

⑴彼のような学者は，学術界では稀有で得難いと言える。

①たいへん威信があることをたとえる。　　②特に優秀であることをたとえる。

❸稀少で得難いことをたとえる。　　④性格が変わっていることをたとえる。

⑵姉は遠回しに夜半に帰って来た弟をひとしきり皮肉った。

❶正面を切らずに意見を述べることをたとえる。　②武力に頼って意見を述べることをたとえる。

③意見を述べるのが苦手なことをたとえる。　④しぶしぶ意見を述べることをたとえる。

⑶様々な方法を試し，彼は手の内がすっかりなくなった。

❶あらゆる手だてを尽くしたことをたとえる。　②豊富な経験を蓄積していることをたとえる。

③すべての蓄積を使い果たしたことをたとえる。　④最高の結果を得ていることをたとえる。

⑷彼は誰かに甘い言葉で惑わされているに違いないと，わたしは思う。

①他人に自分の話を信じるように強要することをたとえる。

②薬を使い間違えて，病人を意識不明にさせることをたとえる。

③緊急手段を使って病人を救うことをたとえる。

❹美辞麗句を並べ立てて，人に理性を失わせることをたとえる。

⑸あなたが先ほど話した理由はまったく通らない。

①これまでに何度も他の人に激しく反対されたことをたとえる。

❷ある観点が熟考と反論に耐えられないことをたとえる。

③大多数の人と観点が異なることをたとえる。

④一部の人の特殊な要求に迎合することをたとえる。

(6) 彼はこういう人間であり，何をするにしても，委細構わない。

❶一切を顧みず，事のよしあしやいきさつを問わないことを形容する。

②思ったことをずばりと言い，性格が明るいことを形容する。

③事をてきぱきと処理して，だらだらしていないことを形容する。

④事を少しも利己心がなく行い，些事にこだわらないことを形容する。

(7) 肝心な問題で，彼はいつも話を本題からそらせてしまう。

①周囲の人を見ながら自分の考えを話すことをたとえる。

❷本題を避けて，関係のない話をすることをたとえる。

③言う事やする事が他人の気持ちを配慮できることをたとえる。

④話をする時にまず他人の意見を求めることをたとえる。

(8) これもダメ，あれもダメで，どうやら彼女はいささか目移りしているようだ。

①視力が良くないので，人や物の本来の姿がはっきりしないことをたとえる。

❷選択できる人や物が多すぎて，取捨が難しいことをたとえる。

③人や物を選ぶ時に，専らその欠点を見つけることをたとえる。

④わりと古臭い考え方で現在の人や物を判断することをたとえる。

(1) 保護者たちは我勝ちにと子どもをこの高額な学費の私立小学校に送り込んだ。

①しぶしぶ何かをすることをたとえる。　　　　❷競って何かを追い求めることをたとえる。

③若いうちに何かをすることをたとえる。　　　④何かに夢中になることをたとえる。

(2) こういった前借りをして食いつなぐようなやり方では，長続きはしないだろう。

①他人の食料を食べたことをたとえる。　　　　②虎が兎を餌食とすることをたとえる。

❸今後の収入を前借りすることをたとえる。　　④収入の多い人は多く食べないことをたとえる。

(3) 彼女は選挙中言葉巧みに媚びへつらって，ライバルに打ち勝ち，議員に当選した。

①言語表現力が高く，服装が鮮やかで美しいことを形容する。

②語彙が豊富で，話す言葉に説得力があることを形容する。

③話し声がよく響き，感情が非常に豊かであることを形容する。

❹甘い言葉で人を惑わし，機嫌をとることを形容する。

(4) わたしは孤独に見える物書きの仕事がとても好きだ

①土木建築をたとえる。　　　　　　　　　　　②ファッションデザインをたとえる。

③ソフト開発をたとえる。　　　　　　　　　　❹文字による創作をたとえる。

(5) 誰であろうと，このような状況に出くわすとやきもきするだけで手も足も出ない。

❶焦っているがなすすべがないことを形容する。　②予想していなかったので驚いていることを形容する。

③ある結果を渇望していることを形容する。　　④人をひどく怒らせる様子を形容する。

(6) 彼は自分が次々と困難を克服してきた輝かしい事績を語るだけで，運に見放された過去には触れたがらない。

❶非常に無惨な失敗に遭うことをたとえる。　　②異国への逃亡を強いられることをたとえる。

③遠い場所に流刑にされることをたとえる。　　④厳しい所に仕事に行くことをたとえる。

(7) 張くんは王さんと結婚したいと思っているそうだ。

①2人が同僚の関係になることをたとえる。　　②2人が友人関係になることをたとえる。

❸2 人が夫婦関係になることをたとえる。　　　　④2 人が隣人関係になることをたとえる。

⑻ 彼はペコペコして，「お見それ致し，たいへん失礼な事を致しました。どうぞお許しください」と言った。

　　①したい放題にふるまい，誰も眼中にないことをたとえる。

　　②臆病でびくびくしていて，何をするにも慎重すぎることをたとえる。

　　③見識が狭く，泰山のような名山すらも聞いたことがないことをたとえる。

　　❹見聞が狭く，地位の高い人や技量の優れた人を見分けることができないことをたとえる。

⑴ 李さんの書はすでに最高の域に達している。

　　①芸術品の値段がとても高価であることをたとえる。

　　②他人の作品を非常にうまく模倣していることをたとえる。

　　③芸術品が市場でとても人気があることをたとえる。

　　❹学問や技芸が最高水準に達していることをたとえる。

⑵ 彼は話し出しても長々と話すことはめったになく，しばしば一言でずばりと急所をつく。

　　①平素めったに論文を書かず，大勢の前で話もしないことを表す。

　　②話すことが非常に面白く，人を楽しくさせることを表す。

　　③話すことが非常に難しく，理解し難いことを表す。

　　❹簡潔な言葉で最も核心をついた内容を話すことを表す。

⑶ ぼくはこの人はちょっと信用できないと思うのだが，きみはどう思う？

　　①人を不愉快にさせることをたとえる。　　　　②人を満足させないことをたとえる。

　　③人をどうしようもなくさせることをたとえる。　❹人に信用されていないことをたとえる。

⑷ 我が社は現在それぞれ持ち場が決まっているから，きみはやはり他の方法を考えなさい。

　　①重要な仕事を担当する人が多いことをたとえる。　②ポストは多いが，働く人が少ないことをたとえる。

　　❸どのポストにも決まった人がいることをたとえる。④多くの人がやるべき仕事がないことをたとえる。

⑸ 面と向かって彼にこの件について話すのは，嫌がらせをすることになりはしませんか。

　　①相手の知らないことを引き合いに出すことをたとえる。

　　❷相手が最も避けたいことを持ち出すことをたとえる。

　　③相手に軽蔑させる話をすることをたとえる。

　　④故意に相手を持ち上げるようなことを言うことをたとえる。

⑹ この件はまだ目鼻がついていないので，誰もどのような結果になるかわからない。

　　①非常に不慣れで手を出しにくいことをたとえる。　②わりと複雑で，たやすくできないことをたとえる。

　　❸一切がまだ糸口がないことをたとえる。　　　　④非常に重要で内緒にすべきであることをたとえる。

⑺ ずいぶんなぼったくりですね，相手を見極めもしないで。

　　①自分の威勢を張って，相手を威嚇することをたとえる。

　　②商品の本当の価値を正確に評価できないことをたとえる。

　　❸実際の価値に基づかず，いい加減に高値をつけることをたとえる。

　　④自分の実力を過大評価し，強者に挑戦することをたとえる。

⑻ この件に関しては，わたしは彼と考えが異なり協力のしようがないと言えます。

　　❶理想が異なり，一緒に事を行えないことをたとえる。

　　②目的地が異なり，同行できないことをたとえる。

　　③人が違えば，理想とするところも異なることをたとえる。

④相手の信任をまだ得ていないことをたとえる。

⑴ あのふたりは莫逆の交わりというべきで，他人の言葉がふたりの関係を変えることなどありえない。
   ❶互いに意気投合し，非常に仲が良い。   ②互いに相容れず，激しく憎みあう。
   ③双方とも面識がなく，互いに知らない。   ④両者の交流が少なく，付き合いが浅い。

⑵ 数回の夜を徹しての折衝により，双方はついに合意に達した。
   ①時間がたつのが非常に遅いことを形容する。   ②ずっと持続し間断がないことを形容する。
   ❸夜通し不眠不休であることを形容する。   ④途切れ途切れで順調でないことを形容する。

⑶ 彼は大言壮語しているだけで，実は国際問題の研究においてはただの半可通に過ぎない。
   ①ありふれたものの見方をたとえる。   ②自分の個人的な見解をたとえる。
   ③断片的で細々とした物事をたとえる。   ❹一知半解であることをたとえる。

⑷ 彼はただの下っ端役人なのに，態度のでかいことと来たらありはしない。
   ①用事が多く，仕事が忙しい人をたとえる。   ②みんながとても好きな人をたとえる。
   ❸地位が低く，権力が小さい人をたとえる。   ④いつも重用されない人をたとえる。

⑸ 彼は行き詰まるといつまでもつまらない事にこだわる人間だ。
   ❶自分の意見に固執し，融通を利かすことを知らないことをたとえる。
   ②目の前のことだけを見て，後の結果を考えないことをたとえる。
   ③真っ向から対立して，譲ろうとしないことをたとえる。
   ④事ごとに負けん気を起こし，人に遅れをとることに甘んじないことをたとえる。

⑹ 彼がうまい汁を吸っておきながら，さりげないふりをする人間であることはみんな知っている。
   ①小さな目先の利益のために，大損をしてしまった。❷明らかに利益を得ているのに，損をしたふりをする。
   ③利口であるため，しょっちゅう利益を得ている。   ④いつも安値で買い入れて，高値で売る。

⑺ こんなふうに人の金で気前が良いように見せるやり方は，きみにしかやれやしない。
   ①銀行ローンを利用して高額の消費をすることをたとえる。
   ②他人と付き合うときに非常に気前が良いことをたとえる。
   ❸気前よく他人の財物を使って恩を売ることをたとえる。
   ④他人からお金を借りて銀行ローンを返済することをたとえる。

⑻ ことわざに「不細工な嫁もいつかは舅や姑に会わなくてはならない」というが，きみは今回は逃れることが
   できたとしても，いつまでも逃れ通すことはできやしないぞ。
   ①犯罪行為は早晩見つかるものであることをたとえる。
   ②嫁と夫の両親との関係はいずれは破綻することをたとえる。
   ❸隠し立ては長続きしないもので，いつかは真相が暴露されることをたとえる。
   ④やるべき事は早めに処理すべきであることをたとえる。

天才的な言語芸術家　毛沢東

　科挙の難関を突破してきた昔の中国の政治家は，伝統的にたいていが優れた詩の作り手であり文章の書き手であった。その流れを汲んでか，近現代の政治的指導者の中にも詩や文章をよくする人が大勢いる。中でも毛沢東は革命家であると同時に，天才的な言語芸術家でもあった。そのことは本場の中国においては言うまでもなく，我が国においても多くの人が認めているとおりである。例えば作家の武田泰淳さんと中国文学者の竹内実さんの手になる『毛沢東　その詩と人生』などは，革命家毛沢東と詩人毛沢東の魅力を説いて余す所がない。

　本書の中で慣用語**"做一天和尚撞一天钟"**の用例を毛沢東の**《反対自由主義》**（1937 年）から引いているが，毛沢東はその文章や講演のなかで成語、慣用語、ことわざの類を巧みに使いこなしている。以下にその幾つかを拾ってみる。

○**重于泰山，轻于鸿毛**：泰山より重く，鸿毛より軽し。
　山中で炭を焼いていた時に，炭焼きがまが崩れて犠牲になった中国共産党中央警備隊の兵士・張思徳の追悼集会での講演の中で，司馬遷の**《报任少卿书》**中の**"人固有一死，或重于泰山，或轻于鸿毛"**という言葉を引いて，人民の利益のために死ぬのは，泰山より重いと述べている。

《为人民服务》1944 年

○**有饭大家吃**：飯があればみんなで食べよう。
　中国有一句老话："有饭大家吃。"这是很有道理的。既然有敌大家打，就应该有饭大家吃，有事大家做，有书大家读。那种"一人独吞"、"人莫予毒"的派头，不过是封建主义的老戏法，拿到二十世纪四十年代来，到底是行不通的。
　中国の古い言葉に「飯があればみんなで食べよう」というのがある。敵があればみんなで闘うのだから，飯があればみんなで食べ，仕事があればみんなでやり，本があればみんなで読むのが当然である。「独り占め」とか，「指一本差させない」とかいう気負った態度は，封建領主のお家芸でしかなく，20 世紀の 40 年代にはとうてい通用しないものである。

《新民主主義論》1940 年

○**二者必居其一**：二つに一つ
　我们要学景阳冈上的武松. 在武松看来，景阳冈上的老虎，刺激它也是那样，不刺激它也是那样，总之是要吃人的。或者把老虎打死，或者被老虎吃掉，二者必居其一。
　我々は（『水滸伝』中の）景陽冈の武松に学ばなければならない。武松から見れば，景陽冈の虎は，刺激しても刺激しなくても同じで，要するに人間をとって食おうとすることに変わりはない。虎を打ち殺すか，虎に食われるか，二つに一つである。

《论人民民主主义专政》1949 年

○世上无难事，只怕有心人：世の中に難しい事はなく，ただ心がけ次第である。中国の古いことわざにあるように，とこのことわざを引いて言う。

入门既不难，深造也是办得到的，只要有心，只要善于学习罢了。

何事であれ，入門は別に難しいものではない。入門が難しくないならば，深く窮めることもできるわけで，ただ心がけ次第であり，よく学びさえすればよいのである。

《中国革命战争的战略问题》1936 年

このことわざは明・呉承恩の『西遊記』に見られる。

なお，毛沢東は 1965 年作の詞《水调歌头·重上井冈山》の中で，これとよく似た詞句 "世上无难事，只要肯登攀" を使っている。「ただ登ろうとさえすればよいのだ」と言うのである。

○烂婆娘的裹脚，又长又臭：ものぐさ女の纏足の布，長くて臭い。

我们有些同志欢喜写长文章，但是没有什么内容，真是 "烂婆娘的裹脚，又长又臭"。

我々の同志の中には長い文章を書きたがる者がいるが，内容は何もなく，それこそ「ものぐさ女の纏足の布，長くて臭い」。

《反对党八股》1942 年

"裹脚" は旧時の女性が纏足するのに用いた長い布。"裹脚布" とも。"烂婆娘的裹脚，又长又臭" は "歇后语"（しゃれ言葉）と称され，通常は前半の "烂婆娘的裹脚" だけを言い，後半の "又长又臭" を推測させる。

よく使われる歇後語に，本書の成語の中で触れた "对牛弹琴——不看对象" や，"泥菩萨过江——自身难保（泥で作った菩薩が川を渡るで，衆を救うどころか，我が身さえ救えない），"外甥点灯笼，照舅"（おいがちょうちんをともすで，何も変わらない）などがある。

最後の例はちょっと説明が要る。"外甥" は母がたのおじ "舅舅" で，"照舅" は同音の "照旧" に通じ，元のままで「何も変わらない」というのである。

《反对党八股》から，なおいくつか拾ってみる。

○老鼠过街，人人喊打：通りに出た鼠が袋だたきに遭う。
○到什么山上唱什么歌：あの山に登ればあの歌，この山に登ればこの歌。
○看菜吃饭，量体裁衣：おかずに合わせて飯を食い，体に合わせて服を裁つ。
○事不关己，高高挂起：自分に関わりのないことは，ほうっておく。
○泰然处之，行若无事：何事もなかったかのように平然としている。
○敷衍了事，得过且过：何事もいいかげんに済ませ，その日暮らしをする。

四字成語に "原形毕露"（正体を現す），"装腔作势"（虚勢を張る），"无的放矢"（的なくして矢を放つ），"对牛弹琴"（牛を相手に琴を弾く），"眼高手低"（目は高きを望めど腕伴わず），"志大才疏"（志大にして才うとし）……。

■索引■

成 語

慣用語

ことわざ

練習問題

練習問題解答

索 引

成語　慣用語　ことわざ　練習問題　練習問題解答　索引

成
語

慣用語

ことわざ

練習問題

練習問題解答

索
引

343

成語　慣用語　ことわざ　練習問題　練習問題解答　索引

中検｜中国語検定試験

伝統と実績の資格試験

　中検は，一般財団法人日本中国語検定協会が実施する中国語資格試験です。1981 年の第 1 回試験実施から，すでに 40 年以上の伝統と実績があります。現在，累計受験者数は 120 万人を超え，中国語運用能力の客観的判定基準として，確かな社会的評価を得ています。

日本の学習者を対象とした試験

　受験資格に制限はありませんが，出題は主に日本語を母語とする中国語学習者を対象としています。漢字文化圏に属する日本には中国語の「読解能力」を高めるうえで役立つ漢字・漢語語彙がすでに存在します。幼時より漢字・漢語語彙に親しんでいる日本人にとって，この知識は重要な役割を果たします。中検はこれらのことを前提として出題し，運用能力を判定します。

大学や就職先で優遇

　中検は，社会的評価も定まっていることから，大学では単位認定や交換留学などの選抜基準に，企業では採用条件や人事考課などに幅広く活用されています。

全国通訳案内士試験・外国語筆記試験の免除

　日本政府観光局（JNTO）が実施する国家資格「全国通訳案内士試験」において 1 級合格者には外国語筆記試験が免除されます。

読む・聞く・話す・書く 4 技能習得のために

　外国語学習では「読む」「聞く」「話す」「書く」能力，いわゆる 4 技能の習得が求められますが，外国語を運用するためには，実は 4 技能だけでは足りません。母語と外国語との関係を処理する能力，すなわち「訳す」能力を必要とします。

　「訳す」能力は，外国語の学習には欠かせません。なぜなら母語の経験がもとになるためです。例えば，当然のことですが，母語で話す場合，相手のことを考え，ことばを選んでコミュニケーションを図ります。外国語ではどうでしょうか。何を伝えたいのか，自分の気持ちをぴったりと表現することばはどれか，まず母語との対応関係を考えるはずです。これが「訳す」能力です。「読む」「聞く」「話す」「書く」能力は，いずれも「訳す」能力を介して成り立っているのです。中検は, 学習者の中国語能力をより正確にはかるため，中国語だけでなく，この「訳す」能力までを重視します。

学習レベルに応じて6つの級を設定しています。

準4級　4級　3級　2級　準1級　1級

認定基準

準4級　**中国語学習の準備完了**
　　　　学習を進めていくうえでの基礎的知識を身につけている。
　　　　（一般大学の第二外国語において半年以上，高等学校において一年以上，中国語
　　　　専門学校・講習会等において半年以上の学習程度。）

4 級　**中国語の基礎をマスター**
　　　　平易な中国語を聞き，話すことができる。
　　　　（一般大学の第二外国語において一年以上の学習程度。）

3 級　**自力で応用力を養いうる能力の保証（一般的事項のマスター）**
　　　　基本的な文章を読み，書くことができる。簡単な日常会話ができる。
　　　　（一般大学の第二外国語において二年以上の学習程度。）

2 級　**実務能力の基礎づくり完成の保証**
　　　　複文を含むやや高度な中国語の文章を読み，３級程度の文章を書くことができ
　　　　る。日常的な話題での会話ができる。

準1級　**実務に即従事しうる能力の保証（全般的事項のマスター）**
　　　　社会生活に必要な中国語を基本的に習得し，通常の文章の中国語訳・日本語訳，
　　　　簡単な通訳ができる。

1 級　**高いレベルで中国語を駆使しうる能力の保証**
　　　　高度な読解力・表現力を有し，複雑な中国語及び日本語（あいさつ・講演・会議・
　　　　会談等）の翻訳・通訳ができる。

出題内容

　「中検」の出題は，「読む」「聞く」「話す」「書く」の４技能のバランスに加えて，「訳
す」能力，また，漢字文化圏に属する日本人に対する配慮など，外国語学習と運用のプロ
セスを分析し，より科学的に設計されています。

　すべての級にリスニング試験と筆記試験を課し，その中で中国語→日本語，日本語→中国
語への翻訳を課しています。

　解答は，マークシートによる選択式に加え一部記述式を取り入れています。記述式の解
答は簡体字の使用を原則としますが，２級以上の級については，特に指定された場合を除
き，簡体字未習者の繁体字使用は妨げません。ただし，字体の混用は減点の対象とします。
また，準1級・1級には，二次試験（面接試験）を課しています。

級	出題内容
準4級	基礎単語約 500，日常あいさつ語約 80 から ○単語・語句の発音，数を含む表現　　　　○単語またはフレーズのピンイン表記 　日常生活における基本的な問答　　　　　○基礎的な文法事項及び単文の組み立て 　あいさつ表現の聞き取り　　　　　　　　○簡体字の書き取り
4級	常用語約 1,000 から ○日常生活における基本的な問答，比較的長い会話文または文章の聞き取りと内容理解 ○単語またはフレーズのピンイン表記・声調 ○基本的な文法事項及び文法事項を含む単文の組み立て ○比較的長い文章の内容理解 ○日本語の中国語訳（記述式）
3級	常用語約 2,000 から ○日常生活における基本的な問答，比較的長い会話文または文章の聞き取りと内容理解 ○単語またはフレーズのピンイン表記・声調 ○基本的な文法事項及び文法事項を含む単文・複文の組み立て ○比較的長い文章の内容理解 ○日本語の中国語訳（記述式）
2級	日常生活全般及び社会生活の基本的事項における中国語から ○日常会話及び長文の聞き取りと内容理解 ○長文読解と長文中の語句に関する理解 ○正しい語順と語句の用法，熟語・慣用句を含む語句の解釈 ○長文中の指定箇所の書き取り及び日本語訳（記述式） ○日本語の中国語訳（記述式） ○与えられた語句を用いたテーマに沿った中国語作文（記述式）
準1級	日常生活及び社会生活全般における，新聞・雑誌・文学作品・実用文のほか，時事用語などを含むやや難度の高い中国語から （一次）○長文の聞き取りと内容理解 　　　　○長文中の指定文の書き取り（記述式） 　　　　○長文読解と長文中の語句に関する理解 　　　　○語句の用法，熟語・慣用句を含む語句の解釈 　　　　○長文中の指定箇所の書き取り及び日本語訳（記述式） 　　　　○比較的長い日本語の中国語訳（記述式） 　　　　○与えられた語句を用いたテーマに沿った中国語作文（記述式） （二次）○日常会話，平易な日本語・中国語の逐次通訳及び中国語スピーチ
1級	日常生活及び社会生活全般にわたる，新聞・雑誌・文学作品・実用文のほか，時事用語などを含む難度の高い中国語から （一次）○長文の聞き取りと内容理解 　　　　○長文中の指定文の書き取り（記述式） 　　　　○長文読解と長文中の語句に関する理解 　　　　○語句の用法，熟語・慣用句を含む語句の解釈 　　　　○長文中の指定箇所の日本語訳（記述式） 　　　　○比較的長い日本語の中国語訳（記述式） 　　　　○与えられた語句を用いたテーマに沿った中国語作文（記述式） （二次）○難度の高い日本語・中国語の逐次通訳

配点・合格基準点

級	準4級	4 級		3 級		2 級		準1級		1 級	
出題方式	リ・筆記	リ	筆記	リ	筆記	リ	筆記	リ	筆記	リ	筆記
配点	100	100	100	100	100	100	100	100	100	100	100
合格基準点	60	60	60	65	65	70	70	75	75	85	85

※準1級・1級の出題方式・配点・合格基準点は一次試験のものです。
※4級～1級は，リスニング・筆記ともに合格基準点に達していないと合格できません。
　準4級は合格基準点に達していてもリスニング試験を受けていないと不合格となります。
※合格基準点は難易度を考慮して調整することがあります。

日程　3月・6月・11月(各第4日曜日)

試験時間割

午前			午後		
級	集合時間	終了時間	級	集合時間	終了時間
準4級	10:00	11:05	4 級	13:30	15:15
3 級		11:55	2 級		15:45
準1級		12:15	1 級		15:45

※午前と午後の級は併願することができます。
※1級は年1回11月に実施します。
※準1級・1級の一次試験合格者及び一次試験免除者には，一次試験の5週後（11月試験の場合は翌年1月第2日曜日）に二次試験を行います。

会場　全国主要都市約30か所, 海外3か所

※二次試験は原則としてZoomによるオンラインでの実施です。

受験料(税込)

準4級	4 級	3 級	2 級	準1級	1 級
3,500 円	4,800 円	5,800 円	7,800 円	9,800 円	11,800 円

受験手続

インターネットまたは郵送での申込を受付けています。インターネット申込は協会ホームページより，郵送申込は専用の受験申込書に必要事項を記入し，支払証明書類を添えて送付してください。

　その他詳細及び最新情報は，受験する回の「受験案内」または中検ホームページをご覧ください。

『中国語の環』

　『中国語の環』はわたしたち日本中国語検定協会と中国語学習者との，また全国各地に広がる中国語学習者相互の交流を図ることを目的として，1987年9月に季刊の小冊子を創刊しました。

　当初は有料での会員購読制でしたが，より広い範囲の方たちに手にしていただけるように，第63号より年3回の中検受験案内に綴じ込み，無料で配布することといたしました。

　また，現在では，小冊子のほか中検ホームページ内にも『中国語の環』のページを設けて情報を公開しています。

　中国語検定試験に関する情報はもとより，中国語や中国に関するエッセイ，文法にまつわる話，学習に関連する情報など，幅広く掲載しています。

　なお，今後は当初の目的にあるように，学習者の皆さまがもっと気軽に参加し，相互の交流を図ることができるような場に広げていきたいと考えています。

一起奮力学汉语
共同畅游新天地!

MAO姐

一般財団法人 日本中国語検定協会

〒103-8468 東京都中央区東日本橋2-28-5 協和ビル

TEL 03-5846-9751　✉ info@chuken.gr.jp

www.chuken.gr.jp

中検　成語・慣用語・ことわざ

検印
省略

© 2024 年 4 月 10 日　初版第 1 刷　発行

著　者　　　一般財団法人 日本中国語検定協会
　　　　　　『中国語の環』編集室

発行者　　　小川洋一郎
発行所　　　株式会社 朝 日 出 版 社
　　　　〒 101-0065　東京都千代田区西神田 3-3-5
　　　　電話（03）3239-0271・72（直通）
　　　　振替口座　東京　00140-2-46008
　　　　DTP　欧友社
　　　　印刷　錦明印刷
　　　　http://www.asahipress.com